V&R

Ulrich von den Steinen

Unzufrieden mit dem Frieden?

Militärseelsorge und Verantwortungsethik

Vandenhoeck & Ruprecht

Bibliografische Informationen Der Deutschen Bibliothek

Die Deutsche Bibliothek verzeichnet diese Publikation
in der Deutschen Nationalbibliografie;
detaillierte bibliografische Daten sind im Internet
über ‹http://dnb.ddb.de› abrufbar.

ISBN 3-525-62387-9

Schrift: Minion
Satz: SchwabScantechnik, Göttingen
Druck und Bindung: Hubert & Co., Göttingen

Gedruckt auf alterungsbeständigem Papier.

„Frieden ist ein so durch und durch ‚gutes‘ Wort, dass man sich vor ihm in Acht nehmen soll. Für die verschiedensten Menschen hat es seit jeher die allerverschiedensten Dinge bedeutet. Sonst könnten sich nicht alle so bereitwillig und allgemein auf den Frieden einigen...“

C.W. Mills

„Aus so krummem Holze, als woraus der Mensch gemacht ist,
kann nichts Gerades gezimmert werden. Nur die Annäherung zu dieser Idee ist uns von der Natur auferlegt.“

I. Kant

„Die Gewalt lebt davon, dass anständige Menschen sie nicht für möglich halten.“

J.P. Sartre

Inhalt

Vorwort   9

I.   EINFÜHRUNG   11

1.   *Evangelische Militärseelsorge nach 1990*   13
1.1. Evangelische Militärseelsorge – Objekt innerkirchlichen Kulturkampfes   15
1.2. Nahaufnahmen eines Konflikts   23
1.3. Grundlagen und Arbeitsformen   31

II.   BERUFSETHISCHE BESTIMMUNG SOLDATISCHEN GLAUBENS
      UND HANDELNS   35

1.   *Anthropologische und biblische Überlegungen in
     verantwortungsethischer Absicht*   37
1.1. Der ambivalente Mensch als ethische Grundsituation   37
1.2. Aggression – Feindschaft – Konflikt – Gewalt   45
1.3. Gottes Friedensverheißungen   50
1.4. Jesu Friedensinitiativen und die Welt des Menschen   54
1.5. Kurzes Resümee und Ausblick   62

2.   *Himmlische Hoffnung und irdischer Wandel –
     Eine verantwortungsethische Standortgewinnung*   65
2.1. Anfänge christlicher Verantwortung im römischen Staat   65
2.2. Martin Luthers ethische Interpretation der politischen
      Ordnungswirklichkeit   70
2.3. Der Christ als Bürger des freiheitlich-demokratischen Rechtsstaates . .   75

3.   *Woran glaubt, wer nicht glaubt?*   80
3.1. Gott außerhalb von Theologie und Kirche   80
3.2. Die zivilreligiöse Dimension unserer Gesellschaft   85
3.3. Der Umgang mit dem Unverfügbaren   88

4.   *Mit der Macht des Bösen rechnen*   92
4.1. Christliche Verantwortung zwischen Krieg und Frieden   92

4.2. Menschenrechte und Charta der Vereinten Nationen 95
4.3. Kein Königsweg im Konflikt 99
4.4. Die Grenzsituation – Ort soldatischen Handelns 101

5.   *Vom Grund der Entscheidung – das Gewissen* 107
5.1. Subjektive Willkür oder ethische Verbindlichkeit? 107
5.2. Gewissen und Verantwortungshandeln 111
5.3. Gewissen im Konfliktfall 115

6.   *Pazifistische Konfliktbearbeitung* 117
6.1. Zivile christliche Friedensdienste – neue Partner
      internationaler Streitkräfte? 117
6.2. Friedensinitiativen – nicht alternativ, sondern komplementär 123
6.3. Das „Projekt Weltethos" – Fluchtpunkt christlicher Friedensethik? ... 125
6.4. Friedenspolitik konkret – Ist Krieg die Fortsetzung der Moral
      mit anderen Mitteln? 15 Thesen 135

7.   *Christliche Friedensethik vor aktuellen Herausforderungen* 141
7.1. Neue politische Realitäten 141
7.2. Barmen V und das Recht auf Selbstverteidigung 148
7.3. Präemptiv (zuvorkommend) oder präventiv (vorbeugend)? 153
7.4. Fortentwicklung evangelischer Friedensethik 161

III. Evangelische Seelsorgepraxis 163

1.   *Soldatinnen und Soldaten im Auslandseinsatz* 165
1.1. Die verletzte Seele des Soldaten 165
1.2. Die Professionalität der Militärgeistlichen 170
1.3. Seelsorge durch und im Glauben 173
1.4. Narben der Seele bleiben – aber sie schmerzen nicht mehr 180

2.   *Die Stunde der Botschaft – homiletische Reflexionen* 182
2.1. Dienen 182
2.2. Führen 186
2.3. Glauben 190
2.4. Trösten 192

Literatur 199

Sachregister 207

Vorwort

Die hier vorgelegte Studie ist entstanden aus meinem pastoralen Dienst als Militärgeistlicher unter den Soldatinnen und Soldaten. Sie behandelt im wesentlichen Fragen der Friedens- und Verantwortungsethik – also der Berufsethik des Waffenträgers. Ethik sagt dem Menschen, was er tun oder lassen sollte: „Tue das Gute, meide das Böse!" Diese Devise bestimmt unser Handeln in den Wechselfällen des Alltags. Und überwiegend gelingt sie auch.

Brisanz jedoch bekommt die ethische Fragestellung, wenn man sie auf das Berufsethos des Soldaten anwendet. Sein Dienst für die Bürger des demokratischen Rechtsstaates verlässt die ethische Alltagsnormalität. Er steht im Spannungsfeld von friedensethischem Anspruch und friedenspolitischer Aufgabe. Denn der soldatische Dienst geschieht in einer unvollkommenen, permanent friedensgefährdeten und von Gott „noch nicht erlösten Welt" (Barmer Theologische Erklärung V). Gleichwohl ist der Dienst in den Streitkräften kritisch und solidarisch zu bejahen. Militärgeistliche begleiten Soldatinnen und Soldaten, wo immer sie leben und ihren Dienst verrichten – ohne sich von ihnen vereinnahmen zu lassen. Die verantwortungsethische Kernfrage lautet: Dürfen zur Abwehr des Bösen Mittel des Bösen eingesetzt werden? Evangelische Friedensethik erklärt die Gleichrangigkeit von Waffendienst und Waffenverzicht – wobei die Zielrichtung nur der Frieden, nicht der Krieg ist. Darüber hinaus nimmt christliche Friedensverantwortung den Staat in die Pflicht, „unter Androhung und Ausübung von Gewalt für Recht und Frieden zu sorgen" (Barmer Theologische Erklärung V), also dem Unrecht und der Aggression zu wehren, wenn anders friedenspolitisch nicht mehr zu handeln ist.

In der politischen und ethischen Konstellation ist unschwer die Grenzwertigkeit soldatischen Handelns zu erkennen. Die *Grenzsituation* ist Fluchtpunkt des Soldaten. Es ist jene Dilemmasituation, in der es nicht mehr ohne Leid, Schuld und Verderben abgehen kann. Auf der Grenze wird jede ethische Normalität fragwürdig. Genau dieser Fragwürdigkeit hat sich die Ethik des Waffenträgers zu stellen. Der Soldat als Christ ist gehalten, auch in grenzwertigen Situationen gewissenhaft und verantwortlich zu handeln.

In verschiedenen Anläufen habe ich in zwanzig Jahren meines Dienstes unter Soldaten versucht, *christlichen Glauben* und *soldatisches Handeln* zusammen zu denken. Leitgedanken meiner Ausführungen fußen auf der Prämisse, dass

– menschliches Leben und naturhafte Welt einen Sinn haben,
– Menschenleben wertvoll, unverfügbar und in seiner Würde zu achten ist,
– die Geschichte des Menschen lehrt: Leben muss geschützt und verteidigt werden.

Christliche Werteordnung und staatliche Rechtsordnung bekennen sich zu
Schutz und Verteidigung menschlichen Lebens. Die Gemeinschaft der Bürger
bildet im freiheitlichen, demokratischen Rechtsstaat eine unverzichtbare Verantwortungsgemeinschaft. Staatliches Handeln zielt auf das Wohlergehen der Menschen in Sicherheit, Gerechtigkeit, Frieden und Freiheit; christliche Botschaft
verkündigt das Lebenssinn stiftende Heil menschlicher Existenz.

Christlicher Glaube trägt also *Mitverantwortung* bei der Wahrung, Förderung
und Wiederherstellung des Friedens. Im Blick auf den Waffenträger eines demokratischen Rechtsstaates besagt das: Neben der Disziplin in der Struktur von
Befehl und Gehorsam bedarf es der *ethischen Innensteuerung* des Soldaten. In
diesem Zusammenhang verstehen sich meine Überlegungen zur Verantwortungsethik als Konkretisierung und Zuspitzung einer *Ethik politischen Handelns.*
Sie wollen dazu anregen, Leben auch in Konflikten zu bejahen und Frieden
gerade in Konflikten zu wagen.

Jüngst hat der Ratsvorsitzende der EKD, Bischof Wolfgang Huber, trefflich
herausgestellt, wie berufsethische Fragen und seelsorgliche Begleitung der Soldaten in der Verantwortungsgemeinschaft von demokratischem Rechtsstaat und
evangelischer Kirche fruchtbar werden: „Die evangelische Seelsorge im Bereich
der bewaffneten Streitkräfte braucht ohne Zweifel einen Ort des Nachdenkens
und der theologischen Vergewisserung über den Weg der Kirche, über den Wandel in der Gesellschaft, über die Herausforderungen der Zeit. Die Militärseelsorge gehört ja zu denjenigen kirchlichen Arbeitsfeldern, die im Kräfteparallelo-
gramm zwischen Kirche, Gesellschaft und Staat auf besonders vorgeschobenem,
exponiertem Posten operieren, oft Neuland erkunden und dem Wind des Wan-
dels in besonderer Weise ausgesetzt sind" (In Verantwortung vor Gott und den
Menschen, 2003, 35).

Zu danken habe ich dem einsatzerfahrenen Militärgeistlichen Arnulf Linden,
Militärdekan von 1991 bis 2003 in Köln, für die konstruktiv-kritische Durchsicht
des Manuskriptes. Die von ihm vorgeschlagenen Ergänzungen und Präzisierun-
gen habe ich gerne übernommen.

Was uns das friedensethische Nachdenken, Vordenken und Umdenken abver-
langt, dazu will dieses Buch einen Beitrag leisten.

Mülheim an der Ruhr, im Februar 2006   *Ulrich von den Steinen*

I. Einführung

1. Evangelische Militärseelsorge nach 1990

Im Zentrum christlicher Ethik liegt nur der Frieden, nicht der Krieg. Daher fordert die Friedensdenkschrift der Evangelischen Kirche in Deutschland: „Frieden zu wahren, zu fördern und zu erneuern ist eine Aufgabe, die der Grundrichtung der christlichen Botschaft entspricht."[1] In der Verantwortung für inneren und äußeren Frieden stehen Christen in der Mitwirkungspflicht. Aus geschichtlicher Erfahrung und täglicher Zeitungslektüre wissen sie aber, dass Menschen nicht nur Frieden suchen, sondern auch zu Aggression und Gewaltanwendung neigen. Erfahrungen des Unfriedens sind unumgängliche Herausforderungen des Friedens. Frieden ist demnach kein *natürlicher*, stets gelingender Zustand unter Menschen und Völkern, sondern eine lebensbejahende, sittliche, rechtliche Ordnung menschlichen Zusammenlebens, die gesichert, gefördert oder wiederhergestellt werden muss. Mithin liegt im Ziel der Friedenswahrung eine zweifache Aufgabe: dem Friedensbrecher Einhalt zu gebieten und die Pflicht, „die Opfer vor Gewalt zu schützen."[2] Der Schutzgedanke enthält sowohl unmittelbares, abwehrendes Handeln als auch vorausschauendes (antizipatorisches) politisches oder militärisches Eingreifen. Über den Weg, wie Frieden erhalten und Gewaltopfer geschützt werden können, besteht in der christlichen Friedensethik kein Konsens. Da der friedensethische Diskurs den *Königsweg* zu dauerhaftem Frieden (noch) nicht gefunden hat, wachsen sich Kontroversen um die Friedensethik zum innerkirchlichen Dauerthema aus.

Besondere Aktualität erhält evangelisches Friedensengagement, wenn es sich mit der Abstützung des Friedens durch militärisches Eingreifen konfrontiert sieht. Dem Waffeneinsatz hat die Synode des Bundes der Evangelischen Kirchen in der DDR (BEK), „Bekennen in der Friedensfrage", 1987, eine dezidierte Absage erteilt.[3] Friedensethische Studien der Evangelischen Kirche in Deutschland (EKD) hingegen erkennen neben der politischen Sicherung des Friedens die Notwendigkeit an, militärische Mittel als ultima ratio bereitzuhalten und einzusetzen, um Schutz und Sicherheit, Recht und Frieden der Bürger zu gewährleis-

---

1 Frieden wahren, fördern und erneuern, 10.
2 Schritte auf dem Weg des Friedens, 16.
3 Vgl. epd-Dokumentation Nr. 44, 1987, 33–35.

ten.[4] Diese gegensätzlichen friedensethischen Positionsbestimmungen führen im
Zuge der Vereinigung der Kirchenbünde Ost- und Westdeutschlands im Jahre
1991 zu nachhaltigem Konflikt. Statt friedensethische Annäherung und Konsens
zu betreiben, trägt die Mehrheit der landeskirchlichen Entscheidungsträger in
den neuen Bundesländern ihre pazifistischen Argumente dorthin, wo die vermeintlich kritischen Berührungspunkte von evangelischer Kirche und wehrhaf-
tem, demokratischem Rechtsstaat vorliegen: in die Militärseelsorge. Wie sollte
die Geistlichkeit der Militärseelsorge reagieren? Was sind die theologischen und
rechtlichen Grundlagen der *Kirche unter den Soldaten*? Welchen pastoralen
Dienst versehen ihre Pfarrerinnen und Pfarrer in den deutschen Streitkräften?

Die Freiheit kirchlicher Verkündigung

Militärseelsorge ist der Dienst der christlichen Kirchen unter Soldatinnen und
Soldaten der deutschen Bundeswehr. Der Anspruch auf Seelsorge und Religionsausübung gehört zu den Grundrechten der Bürgerinnen und Bürger in Uniform.
Eckpunkte der Militärseelsorge sind zum einen die im Grundgesetz der Bundesrepublik Deutschland garantierte, ungestörte Religionsausübung (Art. 4), zum
anderen die in Artikel 87a verankerten Streitkräfte. Der sich zu religiöser Neutralität bekennende Staat ermöglicht die uneingeschränkte Religionsausübung. Indem die Bundesrepublik Deutschland durch vertragliche Regelungen mit den
Kirchen eine evangelische und katholische Militärseelsorge errichtet, ist sie dem
Anspruch ihrer Neutralität gerecht geworden. Grundlagen der evangelischen Militärseelsorge bilden der Staatskirchenvertrag der Bundesrepublik Deutschland
und der EKD: der Militärseelsorgevertrag (MSV) vom 22. Februar 1957 und das
Kirchengesetz vom 8. März 1957. Staat und Kirche verstehen sich als gleichberechtigte Partner in der Wahrnehmung gemeinsamer Verantwortung. Anders gewendet: Militärseelsorge definiert sich als „der von den Kirchen geleistete und
vom Staat gewünschte und unterstützte Beitrag zur Sicherung der freien religiösen Betätigung in den Streitkräften.“[5] Darüber hinaus sensibilisiert kirchliche
Lehre und Verkündigung den Waffenträger für die demokratischen Werte abendländisch-christlicher Prägung. Die christlichen Kirchen tragen also Mitverantwortung für Menschen, die in der Bundeswehr ihren Friedensdienst verrichten.
Seit Geltung des Vertragswerks nehmen die westdeutschen Gliedkirchen der
EKD ihre Mitverantwortung ernst: Sie entsenden Pfarrer, seit einiger Zeit auch
Pfarrerinnen, in die Militärseelsorge.

Die kirchliche Leitung der Militärseelsorge obliegt dem Militärbischof, der
vom Rat der EKD ernannt wird; er bekleidet ein rein kirchliches Amt (Art. 11
Abs. 1 MSV). Der Militärbischof übt die oberste kirchliche Dienstaufsicht über
alle Militärgeistlichen aus. Er visitiert die Militärgeistlichen, sorgt für ihre Zurüs-

---

4 Vgl. Frieden wahren, fördern und erneuern, bes. 33ff; Schritte auf dem Weg des Friedens,
   bes. 16ff; Friedensethik in der Bewährung, bes. 73ff.
5 Zentrale Dienstvorschrift der Bundeswehr, a.a.O., 66/1.

tung und Fortbildung. Zur Durchführung seiner Leitungs- und Organisations-
aufgaben bedient er sich des Evangelischen Kirchenamtes für die Bundeswehr
(einer Bundesoberbehörde) unter der Leitung des Militärgeneraldekans. In
kirchlichen Belangen untersteht dieser dem Militärbischof, in staatlichen Angelegenheiten dem Bundesministerium der Verteidigung (Art. 15 Abs. 2 MSV). Der
Militärgeneraldekan wird auf Vorschlag des Bischofs auf Lebenszeit berufen. Leitende Militärdekane nehmen Dienstaufsicht in den Wehrbereichen wahr (territoriale Gliederung), sind Mitglieder ihrer Landessynode und gewinnen Pfarrerinnen und Pfarrer für den Dienst der Kirche unter den Soldaten. Träger der
Militärseelsorge vor Ort sind Militärgeistliche, die von ihrer Landeskirche für
sechs, acht oder höchstens zwölf Jahre freigestellt werden. Für diese Zeit sind sie
Staatsbeamte. Sie tragen weder Uniform noch besitzen sie militärischen Rang.
Im Einsatzland sind sie an einer uniformähnlichen Schutzkleidung mit dem
Kreuzsymbol auf den Schulterklappen zu erkennen.

Militärgeistliche verrichten in sicherheitsrelevanten staatlichen Einrichtungen und im weltweiten Friedenseinsatz einen pastoralen Dienst ausschließlich
im „Auftrag und unter Aufsicht der Kirche" (Art. 2 Abs. 1 MSV). Sie nutzen
staatliche Organisations- und Verwaltungsstrukturen. Der Staat garantiert alle
Freiheiten in Verkündigung und Seelsorge im Rahmen der kirchlichen Lehren
und Ordnungen. Als kirchliche Amtsträger bleiben Militärgeistliche in Bekenntnis und Lehre an ihre entsendende Kirche gebunden (Art. 4 MSV) und nehmen
einen geistlichen Auftrag wahr, „in dessen Erfüllung sie von staatlichen Weisungen unabhängig sind" (Art. 16 MSV). Folglich trägt nicht der Staat, sondern die
Kirche Verantwortung für die inhaltliche Ausgestaltung der Militärseelsorge.
Unabhängigkeit und Eigenständigkeit der pastoralen Arbeit bilden die rechtliche
und theologische Basis für den Dienst der Kirche in der Bundeswehr. Der kirchliche Auftrag ist klar, eindeutig, unmissverständlich. Dies ist insofern von ent-
scheidendem Gewicht, als im Streit um die Militärseelsorge rechtliche und (frie-
dens-)theologische Fragen langjährig und nachhaltig nicht nur in Frage gestellt,
sondern aufs heftigste unter der Parole *Trennung von Staat und Kirche!* kritisiert
worden sind.

1.1. Evangelische Militärseelsorge – Objekt innerkirchlichen Kulturkampfes[6]

Wo immer Soldatinnen und Soldaten der Bundeswehr ihren Dienst versehen,
soll es gemäß Militärseelsorgevertrag eine kirchliche Seelsorge geben. Daher ha-

---

6 Den Streit um die Militärseelsorge über nahezu ein Jahrzehnt dokumentieren die Kirchlichen Jahrbücher für die Evangelische Kirche in Deutschland: 121. Jg., 1994, 5–51; 122. Jg.,
   1995, 53–60; 128. Jg., 2001, 89–107. – Neben dokumentierten und zitierten kirchenoffizi-
   ösen bzw. -offiziellen Stellungnahmen fußen meine Ausführungen auf gebündelten Erfahrungen als Leitender Militärdekan in stetem Umgang mit Geistlichen ostdeutscher wie

ben die Väter des Staatsvertrages keinen geographischen Geltungsbereich im
Blick auf die Stationierung der Streitkräfte zugrunde gelegt, sondern einen funktionalen. Jedoch ließ die politische Realität zweier deutscher Staaten eine einheit-
liche Seelsorge unter Soldaten nicht zu. Es stand außer Frage, dass „die Gliedkirchen auf dem Gebiet der DDR nicht an den Militärseelsorgevertrag gebunden
sein durften."[7] Nach der Wiedervereinigung beider deutscher Staaten hat die
Bundeswehr ihren Einsatzbereich auf die neuen Bundesländer ausgeweitet. Logischerweise erstreckt sich der Geltungsbereich des Militärseelsorgevertrages nun
auch auf den Bereich der evangelischen Landeskirchen der neuen Bundesländer.
Es war und blieb zunächst „umstritten [...], ob und wieweit die staatskirchen-
rechtlichen Regelungen, die das Grundgesetz vorgab, auch von den Landeskirchen in der ehemaligen DDR, im ‚Beitrittsgebiet' übernommen werden sollten."[8]

Im Prozess der Zusammenführung der Gliedkirchen der Evangelischen Kirche
in Deutschland und des Bundes der Evangelischen Kirchen in der Deutschen Demokratischen Republik im Jahre 1991 entzündet sich heftiger Streit über die
westdeutsche Militärseelsorge. Zwei Kirchenbünde mit unterschiedlichen staatlichen und gesellschaftlichen Erfahrungen sollten ihre strukturellen, organisatori-
schen und vor allem friedensethischen Positionen zum Konsens führen – ein
überaus spannungsreiches Unternehmen, das auf entschiedenen Widerstand ostdeutscher Kirchenvertreter stößt. „Die Militärseelsorge wurde zum Objekt eines
innerkirchlichen Kulturkampfes", beschreibt der Bonner Theologe Martin Honecker die Szene.[9] Selbst der so behutsam formulierende Jürgen Schmude, Präses
der EKD-Synode, erinnert sich an heftige Auseinandersetzungen: „Besonders zur
Tagung der EKD-Synode im November 1994 in Halle ging ein wahres Trommel-
feuer an Anwürfen und Beschuldigungen aus der Öffentlichkeit auf die EKD nie-
der [...]. In lang ausgedehnten Diskussionen prallten die Standpunkte heftig
aufeinander."[10] Medien und kirchliche Öffentlichkeit sprechen sogar von einer
Zerreißprobe innerhalb der evangelischen Kirche. Der innerkirchliche Streit unter engagierter Anteilnahme friedensbewegter Bürger dominiert nahezu fünf
Jahre die synodalen Obliegenheiten auf Landes- und Bundesebene. Zunächst stehen drei Problemkreise zur Lösung an: Kirchensteuer, Religionsunterricht an öffentlichen Schulen und Militärseelsorge. Die vom Staat einbehaltene Kirchensteuer wird nach kurzzeitigem Bedenken in den acht östlichen Landeskirchen
zügig eingeführt. Schwerer tut man sich mit der Aufnahme des Religionsunterrichts an allgemein bildenden Schulen. Gravierender Streitpunkt bleibt die von

---

westdeutscher Landeskirchen, mit Radikal-, Semi- respektive Gesinnungspazifisten, Friedensgruppen und Netzwerken auf verschiedenen Organisationsebenen der Evangelischen
Kirche. Auf den Landessynoden, in Superintendentenkonferenzen, Akademie- und Ta-
gungsdiskussionen habe ich meine friedens- und verantwortungsethischen Argumente of-
fensiv, aber nie aggressiv vertreten.

7 ENNUSCHAT, Militärseelsorge, 52.
8 HONECKER, Evangelische Christenheit, 301.
9 Evangelische Christenheit, 306.
10 SCHMUDE, Die Mühe um das Einvernehmen, 71.

Synoden der östlichen Landeskirchen abgelehnte und im Wiedervereinigungs-
prozess ausgeklammerte Militärseelsorge. „Das gesamte Unbehagen über die
angebliche Staatsnähe der EKD" konnte sich hier artikulieren, hält Honecker
trefflich fest.[11] Synodale Mehrheitsverhältnisse signalisieren, dass mit der Übernahme des westdeutschen Militärseelsorgevertrages nicht zu rechnen sei. „Die
Ablehnungsfront im Osten war stark und weitgehend einheitlich. Die Strukturen
der Einbindung kirchlicher Arbeit in die Bundeswehr durch den Militärseelsorgevertrag predigten ein anderes Evangelium, als es dem Verkündigungsauftrag
der Kirche entspreche, wurde geltend gemacht. Die Einbindung in die Loyalität
zum Staat durch den Beamtenstatus sei für Pfarrer schlechthin inakzeptabel", resümiert Schmude.[12] Östliche Kirchenvertreter fürchten, ihre friedensethische
Identität zu verlieren. Hatte doch der bereits genannte Synodenbeschluss des
Bundes der Evangelischen Kirchen in der Deutschen Demokratischen Republik
von 1987 sich indirekt gegen den Wehrdienst ausgesprochen.

  Obwohl zunächst Strukturfragen wie der Beamtenstatus der Militärgeistlichen im Fokus der synodalen Verhandlungen stehen, kristallisiert sich – als Be-
gleitgeräusch stets mitschwingend – das (radikal-)pazifistische Friedensengagement der Kirchen in der DDR als Kernproblem der Ablehnung westdeutscher
Militärseelsorge heraus. Der ostdeutsche Pfarrer und Synodale Axel Noack bestätigt: letztlich geht es „um friedensethische Entscheidungen, obwohl vorder-
gründig um Beamtenstatus und lebenskundlichen Unterricht gestritten wird."[13]
Östliche Kritiker schließen aus dem Staatskirchenvertrag eine zu enge Bindung
der Kirche an den Staat. Dass Freiheit, Unabhängigkeit und Eigenständigkeit der
Militärgeistlichen in Lehre und Verkündigung sowie die Nutzung staatlicher
Strukturen eher auf ein kirchliches Privileg zielen könnten, wird in der jahrelangen Auseinandersetzung um die Militärseelsorge nicht erkannt beziehungsweise
außer Acht gelassen. Berufsethischer Dialog und seelsorgliche Begleitung der
Soldaten im Alltag ihres Dienstes bieten vielfältige Chancen, sie für das Christsein in unserer Zeit zu gewinnen. Als Teil kirchlicher Arbeit hat Militärseelsorge
sogar eine Schlüsselstellung, wenn es darum geht, Menschen am Arbeitsplatz zu
erreichen und zu begleiten. Sie nimmt als Gruppen- und Einzelseelsorge die besondere Lebenssituation der Soldaten ernst und findet solchermaßen Wege zum
Menschen in unserer Zeit. Militärgeistliche setzen auf einen missionarischen Impetus, der in jeder seelsorglichen Begegnung liegt – ein von den Kritikern der
Militärseelsorge völlig verkannter Glaubensschatz.

Vergebliche Vermittlungsversuche

Dringend notwendige friedensethische und rechtliche Informationen über die
Militärseelsorge in der Bundeswehr sind weder bei der Zusammenführung der

---

11 Evangelische Christenheit, 302.
12 SCHMUDE, Die Mühe um das Einvernehmen, 70.
13 NOACK, Das Friedenszeugnis der Kirchen, 112.

Kirchenbünde aus Ost- und Westdeutschland noch in den Jahren danach zureichend erfolgt. Leitungsgremien der EKD vermögen es nicht, die beispielhafte und bewährte Form der Kirche unter den Soldaten gegenüber den Leitenden Geistlichen der östlichen Gliedkirchen überzeugend darzulegen. Statt aufklärender Begegnung herrscht *geschwisterliche Irenik*; statt Aufbruch und Neubeginn angesichts einer nie erwarteten friedlichen Zusammenführung zweier Kirchenbünde in ungleichen Staatsordnungen ergeht man sich in provinziellem Theologengezänk. Honecker spricht sogar von „nicht immer offen geführten Kontroversen innerhalb der evangelischen Kirche."[14] Daher verwundert es kaum, dass der thüringische Landesbischof Werner Leich gegenüber dem Verfasser von einer „uniformierten Militärseelsorge" spricht, die er sich für den Bereich der ehemaligen DDR nicht vorstellen könne, und der sächsische Landesbischof Johannes Hempel den Militärgeistlichen die kirchliche Amtsträgerschaft abspricht. Auch nach fortschreitendem Informationsaustausch lehnen Bischöfe und Pfarrerschaft der östlichen Landeskirchen die geschichtlich einmalige Chance der Übernahme des pastoralen Dienstes in der Bundeswehr auf der Grundlage des Militärseelsorgevertrages für ihren Bereich strikt ab. Die wiederholte zu enge Staatsbindung der Kirche muss als Dauerbegründung herhalten.

Verständlicherweise hatte die evangelische Geistlichkeit der östlichen Gliedkirchen mehrheitlich ein überaus kritisches Verhältnis zu ihrem Staat und den staatstragenden Organen um ihres Überlebens willen entwickeln müssen. Partielle Sympathien für den Sozialismus der DDR[15] vollzogen sich unter der Devise, vom *real existierenden Sozialismus* zum *verbesserlichen Sozialismus*. Sollte damit dem real existierenden Sozialismus ein Update verpasst werden? War es Kritik oder Anbiederung, Loyalität oder Betonung der Eigenständigkeit gegenüber dem Staat? Das Urteil steht noch aus. Unbestritten betrieb die sozialistische Parteidiktatur eine konsequente Vereinnahmung der christlichen Kirchen und insofern ihre Deprivilegierung, als eine Mitwirkung bei gesamtgesellschaftlichen Aufgaben in Politik, Erziehung und Bildung weitgehend ausgeschlossen war. Gegenüber dem sozialistischen Einheitsstaat hatte die evangelische Kirche sich als „Friedenskirche" respektive „Minoritätenkirche" etabliert – und somit selbst

---

14 HONECKER, Evangelische Christenheit, 307.

15 In einem Statement zum Verhältnis von Staat und Kirche erklärte der Staatsratsvorsitzende WALTER ULBRICHT am 4. Oktober 1960 vor der Volkskammer: „Die alte Sehnsucht der Christen, die sich in der Botschaft ‚Frieden auf Erden und den Menschen ein Wohlgefallen' äußert, kann ihre Erfüllung nur durch die Verwirklichung der hohen Ideen des Humanismus und Sozialismus finden." (Kirchliches Jahrbuch, 92. Jg., 1965, Gütersloh 1967, 115) Wenige Monate später (9. Februar 1961) äußerte sich der evangelische Theologieprofessor EMIL FUCHS (während der Übergabe von 32.000 Unterschriften von „Christen und christlichen Vereinigungen") in einem Dankvotum an ULBRICHT: „[…] immer mehr Christen und Theologen in der DDR erkennen, dass die gesellschaftlichen Konsequenzen, die der christliche Glaube für uns hat, nämlich der Einsatz für Frieden und wahrhafte Menschlichkeit, heute in Deutschland ohne Verkürzung nur auf dem Boden der DDR verwirklicht werden können." (Kirchliches Jahrbuch, 92. Jg., 1965, Gütersloh 1967, 115).

marginalisiert. Ostdeutsche Kirchenvertreter interpretierten den kontinuierlichen Fall in die öffentliche Bedeutungslosigkeit der evangelischen Kirche als *Freiheit*. „Politisch waren wir als Kirche vor der Wende freier", meint der Pfarrer des BEK Axel Noack.[16] Kirchliche Freiheit, verstanden als Freiheit von gesamtgesellschaftlicher Einflussnahme und Verantwortungswahrnehmung, trägt doch – muss man Noack kritisch entgegenhalten – resignative, *ausblutende* Züge. Folgerichtig befindet sich die evangelische Kirche auf dem Rückzug aus der Welt und endet im Konventikel. Daraus erklärt sich die Restkirche eines atheistischen Staates. Etwa fünfundachtzig Prozent der Bevölkerung waren ohne christliche Erziehung oder kirchliche Bindung aufgewachsen. Volkskirchliche Strukturen erlagen in fast sechzig Jahren – wenn man die Zeit nationalsozialistischer Diktatur hinzurechnet – einer Auszehrung. Das war bekannt und stand außer Frage.

Von daher wäre die kritische Haltung gegenüber der westdeutschen Militärseelsorge zu respektieren, gäbe es nicht Widersprüche. Warum wird im Zuge der Wiedervereinigung ausschließlich die Seelsorge an Soldaten als zu enge Bindung der Kirche an den Staat empfunden? Warum spielen die überaus engen Bindungen der evangelischen Kirche an den demokratischen Rechtsstaat in der Kirchensteuer, der Ausbildung von Theologen durch staatlich besoldete Professoren, den staatlich besoldeten Religionslehrern, den vielfältigen Mischfinanzierungen von Staat und Kirche im weit verzweigten diakonischen und sozialen Bereich hinsichtlich der Befürchtung einer Vereinnahmung der Kirche durch den Staat kaum eine Rolle? War etwa Eile geboten bei der zügigen Übernahme der Kirchensteuer? Hier fühlten sich dann folgerichtig die wenigen (Noch-)Kirchenmitglieder finanziell vereinnahmt und reagierten ihrerseits mit Kirchenaustritt. Ein zuvorkommendes pastoraldiakonisches Angebot der Kirche, Menschen einer ehemals atheistischen Gesellschaft für das Christsein in der Demokratie zu gewinnen, war nur in Ansätzen zu erkennen. Die oft selbstbewusst wiederholte Äußerung der östlichen Geistlichkeit, klein und bescheiden geworden zu sein, entspricht in keiner Weise biblischem Sendungsauftrag. *Groß und recht unbescheiden* hat Kirche zu lehren und zu predigen, wenn es um die Verkündigung der christlichen Botschaft für unsere Zeit geht.

Militärseelsorge zwischen „A" und „B"

Kritiker der Militärseelsorge und kirchliche Pazifisten aus Ost und West bilden den Schulterschluss. Da landeskirchliche Synoden auf dem Problemfeld Kirche/Staat/Militär keine Übereinkunft erzielen, wird ein EKD-Ausschuss „Zur künftigen Gestaltung der Militärseelsorge" (1992) eingesetzt. Ein schlüssiges Modell sollte den Entscheidungsorganen der EKD innerhalb eines Jahres vorgelegt werden. Die Ausschussmitglieder unter der Leitung des Juristen Eckhart von Vietinghoff müssen jedoch bald erkennen, dass ein neues Strukturmodell Militär-

---

16 Das Friedenszeugnis der Kirchen, 113.

seelsorge keinen Konsens finden werde. Unüberwindbar zeigen sich die grundlegenden strukturellen, kirchenrechtlichen und friedensethischen Positionen zur
Militärseelsorge. Um die Jahresarbeit des Ausschusses jedoch nicht zu Makulatur
verkommen zu lassen, werden zwei Strukturmodelle „A" und „B" erarbeitet, auf
der EKD-Synode im November 1993 in Osnabrück eingebracht und zur Entscheidungsfindung allen landeskirchlichen Synoden vorgelegt. Es sollte im Verlauf des Jahres 1994 geklärt werden, auf welcher Basis Verhandlungen mit dem
Staat über die künftige Gestaltung der Militärseelsorge aufzunehmen seien. Der
Staat seinerseits gibt zu erkennen, dass er an keiner Änderung des Militärseelsorgevertrages interessiert sei.[17] Vertreter auf Staatssekretärs- und Ministerialbeam-
tenebene können dem *Kirchengezänk* über einen bewährten Staatsvertrag zunächst keine Ernsthaftigkeit abgewinnen.

    Modell „A", der kleine Reformvorschlag, plädiert für die Beibehaltung des Mi-
litärseelsorgevertrages. Eingeräumt wird, dass „die Verantwortung der Kirche für
Verkündigung und Seelsorge rechtlich umfassend gesichert" sei. Dennoch fordert man eine „Vertiefung der kircheneigenen Strukturen" durch eine stärkere
„Stellung des Militärbischofs"[18], Modifikationen im Evangelischen Kirchenamt
für die Bundeswehr sowie kirchengesetzliche Änderungen. Die Freiheit uneinge-
schränkter Verkündigung und Seelsorge auf kirchlicher Grundlage sowie der
Bundesbeamtenstatus auf Zeit bleibt in diesem Modell erhalten. Grundlegender
Neuordnung bedarf es nicht. Modell „B", Denkmodell der kirchlichen Ände-
rungsfraktion, sieht eine Neuverhandlung des Militärseelsorgevertrages vor:
Denn Militärseelsorger als Bundesbeamte erschwerten „wesentlich die innerkirchliche Akzeptanz dieses wichtigen Arbeitsfeldes."[19] Der Bundesbeamtenstatus der Militärgeistlichen sollte demnach einem kirchlichen Beamten- beziehungsweise Angestelltenstatus weichen. Das Evangelische Kirchenamt für die
Bundeswehr in Bonn ist in das Kirchenamt der EKD, Hannover, einzugliedern.
Modell „B" beabsichtigt, die Militärseelsorge als rein innerkirchliches Aufgaben-
feld zu installieren.[20] Es bleiben jedoch nicht nur gewichtige Fragen hinsichtlich
der *nebenamtlichen* Militärgeistlichen unbeantwortet; auch versicherungs-, be-
soldungs-, versorgungs- und völkerrechtliche Belange entbehren jeder vertrags-
würdigen Konkretion. Ferner wird die rechtliche, strukturelle und organisatorische Gemeinsamkeit mit der katholischen Militärseelsorge nicht bedacht.
Vertragsrechtler Ennuschat bemerkt: Obgleich „die völkerrechtliche Absicherung
ihrer Geistlichen ein wichtiges Anliegen der EKD-Synodalen" ist,[21] wird deren

---

17 Vgl. Schmude, Die Mühe um das Einvernehmen, 73. Die katholische Militärseelsorge hält
   am bewährten Seelsorgekonzept fest; vgl. E. Niermann, Militärseelsorge hat sich bewährt.
   Warum die katholische Kirche am bisherigen Konzept festhält, in: Militärseelsorge. Zeit-
   schrift des Katholischen Militärbischofsamtes. 34. Jg. ,1992, 96–98.
18 Kirchliches Jahrbuch, 121. Jg., 1994, 9.
19 Kirchliches Jahrbuch, 121. Jg., 1994, 9.
20 Alle ostdeutschen Landeskirchen sowie die Synoden im Rheinland, in Westfalen, Lippe, der
   Pfalz und Bremen entscheiden sich für dieses Modell.
21 Ennuschat, Militärseelsorge, 346.

völkerrechtlicher Status nach den vier Genfer Abkommen von 1949 ebenso wenig geklärt wie die Gesamtfinanzierung einer neu zu verhandelnden Militärseelsorge.

Je länger die Auseinandersetzungen geführt werden, desto deutlicher kristallisiert sich der *uneigentliche* Diskussionsgegenstand, Beamtenstatus, als struktureller Knackpunkt heraus; die eigentlichen kontroversen Fragen einer Friedensethik und Friedenspolitik im vereinigten Deutschland sind nur atmosphärisch präsent.[22] Dass Militärgeistliche weiterhin Staatsbeamte auf Zeit sein sollten, lehnen innerkirchliche Kritiker unisono ab. Ein Blick in die Entstehungsgeschichte der Militärseelsorge hätte Klarheit gebracht. Überlegungen zu einer künftigen Seelsorge in der neu aufgestellten Bundeswehr Mitte der fünfziger Jahre fordern den Beamtenstatus der Militärgeistlichen. Staat und Kirche verständigen sich auf einem Kompromiss. Denn in nahezu allen Streitkräften, die eine Militärseelsorge unterhalten, befinden sich Militärgeistliche im Rang eines Offiziers oder werden ihm gleichgestellt. Nach den Genfer Abkommen und den Zusatzprotokollen von 1977 gehören die Feldgeistlichen wie das Sanitätspersonal zu den *nicht unmittelbar an Kampfhandlungen Beteiligten* (Non-Combatants) und fallen unter völkerrechtlichen Schutz. Es ist leicht einzusehen, dass die Übernahme der Militägeistlichen im Offiziersrang zwölf Jahre nach Kriegsende und dessen Nachwirkungen nicht vermittelt werden konnte. Um dem zivilen Charakter der Militägeistlichen gerecht zu werden und dennoch in die Streitkräfte eingegliedert sowie völkerrechtlich geschützt zu sein, begründet man ein öffentlich-rechtliches Rechtsverhältnis: den Militärpfarrer als Staatsbeamten auf Zeit, eine bis heute angemessene und bewährte Lösung. Ferner macht die staatliche Seite Gesichtspunkte der Geheimhaltung und Sicherheit militärischer Einrichtungen geltend, die zu achten Militärgeistliche verpflichtet sind. In der aktuellen Diskussion erfahren diese rechtlichen und sicherheitsrelevanten Fakten keine angemessene Würdigung. Auch spielt die Einbindung der Bundeswehr in die NATO und ihre damit verbundenen internationalen Verpflichtungen im Streit um die Militärseelsorge quasi keine Rolle. Schon der Vergleich mit den Militärgeistlichen/Chaplains der NATO-Verbündeten wäre ein klärender und weiterführender Beitrag zur Statusfrage gewesen[23] – stattdessen dominiert provinzieller, innerkirchlicher Theologenstreit.

Zur Veranschaulichung diene eine Episode aus dem Auslandseinsatz eines Militärgeistlichen in Kambodscha im Jahre 1992. Für den Besuch einer zuvor im deutschen Feldlazarett behandelten kranken Kambodschanerin benötigt der Militärgeistliche ein Dienstkraftfahrzeug. Der pakistanische Offizier, dem die Fahrzeuge

---

22 Parallel zum Streit um die Militärseelsorge erarbeitet die Kammer für Öffentliche Verantwortung der EKD die Studie „Schritte auf dem Weg des Friedens. Orientierungspunkte für Friedensethik und Friedenspolitik", die im Januar 1994 veröffentlicht wird.
23 Vgl. BOCK, Religion im Militär. Soldatenseelsorge im internationalen Vergleich, München 1994.

unterstellt sind, fragt nach dem militärischen Rag des Geistlichen; denn nicht jeder Soldat oder Militärangehöriger hat das Recht, auf ein UN-deklariertes Fahrzeug zurückzugreifen. Die Antwort des Geistlichen, er sei Pfarrer ohne Rang, befriedigt den Offizier nicht: No rang, no car (Wer keinen Rang hat, bekommt kein Fahrzeug), weist er unseren Militärgeistlichen ab.

Es überrascht nicht, dass ein konsensfähiges Konzept nicht gefunden wird – bleiben doch die strittigen Grundsatzfragen angesichts schwerwiegender theologischer Differenzen außer acht: *Pazifismusproblematik, Friedenskirche versus Volkskirche, kirchliches Selbstverständnis.* Statt theologisch-inhaltlich zu diskutieren, behandeln Synoden allein Strukturfragen. Besonders augenfällig ist der bewusste Verzicht auf *friedens- und konfliktethische Inhalte*, die entscheidend die Dialektik praktisch-theologischen Handelns aufgedeckt hätten. Das Verfahren, lediglich auf Strukturfragen abzuheben, ist dem theologisch umstrittenen Sachverhalt keineswegs angemessen; zumal „unter der Firmierung ‚Militärseelsorgevertrag‘ eigentlich die friedensethische Debatte geführt wird," [24] gibt der bereits erwähnte Synodale Noack im Rückblick zu – ohne jedoch friedensethische Argumente diskussionswürdig in die Debatte einzubringen.

Auch die gebetsmühlenhaft geforderte engere Bindung der Militärgeistlichen an die Kirche bedurfte weder der Änderung noch der Neufassung des Militärseelsorgevertrages. Die Kritik am Beamtenstatus der Militärgeistlichen und der damit unterstellte „Milieudruck der Institution Bundeswehr"[25] waren Folgen des nicht geklärten Verhältnisses der östlichen Gliedkirchen zur Friedensethik der evangelischen Kirche im demokratischen Rechtsstaat. Daraus zu schließen, Militärgeistliche sähen sich in der Wahrnehmung ihrer pastoralen Aufgaben eingeschränkt oder fremdbestimmt, entbehrt jeder Grundlage und bietet eigentlich keinen Anlass, die Leitenden Militärgeistlichen über Jahre unentwegt zu attackieren. Staatsphobie und Dämonisierung des Rechtsstaates sowie eine tiefsitzende „friedensethische Ablehnung militärischer Verteidigung überhaupt"[26] bestimmen synodale Entscheidungsträger und weite Kreise der moralischen, appellativen Friedensbewegung.

Prinzipieller kirchlicher Pazifismus und Bundeswehr

Die Initiatoren des *Modells B* sind Anfang der neunziger Jahre gemeinsam der Überzeugung, dass sich die Notwendigkeit von Streitkräften im vereinten Deutschland durch Wegfall des alten Feindbildes der Ost-West-Konfrontation erübrigt habe. Aversionen gegen die westdeutschen Streitkräfte sind freilich kein Novum im Kontext friedensethischer Diskussionen. Der Bonner Theologe Hans-Dieter Bastian hatte schon Mitte der achtziger Jahre festgestellt, dass die Gegner

24 Noack, Die Wiedervereinigung der Evangelischen Kirche in Deutschland, 154.
25 Noack, Die Wiedervereinigung der Evangelischen Kirche in Deutschland, 155.
26 Honecker, Evangelische Christenheit, 304.

der Militärseelsorge nicht nur deren Legitimität bestritten, sondern die Legitimität der Bundeswehr und damit der staatlichen Sicherheitspolitik insgesamt.[27] Martin Honecker spricht in diesem Zusammenhang von einer „Scheindiskussion". Die Militärseelsorge diene als Sack, um den Esel – Staat und Militär – zu schlagen.[28] Gegenwärtig, so die herrschende Meinung der prinzipiellen Pazifisten, käme den Militärgeistlichen die Aufgabe zu, endlich die unablässig geforderte Mitarbeit an der Auflösung der Bundeswehr zu betreiben. In einem Gespräch am Rande der EKD-Synode in Osnabrück am 11. November 1993 spricht ein ostdeutscher Synodaler offen aus, was viele denken: *Die Freiheit der Verkündigung schließe die Freiheit der Infragestellung der Armee notwendig ein.* Solche Infragestellung werde konkret als „Wehrkraftzersetzung" verstanden, die es „von Fall zu Fall" geben müsse.[29] Die wahren Absichten werden deutlich: Streichung des Beamtenstatus der Militärgeistlichen und somit ihre Herauslösung aus den rechtlichen Verpflichtungen im sicherheitsrelevanten Bereich einer Armee mit der Zielsetzung, die *Freiheit kirchlich-pazifistischer Verkündigung* in den Streitkräften zu verwirklichen. In diesem Zusammenhang hält man an der Wehrdienstverweigerung als dem „deutlichere[n] Zeugnis des gegenwärtigen Friedensgebotes unseres Herrn" fest.[30] Das Votum derselben Konferenz vom 25. September 1984 wird jedoch unterschlagen: „Unterschiedliche Gewissensentscheidungen dürfen nicht gegeneinander ausgespielt werden [...]. Es darf nicht zu einer höheren Wertschätzung in der pastoralen Verantwortung für die kommen, die den Wehrdienst oder Waffendienst verweigern."[31]

1.2. Nahaufnahmen eines Konflikts

Steht zunächst die Hoffnung auf dauerhaften Frieden in Europa nach dem Ende der Ost-West-Konfrontation im Mittelpunkt politischen und militärischen Handelns, so konterkariert die politische Wirklichkeit Europas Friedenssehnsucht nachhaltig: Die Balkankrise wächst sich zum Krieg aus. An die Auflösung der Bundeswehr sowie an eine grundlegende Änderung der westdeutschen Militärseelsorge ist nicht mehr zu denken. Auslandseinsätze deutscher Soldaten und an

---

27 Vgl. BINDER, Man sagt Militärseelsorge und meint das Militär, 2.
28 Vgl. HONECKER, Evangelische Christenheit, 304.
29 NOACK, Perspektiven zum Selbstverständnis und zur Form künftiger Militärseelsorge, 64.
30 Synodenbeschluss der Kirchenleitungen des BEK „Zum Friedensdienst der Kirche – Eine Handreichung für Seelsorge an Wehrpflichtigen" vom 6. November 1965, in: Kirchliches Jahrbuch, 93. Jg., 1966, Gütersloh 1968, 249–261.
31 Vgl. epd-Dokumentation vom 8. Oktober 1984; vgl. auch „Bekennen in der Friedensfrage" vom 22. September 1987, a.a.O.; vgl. bes. die EKD-Studie „Wehrdienst oder Kriegsdienstverweigerung? „Welche Entscheidung der Christ auch fällt, ob für den Weg des Soldaten oder für den Weg des Kriegsdienstverweigerers, es darf nicht sein, dass der eine für sich eine höhere Qualität von Christsein in Anspruch nimmt oder gar dem anderen das Christsein abspricht, weil er eine andere Position vertritt." (1989, 11)

ihrer Seite Militärgeistliche sind aufgrund von Bündnis- und Vertragsverpflich-
tungen nicht mehr zu umgehen. Deutschland kann nicht abseits stehen, wenn
Konflikte verhindert und Kriege gestoppt werden sollen. Sowohl die bundesre-
publikanische Öffentlichkeit als auch Kirchenvertreter und Friedensaktivisten
akzeptieren von Mitte der neunziger Jahre an zunehmend militärisches Engagement als humanitäre Intervention. Entscheidungsträger verantwortungsethischer Provenienz wie Hermann Barth, Vizepräsident des Kirchenamtes der EKD,
sowie die Militärbischöfe Heinz-Georg Binder (bis 1994) und Hartmut Löwe
(bis 2003) begleiten kritisch, aber dennoch solidarisch die erweiterten pastoralen
Aufgaben der Militärgeistlichen. Darüber hinaus plädieren zahlreiche Initiativen
(die Aktion der Bundeswehr *Pro Militärseelsorge* sammelt 63.000 Unterschriften!) sowie anhaltendes Engagement aller Dienstgradgruppen der Bundeswehrsoldaten für die Erhaltung des Vertragswerks.

    Politische Wirklichkeit ist unerbittlich. Sie vereitelt friedensethisches Wunsch-
denken. Diese Tatsache führt kirchliche Leitungsorgane zu der Einsicht, sich nun
uneingeschränkt *für* die seelsorgliche Begleitung der Soldaten auszusprechen.
Kritiker der Militärseelsorge, die zwar politisch *belehrt*, aber verantwortungsethisch nicht *bekehrt* worden waren, üben sich in Theologenfinesse: Das *Ob* der
Seelsorge stehe nun überhaupt nicht mehr infrage, lediglich das *Wie* sei neu zu
bedenken. Je nach theologischer Interessenlage freilich, die im pazifistischen Wie
zur Sprache kommt, wird das Ob obsolet. Pazifistische und semipazifistische
Kirchenvertreter suggerieren Konsens mit den Leitenden Militärgeistlichen, setzen strenge Mienen auf, urteilen vermeintlich milder und bekunden gegenüber
Militärgeistlichen einen gewissen Respekt. In Wahrheit initiieren sie gegensätzliche Absichten und Interessen zum Dienst der Kirche unter Soldaten: „Wir müssen den Soldaten sagen, dass sie den falschen Beruf ergriffen haben" – bemerkt in
entwaffnender Offenheit ein rheinischer Oberkirchenrat gegenüber dem Verfasser im Februar 1992 zur *so* verstandenen Soldatenseelsorge. Weiterhin traktieren
Vertreter des „linken Flügels in der Kirche" (Militärbischof Binder) die synodalen Entscheidungsträger mit der Forderung, Militärseelsorge noch deutlicher als
bisher zu einer Sache der Kirche zu machen. Darauf zielt ein reformiertes Positi-
onspapier „Überlegungen und Vorschläge zur Neuregelung des kirchlichen
Dienstes an Soldaten" (1993): Unmissverständlicher als bisher müsse deutlich
werden, dass die Seelsorge an Soldaten als kirchlicher Dienst erkennbar sei.
Bringt der Komparativ mehr Klarheit in die eindeutige Aufgabenstellung der Militärgeistlichen und ihrer staatlichen Unabhängigkeit? Die pazifistische Geistlichkeit hat anderes im Sinn. Sie bejaht – wenn auch unter fragwürdigem Vorzeichen
– die Notwendigkeit des seelsorglichen Dienstes an Soldaten, bedient sich aber
weiterhin eines längst relativierten Grundsatzes der ostdeutschen Friedensbewegung: des *deutlicheren Zeugnisses* des Christseins in unserer Zeit, das in der Verweigerung des Wehrdienstes besteht.

    Mit Komparativen argumentierten die Kritiker gern, weil sie so leicht die ver-
schiedenen bis gegensätzlichen theologischen Grundprobleme verschleiern. Der
Militärseelsorgevertrag und die aus ihm abgeleitete pastorale Praxis lassen einen

missverständlichen kirchlichen Dienst unter Soldaten nicht zu. Der Komparativ beabsichtigt folgerichtig nicht die Gewissensschärfung der Soldaten – was erstrebenswert wäre – sondern letztlich deren Diskreditierung. Folglich ist der Auffassung des *Ausschusses zur künftigen Gestaltung der Militärseelsorge* zu widersprechen, wenn er feststellt, dass der Auftrag zur Militärseelsorge weder an eine bestimmte friedensethische Position noch an ein bestimmtes Verständnis von Staat und Kirche gebunden sei.[32] Der friedensethische Auftrag des Geistlichen in der Bundeswehr ist sehr wohl an die Einsicht und Bedingung geknüpft, dass der *Dienst des Soldaten* in einer unvollkommenen, permanent friedensgefährdeten und von Gott „noch nicht erlösten Welt" (Barmen V) *kritisch und solidarisch zu bejahen ist.* Friedens- und konfliktethische Aussagen sind weder wertneutral noch beliebig austauschbar. „Fest steht für mich" – führt Militärbischof Hartmut Löwe vor der Gesamtkonferenz evangelischer Militärgeistlicher am 14. März 2002 aus –, „dass man mit der Position eines unbedingten Pazifismus kein Seelsorger in den konkreten Konflikten von Soldaten und Soldatinnen sein kann. Auf einem kirchlichen Arbeitsfeld, auf dem es die Seelsorge mit extremen Konflikten zu tun hat, das politische Urteil die christliche Orientierung mehr als durchschnittlich bestimmt, wird sich jede und jeder um ein besonderen politisches Urteil bemühen, um nicht theologischen Abstraktionen zu verfallen."[33]

Wer etwa Soldatenseelsorge indirekt als Wehrkraftzersetzung betreiben will, steht friedensethisch am falschen Ort. Der wäre einem Krankenhausseelsorger vergleichbar, der sich in der Begleitung Schwerstkranker auf eine Euthanasie-Ethik stützt. Das *unwerte* Leben eines Schwerstkranken korrespondiert mit dem *Unwert* soldatischen Dienstes. Der Dienst des Soldaten besitzt jedoch angesichts menschlichen Ambivalenzverhaltens, wie Geschichte und Gegenwart lehren, und der Vorläufigkeit dieser Welt seine völkerrechtliche Notwendigkeit: Leben zu schützen und zu verteidigen sowie Frieden zu stiften respektive wieder herzustellen. Selbst das Ethos der Gewissensschärfung des Soldaten führt nicht zur Gewaltfreiheit seines Dienstes. Eine gewaltfreie Armee ist ein Selbstwiderspruch. Wer aus pazifistischer Position Soldaten in schwierigen Situationen nicht allein lässt, wird sie grundsätzlich anders *begleiten,* als dies bei konstruktiver, solidarischer Einstellung zur Bundeswehr bis heute in den westlichen Bundesländern geschieht. Demnach empfiehlt es sich, sensibel zu sein gegenüber den Formulierungen kirchlicher Diplomatie. Verführerischen Vereinfachungen, Sympathiebekundungen und Komparativen gilt es, nachdrücklich zu widerstehen. Sie könnten sich als *Trojanisches Pferd* erweisen. Hinter den oft milden und versöhnlich klingenden Worten evangelischer Kirchenführer verbergen sich unterschiedliche bis gegensätzliche friedensethische Grundvorstellungen.

---

32 Vgl. die Ausführungen zum Staat-Kirche-Verhältnis Abschnitt 7.
33 Löwe, Veränderungen in Kirche und Bundeswehr, 7.

Defizite in der Friedensethik

Nicht Fragen friedensethischer Substanz, wie dargelegt, sondern Strukturfragen
bestimmen die Diskussion. Kirchliche Verkündigungs- und Lehrinhalte zum
Dienst des Soldaten werden, wenn überhaupt, gesinnungspazifistisch beantwortet. Der Fehler kirchlicher Gesinnungspazifisten besteht bekanntermaßen darin,
Wirklichkeit besiegen und sich auf internationale Konflikte nicht ernsthaft einlassen zu wollen. Sie haben Gewaltlosigkeit verinnerlicht und damit der Banali-
sierung des Bösen Raum gegeben. Das hat Aggressoren und Kriegstreiber schon
immer herausgefordert und ermutigt. Dieses Denken konfrontiert die Politik mit
der Forderung des absolut Guten und hindert sie auf diese Weise daran, ihrer
Verantwortung gerecht zu werden, nämlich das möglichst Gute und das jeweils
Beste unter den wechselnden Bedingungen globalpolitischer Wirklichkeit zu tun.
Ferner zeigt dieses Denken eine unzureichende Trennschärfe zwischen theologischen Bekenntnisaussagen und politischen Ermessensfragen. Kurzum: Die hier
zur Klärung anstehenden ethischen Lasten erweisen sich als gesamtkirchliche
friedensethische Herausforderung.

Nicht zuletzt wird Militärgeistlichen diffamierend vorgehalten, sie begleiteten
Menschen, deren Ausbildungsziel das Töten anderer Menschen sei. Genau hier
liegt die theologisch-ethische Kernfrage: Dürfen zur Abwehr des Bösen Mittel
des Bösen eingesetzt werden, um größtes Unheil, etwa ethnische Säuberungen,
Vertreibungen der Zivilbevölkerung und Massenmord an Minderheiten, abzuwenden? Das ist der konfliktethische Testfall. An dieser in der Militärseelsor-
gediskussion *nicht* gestellten Frage menschlichen Handelns auf der Grenze von
Selbsterhaltung und Selbstaufopferung, von Notwehr und Nothilfe krankt entschieden die gesamte Auseinandersetzung um den Militärseelsorgevertrag. Warum sind zum Beispiel die aktuellen, aufschlussreichen Überlegungen zur Friedensethik und Friedenspolitik des Vizepräsidenten des Kirchenamtes der EKD,
Hermann Barth: „Der Barbarei nicht das Feld überlassen. Kann ich als Christ
heute den Einsatz militärischer Gewalt verantworten?", nicht aufgegriffen und
verhandelt worden? Er hat in seinem am 17. Juni 1993 vorgetragen Referat vor
dem Beirat Evangelische Militärseelsorge den entscheidenden Impuls zur inhaltlichen Auseinandersetzung mit kirchlichen Friedensstrategien gegeben. „Friedensethik und Friedenspolitik", realisiert Barth, „die nicht damit rechnet, dass
Versäumnisse und auch darum Bedrohungen und Brüche des Friedens wieder
und wieder auftreten werden, und die dann[...] in moralischer Lähmung ‚hän-
deringend beim Völkermord zuschaut', ist illusionär, in theologischer Sprache:
schwärmerisch." Barth spitzt seine Gedanken provozierend zu, wenn er ein-
räumt: „Viele Christen tun sich schwer damit, von einem konkreten Einsatz
militärischer Gewalt zu sagen, er sei gerechtfertigt. Allenfalls wird ein solcher
Einsatz als ‚schrecklicherweise notwendig' bezeichnet. Aber was als notwendig
erkannt [...] wird, wird damit auch gerechtfertigt [...] Dazu gehört, ob der Einsatz militärischer Gewalt, der im Prinzip objektiv rechtswidrig ist, gleichwohl
ethisch und rechtlich als Ausnahmefall, als Grenzfall gerechtfertigt werden kann.

Ich vertrete diesen Standpunkt, und darum halte ich auch die Aussage im Augsburgischen Bekenntnis (CA) Abschnitt XVI von 1530 nicht für revisionsbedürf-
tig, wonach ,Christen mögen [...] rechte Kriege führen'[...]. *Iure bellare* wird in
Zukunft vorrangig Mitwirkung an internationaler, auch gewaltsamer Rechtsdurchsetzung bedeuten. Es wird aber auch noch Beteiligung an gewaltsamer
Selbstverteidigung als Notwehr sein."[34]
   Es bleibt dabei: Prinzipielle pazifistische Überlegungen unter Vorspiegelung
von Struktur- und Rechtsfragen des Staat-Kirche-Verhältnisses haben zur Ablehnung der Militärseelsorge geführt. Es ist schon recht seltsam und mit Vernunft-
gründen kaum zu fassen, dass die Synode des BEK im September 1990 mit großer Mehrheit dem Militärseelsorgevertrag eine Absage erteilt hat, ohne sich mit
ihm kirchenrechtlich und theologisch auseinandergesetzt zu haben, wie Synodale einräumen. Man habe ihn *intuitiv* abgelehnt und ein *Gespür* dafür gezeigt, dass
die westdeutsche Militärseelsorge der bisherigen Friedensarbeit des BEK wider-
spreche, äußert der Wolfener Pfarrer Noack. Verkündigung und Seelsorge an
Soldaten in demokratisch legitimierten Streitkräften auf der Basis des Rechts und
der Verantwortungsgemeinschaft von Staat und Kirche scheinen Bischöfe und
Pfarrerschaft im wiedervereinigten Deutschland nicht begreifen zu können oder
ergreifen zu wollen.

Die „Rahmenvereinbarung"

Nach reichlich fünfjähriger kontroverser Beschäftigung mit der Militärseelsorge
stimmt eine synodale Mehrheit am 9. November 1995 auf der EKD-Synode in
Friedrichshafen darin überein, Militärseelsorge als unverzichtbaren Dienst der
Kirche zu erklären. Konkret wird diese Willensbekundung als *Weiterentwicklung*
der Militärseelsorge unterhalb der Revision des Militärseelsorgevertrages verstanden – wobei besonders der nun akzeptierte Beamtenstatus der Militärgeistlichen in Westdeutschland und der Rechtsanspruch auf staatliche Finanzierung
überzeugt haben dürften. Konkret: Nach einer Phase definitiver Ablehnung der
Militärseelsorge wollen Kritiker nun die Seelsorge an Soldaten erhalten, allerdings nach wie vor unter Lösung des Beamtenstatus der Militärgeistlichen für
den Bereich der *östlichen* Landeskirchen. In den Kasernen der neuen Bundesländer sollen optional Kirchenbeamte hauptamtliche Seelsorge auf Zeit verrichten.
Mit der Absicht, das oben skizzierte Modell B in Teilen zu retten, um es sodann
in eine schlüssige Rechtsform zu gießen, erarbeitet ein innerkirchlicher Aus-
schuss die am 12. Juni 1996 zwischen Staat und Kirche unterzeichnete, territorial
begrenzte und bis 31. Dezember 2003 befristete „Rahmenvereinbarung über die
evangelische Seelsorge in der Bundeswehr in den neuen Bundesländern". Damit
wird zunächst eine Brücke geschlagen, die Gegner wie Befürworter der Militärseelsorge „nach selbstquälerischen und nur schwer nachvollziehbaren Debatten

---

34 BARTH, H., Der Barbarei nicht das Feld überlassen, 46f.

in der evangelischen Kirche"[35] betreten können. Es handelt sich um eine Zwischenlösung, die den kirchlichen Dauerdisput aus dem Mittelpunkt der Synoden rückt und den Streit um die Militärseelsorge zwar nicht beendet, aber entschärft. Leitung und Dienstaufsicht der *Soldatenseelsorger* (kirchenoffizieller Terminus der östlichen Landeskirchen) liegen beim Militärbischof. Man beschließt, die Leitungsämter der Militärseelsorge zeitlich zu befristen und die nebenamtliche Soldatenseelsorge auszuweiten. Die Besoldung übernimmt der Staat; zudem stellt er Hilfspersonal und Sachmittel zur Verfügung. Auch einen semantischen Erfolg verbuchen die Vertreter der östlichen Gliedkirchen: Spricht doch die Rahmenvereinbarung nicht von *Militärseelsorge* und *Militärgeistlichen*, sondern von „Pfarrern für die evangelische Seelsorge in der Bundeswehr in den neuen Bundesländern". Am *Militärbischof* wird nicht gerüttelt[36] – vielleicht deshalb nicht, weil die Verhandlungspartner sich schon schwer genug tun, eine Umschreibung für die Amtsbezeichnung des Wehrbereichsdekans der östlichen Landeskirchen zu kreieren: „Bevollmächtigter für die evangelische Seelsorge in der Bundeswehr in den neuen Bundesländern."

Der Staat setzt darauf, die Rahmenvereinbarung nach dem Jahre 2003 in den Militärseelsorgevertrag überführen zu können, dagegen hofft die Kirche auf eine Neupositionierung der Militärseelsorge. Zur Veranschaulichung sei vermerkt, dass für die Soldatenseelsorge Ostdeutschlands ganze *fünf [!]* hauptamtliche und ca. fünfundzwanzig nebenamtliche Planstellen für 1996 (in der alten Bundesrepublik 125 hauptamtliche) vorgesehen waren. Am Ende aller Kontroversen hat sich nach Ansicht der Ratsmehrheit der EKD und der Leitenden Militärgeistlichen der zeitlich befristete Beamtenstatus der Militärgeistlichen in der seelsorglichen Praxis uneingeschränkt bewährt. „Sie bietet dem Militärpfarrer eine die Akzeptanz erhöhende Zugehörigkeit zu seiner Gemeinde; er ist mehr als nur ‚ein Gast mit Passierschein für die Wache.'"[37] Die jahrelangen Querelen haben allerdings viele Soldaten verunsichert. Evangelische Militärgeistliche waren diskursiv und medial ins Hintertreffen geraten, mussten einen empfindlichen Vertrauens- und Reputationsverlust hinnehmen. Jedoch aus der zuverlässigen seelsorglichen Begleitung und Beratung der Soldaten in zahlreichen Auslandseinsätzen ist das Ansehen der evangelischen Pfarrerinnen und Pfarrer gestärkt hervorgegangen. Was am Ende vieljähriger Auseinandersetzungen von den kirchlichen Kritikern

---

35 R. Clos, Wieder Tritt gefasst. Evangelische Kirche bereinigt nach quälenden Debatten den Konflikt um die Militärseelsorge, in: epd-Dokumentation Nr. 14, 18. März 1996, 22.

36 Aus dem friedensethischen Einfallsreichtum ostdeutscher Kirchenrepräsentanten unterbreitet der Erfurter Propst Heino Falcke den Vorschlag, einen „Friedensbischof" anstelle eines Militärbischofs zu berufen. Es sei ein grundlegender Fehler, dass die EKD überhaupt einen Militärbischof habe. Der Friedensbischof könnte einer Unterabteilung [!] für Soldatenseelsorge zugeordnet werden. (vgl. Rheinischer Merkur, Nr. 23, 7. Juni 1991, 24). Mit diesen und vergleichbaren Ungereimtheiten haben sich Leitende Geistliche der EKD sowie sämtliche Landessynoden und Militärgeistliche langjährig befassen müssen.

37 Ennuschat, Militärseelsorge, 357.

der Militärseelsorge initiiert und schließlich realisiert wurde, war wenig mehr als Herbstlaub im Wind.

Auf der von ostdeutschen Landeskirchen vehement geforderten *nebenamtlichen* Seelsorge liegt eine fragwürdige Zukunft. Seelsorge unter Soldaten erwartet von den Geistlichen grundlegende Kenntnisse im persönlichen Umgang mit den Menschen als Waffenträger, ihres Dienstalltages sowie der militärischen Ausbildungen und Gefahren, vor allem ihrer physischen und psychischen Belastungen. Einfühlsamkeit (Empathie) auf der Grundlage des soldatischen Ethos im weltweiten Friedenseinsatz ist Voraussetzung für seelsorgliche Kompetenz in Not- und Extremfällen. Geistliche sollten umfassend wissen, wovon sie reden, wenn sie Soldaten begleiten. Andernfalls werden sie nicht ernst genommen. Dazu erhalten sie detaillierte bundeswehrspezifische Unterweisung bei Eintritt in die Militärseelsorge und fortlaufende Weiterbildung. Nebenamtlich ist das nicht zu machen. Beispiel: Der hauptamtlich in seiner zivilen Kirchengemeinde tätige Pfarrer erhält die nebenamtliche Beauftragung zur Soldatenseelsorge an einem ostdeutschen Bundeswehrstandort. Bei seinem morgendlichen Weg zu den Soldaten sucht er sinnvollerweise zunächst den Kompaniefeldwebel auf: „Herr Hauptfeldwebel, gibt es besondere Vorkommnisse in Ihrer Truppe, Nöte, Probleme Ihrer Soldaten, deren ich mich annehmen sollte?" „Nicht, dass ich wüsste, Herr Pfarrer, hier ist alles im *grünen Bereich.*" Damit erübrigen sich für den Pfarrer weitere Schritte zu den Soldaten und Gespräche mit ihnen. Geistliche, die den militärischen Alltag nur vom Hörensagen kennen, die nicht berührt sind von existentiellen Konflikten, Versuchungen, Ratlosigkeiten vor allem junger Soldaten und nur ahnungsweise erfahren, wann seelische Belastungen unerträglich werden, sind verzichtbar.

Seit Beginn des Jahres 2004 ist der Militärseelsorgevertrag in der Bundesrepublik Deutschland in allen Gliedkirchen der EKD in Kraft. Einige Synoden haben ihre Zustimmung gegeben mit der Maßgabe, den Militärseelsorgevertrag zu novellieren: Pfarrer und Pfarrerinnen der östlichen Landeskirchen, die beabsichtigen, in der Bundeswehr Dienst zu tun, können im Kirchenbeamtenverhältnis der EKD verbleiben. Daneben besteht die Möglichkeit, den Angestelltenstatus zu wählen. Personal- und Sachkosten werden aus Haushaltsmitteln des Bundes erstattet. Das Kirchengesetz zur Regelung der evangelischen Militärseelsorge in der Bundesrepublik Deutschland vom 8. März 1957 wird im Sinne der sprachlichen Anpassung geändert. Ein neuer Artikel erklärt die Seelsorge in der Bundeswehr respektive Militärseelsorge im Zusammenwirken der EKD mit den Gliedkirchen als Gemeinschaftsaufgabe. Beharrliche Kontinuität lautet die Parole der evangelischen Militärseelsorge beziehungsweise der *Seelsorge in der Bundeswehr* – wie man in östlichen Landeskirchen zu sagen pflegt.

Evangelische Militärseelsorge im vereinigten Deutschland

Was bleibt zu tun? Wir müssen mehr als bisher den Weg zueinander suchen und friedensbewegte Christenmenschen für die Überzeugung gewinnen, dass christliche Kirche und demokratischer Rechtsstaat in der *Verantwortungsgemeinschaft* für alle Bürger verbunden sind. Dieser Staat gewährleistet die Freiheit des Glaubens, des Gewissens und Bekenntnisses sowie die ungestörte religiöse Betätigung (Art. 4 GG). Eine Alternative dazu hat Volkskirche als „Kirche im Pluralismus" nicht. Honecker formuliert den Anspruch, mehrere friedensethische und politische Optionen für verbindlich zu erklären[38] – was einen verantwortungsethischen Diskurs voraussetzt. In Begegnung und Dialog sind verschiedene Positionen zu respektieren. Antworten auf Fragen realistischer Friedenspolitik werden gemeinsam gesucht. Dabei darf der bewährte kirchliche Dienst an Menschen in besonderen Lebenssituationen, den Soldaten, nicht desavouiert werden. Die weltweiten Friedenseinsätze deutscher Soldaten bedürfen sogar einer erheblichen Ausweitung seelsorglicher Begleitung auf der Basis des bewährten Staatskirchenvertrages.

Im Prozess des Zusammenwachsens der Soldaten im vereinigten Deutschland bewegte sich der entscheidende Gedanke um das *soldatische Selbstverständnis* in einem *freiheitlichen demokratischen Rechtsstaat.* Soldatinnen und Soldaten aller Dienstgrade sollten zu einem Berufsverständnis und einer Menschenführung finden, die an der Humanität abendländisch-christlicher Tradition und Werteordnung orientiert sind. Dazu gibt es aus verantwortungsethischen Gründen keine Alternative. Die Kirche trägt also Mitverantwortung für den Auftrag der Bundeswehr zur Friedenssicherung. Hier anklingende Fragen der politischen, rechtlichen Sicherheit unseres Landes sowie der weltweiten humanitären Interventionen bedürfen einer *ethischen Grundlegung durch die Kirche.* Einer Armee ohne ethisch-moralische Verankerung droht alsbald die geistig-geistliche Verrohung. Wenngleich der Soldat sich weniger als Kämpfer, sondern mehr als robuster Schlichter versteht, muss er in besonderer Weise befähigt werden, auch und gerade in Grenzsituationen ethisch vertretbar zu handeln. Darüber hinaus gewährleistet die ethische Komponente des soldatischen Dienstes das soziale (kameradschaftliche) Miteinander. Wer diese Erkenntnis negiert, *verzweckt* den Waffenträger, würdigt ihn zum bloßen Söldner herab und trägt zu seiner moralischen Deformation bei.

Seelsorge an Soldaten eines demokratischen Rechtsstaates versteht sich als Dienst an Menschen, die wegen ihrer besonderen Lebenssituation von den Ortsgemeinden nicht hinreichend angesprochen und am kirchlichen Leben beteiligt werden können. Deshalb müssen Seelsorger dorthin gehen, wo sich die zu betreuenden Menschen befinden: in die Kasernen, zu den Truppenübungsplätzen,

---

38 Vgl. Evangelische Christenheit, 313f.

auf die Schiffe der Bundesmarine sowie zu den Soldaten in weltweiten Friedenseinsätzen. Seelsorge am Menschen bedingt immer die größtmögliche Nähe zu ihm. Anders gewendet: Wer Seelsorger sein will, muss Menschen (auf-)suchen, sie gewinnen wollen. Das schafft Vertrauen und die Möglichkeit des Beratens, Helfens, Heilens, Tröstens in einer oftmals schwierigen Lebenssituation. Sicheres Einfühlungsvermögen in den alltäglichen Dienstbetrieb sowie ein hohes Maß an Vertrautsein mit militärischen Strukturen und soldatischen Lebensgewohnheiten sind zu erfüllende Vorgaben. Hier ist der *ganze* Seelsorger gefragt.

Unbestritten hat die evangelische Militärseelsorge in den neunziger Jahren eine bedrängende Aktualität in Theologie, Kirche und Bundeswehr erfahren. Konflikthafte Spannungen zwischen pazifistischen und verantwortungsethischen Positionen haben Gegensätze in der Friedensethik provoziert. Je länger, je mehr haben sie zu vorläufigem Einvernehmen geführt. Es ist dringend geboten, über Inhalte, Wege und Ziele der Kirche unter den Soldaten neu nachzudenken. Die Friedensverantwortung der evangelischen Kirche bildet das Fundament der pastoralen Arbeit unter Soldatinnen und Soldaten. Frieden zwischen einzelnen Menschen und Kollektiven versteht sich nicht von selbst. Frieden ist kein Geschenk, sondern Prozess guten Einvernehmens, der stets gefördert und erneuert werden muss. Evangelischer Glaube erkennt darin kein freibleibendes Angebot, sondern eine zentrale Pflicht unter Inanspruchnahme aller Christen. Die Verkündigung der Friedensbotschaft, die im Menschen Jesus Christus Gestalt angenommen hat, weist uns Wege auf der Suche nach Frieden unter Menschen. Verlangt aber Frieden stiften, Frieden erhalten, Frieden sichern nicht auch aktives Eingreifen für Frieden (peace enforcement), wenn ziviles, gewaltfreies Handeln politisch ausgereizt ist? Wir wissen, dass pazifistische Einbahnstraßen am Ende ins realpolitische Nichts führen. Daher kommt christliche Verantwortung nicht umhin, sich weltweit zunehmender Gewaltbereitschaft, konkret: den Herausforderungen durch Vertreibung und Vergewaltigung, Terror und Massenmord an der Zivilbevölkerung neu zu stellen. Insbesondere politische und militärische Sicherheit im Kontext internationaler Friedenssicherung und Konfliktbeilegung bedarf der Fortschreibung friedenspolitischer Überlegungen in Kirche und Theologie.

1.3. *Grundlagen und Arbeitsformen*

Militärgeistliche sind Pfarrerinnen und Pfarrer im Vollsinn des Wortes. Neben Gottesdiensten und Andachten in Kasernen, auf Truppenübungsplätzen, den Schiffen der Bundesmarine sowie im Einsatzland werden Amtshandlungen (Taufen, Konfirmationen, Trauungen, Beerdigungen) durchgeführt. Herausgehobene Arbeitsschwerpunkte bilden *Berufsethik* und *Seelsorge*. Militärseelsorge ist Seelsorge am Arbeitsplatz. Sie erreicht und begleitet Menschen in ihrem täglichen Dienst und nimmt die besondere Lebenssituation der Soldaten ernst.[39]

– *Berufsethik:* Soldaten aller Dienstgrade nehmen im Rahmen kirchlicher Erwachsenenbildung an berufsethischen Unterrichten, Seminaren und Arbeitsgemeinschaften teil. Diese regelmäßig durchgeführten Veranstaltungen verstehen sich als Orte des Nachdenkens, der Meditation und des Gesprächs über christliche Friedensethik und Friedenspolitik angesichts weltweiter Konflikte und Gefahren. Das Interesse am Umgang mit Menschen anderer Religionen und Kulturen hat im Zuge der Auslandseinsätze besonderes Gewicht bekommen. Aber auch Fragen von Gewissen, Schuld, Gnade und Vergebung werden thematisiert, wobei Sinnfragen des Lebens, Werteverbindlichkeit und Menschenrechtsorientierung eine herausragende Rolle spielen. Ferner schaffen Wochenendseminare und Exkursionen, mehrheitlich mit Familien, gerne angenommene Begegnungen. Indem die Teilnehmer existentielle Fragen des Einzelnen und sein Leben in der Gemeinschaft unter christlichem Vorzeichen erörtern, zielen sie auf Gemeindebildung in den Streitkräften.

– *Seelsorge:* Gruppen- und Einzelseelsorge nimmt sich der persönlichen Nöte sowie der Daseinsorientierung des kasernierten und häufig versetzten Menschen an. Ehe-, Familien- und Partnerschaftsprobleme sowie der Umgang mit Kameraden und Vorgesetzten stehen im Vordergrund der Beratung und Begleitung. Mehrmonatige Auslandseinsätze der Soldatinnen und Soldaten haben dazu geführt, der begleitenden *Seelsorgepraxis* auf biblisch-theologischem Boden einen herausragenden Stellenwert beizumessen.

Regelmäßige ökumenische Begegnungen runden das Aufgabenspektrum der Militärgeistlichen ab. Die Ökumenische Praxis erstreckt sich nicht nur auf enge Zusammenarbeit mit der deutschen katholischen Militärseelsorge. Vielmehr pflegt die evangelische Militärseelsorge intensive Kontakte zu den protestantischen Seelsorgen in ganz Europa und den USA. Dabei entwickeln sich Beziehungen, die während der Auslandseinsätze zu vielfältigen Begegnungen mit den Geistlichen anderer Einsatzstreitkräfte führen. Gegenseitige Beratung und Hilfe stehen im Dienst der begleitenden Seelsorge. Besonders erwähnenswert ist die ideelle und materielle Hilfe der evangelischen Militärseelsorge beim Aufbau der Seelsorge in den Streitkräften mittel- und osteuropäischer Staaten.

Grundlage und Ausgangspunkt des verantwortungsethischen Diskurses in der Militärseelsorge ist der aus Geschichte und Gegenwart bekannte konkrete Mensch. Weil der Mensch sich immerzu als fragwürdiges Individuum erweist, trocknet der Quellgrund, nach ihm zu fragen, nie aus: Welche gattungsgeschichtlichen Wesenszüge sind ihm eigen? Was bestimmt das Menschsein des Menschen? Von Günter Brakelmann, dem Bochumer Sozialethiker, habe ich gelernt, dass ethische Reflexionen ohne Berücksichtigung der Lehre vom Men-

---

39 Facettenreich reflektiert und diskutiert finden wir den soldatischen Dienst in De officio. Zu den ethischen Herausforderungen des Offizierberufs, 1985, sowie in der zweiten, völlig neu bearbeiteten Auflage, 2000.

schen wertlos sind. Wer im friedenspolitischen Horizont die conditio humana des real existierenden Menschen nicht hinreichend thematisiert, begibt sich in eine Scheinwirklichkeit und handelt verantwortungslos. Daher werden kulturanthropologische, humanethologische und psychologische Erkenntnisse berücksichtigt. Darüber hinaus darf mein Umgang mit pazifistischer Konfliktbearbeitung und den Friedensaktivisten nicht fehlen. Sie bildeten durch mehr als zwei Jahrzehnte mit den Schwestern und Brüdern in der Militärseelsorge ein gleichermaßen anregendes Miteinander und kritisches Gegenüber.

Kernfragen soldatischer Ethik und Seelsorge in einer Monographie zu diskutieren und die jeweiligen Aufgabenfelder mit Hilfe eines Ariadnefadens zu verbinden, verspricht m.E. einen prägnanteren Ertrag als die thematisch durchgängige Gedankenfolge. Demnach beabsichtige ich nicht, das *Besondere* kirchlichen Handelns herauszuarbeiten, sondern das *Typische*. Ich verstehe es als Prinzip der vertiefenden Wiederholung. Von daher bilden die hier entwickelten Überlegungen zum kirchlichen Dienst in der Bundeswehr als Ganzes einen Sachzusammenhang in Problemstellung und Argumentation, wobei sie sich aktuellen verantwortungsethischen und seelsorglichen Herausforderungen stellen. Drei wiederkehrende Grundüberzeugungen werden aus den verschiedenen Themenbereichen entwickelt und entfaltet:

1. Unrecht zuzulassen, ist Unrecht, das Christenmenschen nicht zulassen dürfen.
2. Dem Unrechthandelnden ist zu widerstehen, dem Unrechtleidenden beizustehen.
3. Wer töten/morden will, muss daran gehindert werden; wer das unterlässt, macht sich zum Komplizen des Gewaltverbrechers.

Wo Leiden konkret wird, endet alle friedensbewegte Abstraktion. Christsein im Vollsinn des Wortes bedeutet, seines *Bruders/seiner Schwester Hüter* zu sein. Es irrt, wer meint, auf der Grenze menschlicher Existenz das Gute durch Nichthandeln, Ausweichen oder Sichverstecken verwirklichen zu können. Selbst der Nichtengagierte handelt, indem er sich seiner Verantwortung, dem schwachen Nächsten beizustehen, versagt. In der ihm eigenen Diktion fragt Peter Beier, ehemaliger rheinischer Präses: „ob es in der Völkergemeinschaft Situationen gibt, die keine andere Möglichkeit mehr offenlassen als die Androhung und schließlich Anwendung militärischer Gewalt. Was geschieht, wenn das Schutzbedürfnis der Gefolterten, der dem Genozid [...] Preisgegebenen zum Himmel schreit? Wer soll dann die gequälten und vergewaltigten Frauen aus den Lagern befreien? Die Diplomaten? Nur sie? Vermittels eines Sprachwunders vielleicht? Der Zorn jedes Redlichen ist groß."[40] Daher verpflichtet uns der Dienst am Frieden, keinem Rechtsbrecher, Kriegstreiber und Terroristen gefahrlose Erfolge zu ermöglichen.

---

40 BEIER, Bericht des Präses (1993), 27.

Warum habe ich mich entschieden, diese kritische Sicht vom Menschen und seine Schutzbedürftigkeit in ethischen und seelsorglichen Fragestellungen aufzuarbeiten? Weil die gattungsgeschichtliche Bestimmung des Menschen und seine Geschichte lehren, dass er sich auf Dauer als nicht friedensfähig erwiesen hat.

II. Berufsethische Bestimmung Soldatischen Glaubens und Handelns

1. Anthropologische und biblische Überlegungen in verantwortungsethischer Absicht

1.1. Der ambivalente Mensch als ethische Grundsituation

Frieden fordert die Menschen heraus; denn alle hängen von ihm ab. Frieden stellt die (Über-) Lebensfrage schlechthin. Daher bildet Frieden eine tiefe Sehnsucht der Menschen. Weltweit herrscht aber kein Frieden. Woran liegt das? Obwohl alle Menschen aufgerufen und viele willens sind, Frieden zu schaffen und zu gestalten, stiften sie Unfrieden. Das muss ganz offensichtlich am Menschen selbst liegen. Gewalt, Terror und Krieg speisen sich letztlich immer aus den Quellen ambivalenten menschlichen Verhaltens. Den guten oder bösen Menschen gibt es nicht. In jedem Menschen wohnt eine verführerische *Widersprüchlichkeit*. Die Idee vom guten Menschen deckt nicht seine ganze Wirklichkeit auf. Der allein gute Mensch ist offensichtlich Postulat einer sozialen Utopie. Wer über den guten Menschen nachdenkt, sollte den bösen kennen. Es ist der ambivalente Mensch, der uns anzieht und abstößt zugleich. Der Mensch allein besitzt jederzeit den Willen, die Freiheit und Fähigkeit zu bestimmen, ob Frieden oder Unfrieden, Konflikt, Gewalttat, Krieg sei. Daraus folgt: Wer die widersprüchliche Natur des Menschen anerkennt und ernst nimmt, handelt ethisch verantwortungsvoll. Wer dies unterlässt, bewegt sich abseits menschlicher Realität und geschichtlicher Wirklichkeit. Denn Unrecht und Rechtsbruch, Aggression und Gewalt, Terror und Krieg sind nicht ausgestorben. Sie werden nicht aussterben: weder durch moralische Appelle und Protestformeln noch durch Duldung des Bösen. Daher kommen Überlegungen zur christlichen Friedensverantwortung nicht umhin, über den nachzudenken, der Frieden bewahren und Krieg verhindern soll: den Menschen. Was wissen wir vom real existierenden Menschen und seiner anthropologischen Bestimmtheit? Überwiegen Hoffnung oder Zweifel hinsichtlich der Disziplinierung seiner destruktiven Kräfte? „Welche Voraussetzungen sind in der menschlichen Natur gegeben", fragt der Sozialethiker Günter Brakelmann, „die Frieden als Möglichkeit seines Verhaltens eröffnen? Ein Ausblenden dieser anthropologischen Grundfragen macht das durchschnittliche Friedensreden irreal."[1]

Ein Diskurs über Frieden und Unfrieden hat die *Konfliktnatur des Menschen*

---

1 BRAKELMANN, Macht und friedenssichernder Auftrag, 15.

in Geschichte und Gegenwart zu berücksichtigen. Wenn Alexander Mitscherlich feststellt, „dass die großen Sittenlehrer und Sittenlehren der Menschheit gescheitert sind"[2], dann muss die Frage nach den Ursachen des Scheiterns gestellt werden. Es steht zu vermuten, dass die *Prämisse Mensch* und das ihn bestimmende Aggressionspotential nicht hinreichend berücksichtigt wurden. Theologische Ethiken und christliche Morallehren sowie einschlägige Voten der christlichen Kirchen als Steuerungsinstrumente menschlichen Handelns werden nur in dem Maße überzeugen und sich durchsetzen, wie sie anthropologische Grunderkenntnisse aufnehmen – andernfalls sind sie wertlos.

Man verfehlt den Menschen in all seinen konstruktiven wie destruktiven Entfaltungsmöglichkeiten, wenn man sich nicht über den in der Weltwirklichkeit tätigen Menschen Rechenschaft gibt. Nur der in Geschichte und Gegenwart handelnde Mensch ist konkret. Realistische Geschichtsbetrachtung und tägliche Zeitungslektüre geben hinreichend Aufschluss über menschliche Verhaltensweisen, die Wirklichkeit formen und bestimmen. Das Wirklichkeitsverständnis als Ausgangspunkt verantwortungsethischen Denkens versteht sich im Unterschied zur wünschenswerten und möglichen Wirklichkeit als *Erlebniswirklichkeit*. Sie wird im Verbund mit den Humanwisssenschaften reflektiert. Suchen christliche Ethiker ernsthaft den Dialog mit naturwissenschaftlichen Lehren vom Menschen? Beziehen sie Grundaussagen der Verhaltensforschung in ihre Überlegungen ein? Werden bestimmte Aspekte der menschlichen Tiefenstruktur und daraus abzuleitende Handlungsbereitschaften in theologisch-ethischen Reflexionen zur Aufklärung und Orientierung menschlichen Handelns hinreichend berücksichtigt?

Für eine große Zahl protestantischer Ethiken der Gegenwart trifft zu: Das Thema „Anthropologie" sucht man vergebens[3] oder es wird nur rudimentär abgehandelt.[4] Sofern anthropologische Fragestellungen in den Blick kommen, werden sie schöpfungstheologisch reflektiert.[5] Evolutionsbiologie, Humanethologie und Psychologie fallen als Gesprächspartner weitgehend aus, werden ignoriert oder, weil sie nicht in die *Lehre von Gottes Wort* zu passen scheinen, einfach als Scheinproblem abgetan.[6] Helmut Thielicke,[7] Wolfgang Trillhaas,[8] Dietz Lange[9] und Martin Honecker[10] haben sich der Lehre vom Menschen im Horizont protestantischer Ethik angenommen und die Ambivalenz menschlichen Grundverhaltens in Krise, Konflikt und Krieg gewürdigt. Jedoch der interdisziplinäre Dis-

---

2 Mitscherlich, Die Idee des Friedens und die menschliche Aggressivität, 110.
3 Vgl. z.B. T. Rendtorff, Ethik, 2 Bd. 1980/81; Ch. Frey, Die Ethik des Protestantismus, 1989.
4 Vgl. z.B. A. Rich, Wirtschaftsethik, [3]1987.
5 Vgl. z.B. W. Kreck, Grundfragen christlicher Ethik, 1975.
6 Vgl. z.B. J. Moltmann, Theologie der Hoffnung, [3]1965.
7 Theologische Ethik, 4 Bd., 1951–1964.
8 Ethik, [3]1970; vgl. auch G. Brakelmann, Für eine menschlichere Gesellschaft, 1996.
9 Ethik in evangelischer Perspektive, 1992.
10 Wege evangelischer Ethik, 2002.

kurs findet auch hier nur rudimentär statt. Substantielle Theorien menschlicher Aggressivität und Gewaltbereitschaft vor dem Hintergrund anthropologischer Forschungsergebnisse bleiben unberücksichtigt – als ob Wesensmerkmale des Menschen durch eine Ethik des Glaubens, der Hoffnung und Liebe wirklichkeitsrelevant diskutiert werden könnten. Kein noch so hoch angesetzter moralischer Anspruch hebt die Grundbefindlichkeit des Menschen auf. Und ethische Soll-Sätze allein haben weder eine geschichtliche Situation entscheidend zum Besseren gewendet, noch den Menschen bewegen können, von Konflikt, Gewalt und Krieg Abschied zu nehmen. Das ist meine Ausgangssituation – wollte ich nicht einer Selbsttäuschung erliegen.

Aspekte der menschlichen Konfliktnatur

Wie ein roter Faden zieht sich ein Gegensatzpaar durch die Menschheitsgeschichte: Konstruktiv-schöpferische Kräfte zielen auf das dem Leben Zuträgliche, wirken Bewahrung und Förderung, schaffen das Gute. Dieses steht aber nicht allein: Destruktive Kräfte richten sich gegen das Leben, sie negieren, zerstören, vernichten, wollen das Böse. Mit *beiden Möglichkeiten des Menschseins* müssen wir stets rechnen. Und weil das so ist, erinnert uns jede Begegnung mit dem Menschen daran, dass dieser nicht nur gut, sondern auch böse sein kann. Diese Erkenntnis ist in der Geschichte des Menschen nicht zu übersehen. Folgerichtig hat der Mensch immer die Freiheit und Fähigkeit, ein liebender Nächster und böser Aggressor sein zu können. Das muss wohl auch Goethe vor Augen gehabt haben, wenn er im Blick auf kriminelle Menschen feststellt, dass es kein Verbrechen gebe, zu dessen Ausführung er potentiell nicht ebenso in der Lage gewesen wäre. Selbst Adalbert Stifter, der in seiner Welt nur gute Menschen in einer guten Ordnung auftreten lässt, kann in seinen Briefen davon sprechen, dass „in uns allen eine tigerartige Anlage" verborgen liege, und es nicht ausgemacht sei, wozu wir im Falle eines „Nervenfiebers" oder anderer Zustände der Enthemmung imstande seien.[11] Derselbe Mensch kann Kräfte der Befreiung wie der Unterdrückung, der Lebenserhaltung wie der Lebensvernichtung freisetzen. Jean Jacques Rousseau befindet sich im Irrtum, wenn er meint, der Mensch tue das Gute, wenn er nur wisse, was gut sei. „Nur Menschlichkeit im Sinne des Guten zu erwarten, dürfte ihn überfordern. Er ist Mensch in seinen Widersprüchen […], sich als Freund und als Feind zu zeigen. Das Konstruktive, das er hat, bleibt immer bedroht vom Destruktiven, das er genauso hat. In dieser Ambivalenz ist er der Mensch."[12] Das müssen wir also anerkennen, damit leben und fertig werden: die Geschichte des Menschen ist die *Geschichte seiner Ambivalenz*. Sie steht geradezu für seine Wesensformel. Daher verpflichtet uns der Dienst am Frieden, den Menschen im Licht nüchterner Skepsis, also in seinen Widersprüchlichkeiten und Unvollkommenheiten, zu sehen.

---

11 Zit. nach Thielicke, Theologische Ethik, 41973, 204f.
12 Brakelmann, Anmerkungen zur Friedensdiskussion, 250.

Der „belastete Mensch" – anthropologischer Aspekt

Der Mensch wird mit einer bestimmten Grundausstattung geboren. Vernunft, Wille und Begehren (Triebe) sind die ihn bestimmenden charakteristischen Merkmale. Sie besitzen universale Geltung. Durch sie entfaltet das Individuum seine ungeheure Intensität und Leidenschaften – fallweise mit lebenserhaltendem oder lebensnegierendem Ziel. Eine zentrale Rolle spielen hierbei die sich in jeder Entwicklungsphase deutlich artikulierenden situationsabhängigen *Bedürfnisse* (Wünsche, Erwartungen, Forderungen, Begierden, Machtgelüste usw.). Sie werden von einer inhärenten Dynamik getragen und sind gattungsgeschichtlich festgelegt. Erich Fromm spricht von „existentiellen Bedürfnissen [...], weil sie auf Bedingungen der menschlichen Existenz selbst zurückzuführen sind."[13] Bereits der Jakobusbrief reflektiert Wesenseigenschaften menschlichen Grundverhaltens: „Jeder wird von seiner eigenen Begierde, die ihn lockt und fängt, in Versuchung geführt. Wenn die Begierde dann schwanger geworden ist, bringt sie die Sünde zur Welt; ist die Sünde reif geworden, bringt sie den Tod hervor." (1,14f)

Die Bedürfnisse des Menschen beginnen sehr früh mit dem Schrei nach Stillung von Hunger und Durst, dem Verlangen nach Zuwendung und Kommunikation; sie erfahren eine qualitative Verstärkung auf dem Wege von der begrenzten Individualität zur vollen Individualität des heranwachsenden Menschen; sie entwickeln sich in den Daseinsbezügen tausendfältig, wobei das unablässige Streben nach Mehrung und Sicherung des Besitzes, des Wohlergehens und des größtmöglichen Prestiges besonders hervorstechen. Mithin ist es nicht ausgeschlossen, dass aus solchem Streben kollektive Ansprüche erwachsen, die schließlich – destruktiv übersteigert – in der Eroberung von Völkern und Staaten enden. In praktisch allen Wirklichkeiten des Lebens, vom individuellen Umfeld bis zur Weltpolitik, begegnen wir verschiedenen Manifestationen von Aggression und Gewalt. Werden nun diese vom Willen gesteuerten, zielgerichteten und zweckorientierten Bedürfnisse nicht oder nur teilweise erfüllt respektive blockiert, entstehen Dissonanzen (Missstimmungen) und *Frustrationen* (Entbehrungserlebnisse), in denen der Mensch aber nicht verharren will. Seine Erwartungshaltung lässt das nicht zu. Als deren Abbau erkennen wir in der Folge fast immer *Aggressionshandlungen,* die teils unverhüllt-direkt, teils subtil-indirekt in Aversionen, Konflikte und Gewalttaten einmünden. „Das Auftreten aggressiven Verhaltens", meint Fromm mit Bezug auf den amerikanischen Aggressionsforscher J. Dollard, „setzt stets das Vorhandensein von Frustrationen voraus, und umgekehrt führt das Vorhandensein von Frustration stets zu irgendeiner Form von Aggression."[14]

Frustration und Aggression gehen insofern eine enge Verbindung ein, als das frustrierte Individuum zur Befriedigung seiner Bedürfnisse und Begierden willentlich aggressive Kräfte mobilisiert und realisiert. Demnach sind Frustrationen jene Energiequellen menschlicher Aggression, die sich aus permanenten inneren

---

13 Fromm, Anatomie der menschlichen Destruktivität, 254.
14 Anatomie der menschlichen Destruktivität, 88.

Spannungen über nicht Erreichtes speisen. Diese Spannungen (Reizzustände) provozieren den Menschen unablässig. Und es wird ihm nicht gelingen, in seinem privaten wie beruflichen Leben alle seine Bedürfnisse zu befriedigen, sondern immer nur einen Teil von ihnen. Jede neue Ebene, die er erreicht, lässt ihn unbefriedigt zurück. Sein Unbefriedigtsein verneint jeden Status quo und zwingt ihn, immerfort neue Lösungen auf dem Weg der Bedürfnisbefriedigung anzustreben. Wer lebt, wünscht, verlangt, giert, fordert. Kein Tag ohne Wünsche, Verlangen, Forderungen – eine Gier nach der Fülle des Lebens. Des Menschen Gier ist unstillbar, maßlos, endlos. Hat er heute das Kleine erlangt, verlangt er morgen das Große. Hat er das Große erlangt, verlangt er die Fülle – und bleibt doch unbefriedigt! Getrieben von seinen immerwährenden Begierden, will der Mensch offensichtlich bis an die Grenzen seiner persönlichen und sozialen Existenz vorstoßen, um den eigenen, als zu eng empfundenen Lebensraum zu weiten. Daher steht er in der andauernden Gefahr, die Mitmenschen in seinem Sinne zu beeinflussen, zu attackieren, zu verletzen oder am Ende gar zu töten.

Das wesensbedingte destruktive Aggressionspotential des Individuums wird durch Psychologie und Humanethologie (Verhaltensforschung) gestützt: Misserfolge, Fehlschläge und Niederlagen im Rahmen der Bedürfnisbefriedigung werden als unerträglich empfunden; sie frustrieren nachhaltig. Es ist unbestritten, dass Aggression im Sinne des lateinischen Wortursprungs „aggredi" = „sich an etwas (heran-)machen" ebenso gut konstruktive, schöpferische Kräfte freisetzen und Motivationsschub mannigfachen Fortschritts sein kann. Aber „so ohne weiteres sieht man es einer Aggression nicht an, wem sie dient [...]. Man kann ihr gute und schlechte Bedeutungen anhängen."[15] In seinen Reflexionen über „das radikal Böse in der menschlichen Natur" erklärt Immanuel Kant das aggressiv Böse als ein dem Menschen angeborenes „gesetzwidriges" Verhalten.[16] Konrad Lorenz[17] versteht die destruktive Aggression als eine angeborene, triebhafte, innere Erregung, die, so ist anzunehmen, durch äußere Reizeinflüsse nach Entladung drängt. Sigmund Freud hingegen erkennt im aggressiven Verhalten des Menschen eine rein destruktive Kraft: Aggression als Ausdruck der Feindseligkeit Mensch gegen Mensch, der Selbstzerstörung, des Todestriebes.[18]

Die destruktiven, zerstörerischen Kräfte, das so genannte Böse, als Folge offener Aggressionshandlungen stammen also aus dem gattungsgeschichtlichen Erbe des Menschen.

Aggression in ihrer Destruktivität erklärt sich als missbrauchter und damit ge-

---

15 MITSCHERLICH, Die Idee des Friedens und die menschliche Aggressivität, 101. Ich erhebe hier nicht den Anspruch, alle Gesichtspunkte der Frustrations-Aggressions-Theorie zu erfassen; vielmehr soll eine Erklärung für die in der anthropologischen und psychologischen Forschung allgemein anerkannte Bereitschaft des Menschen gegeben werden, auf Frustration mit aggressivem Verhalten zu reagieren, wobei die destruktiven Verknüpfungen menschlichen Grundverhaltens besonderes Augenmerk verdienen.
16 Die Religion innerhalb der Grenzen der bloßen Vernunft, Bd 4, 667.
17 Vgl. Das sogenannte Böse, 1963.
18 Das Unbehagen in der Kultur, 1953.

gen Einzelne, Gesellschaften, Völker und Staaten gerichteter *Bewegungsdrang.* Sie steht der Erhaltung von Rechten, Ordnungen, Werten und Normen stets im Wege. Da Aggression eine endogene, nicht zu tilgende *Grundmacht des Lebens* im Sinne eines universalen Phänomens aller Gesellschaften und Zeiten ist, bedarf sie weder schlechter menschlicher Erfahrungen noch irgendwelcher Ideologien. Sie kann sekundär durch Einflüsse kultureller oder milieubedingter Art in Form, Richtung und Ausprägung verstärkt oder vermindert, aber nicht beseitigt werden. Aggression bezeichnet weder Charakterfehler noch kulturell-zivilisatorische Defizite oder gar seelische Abartigkeiten, die im Menschen schlummern. Es geht auch nicht um seine moralische Abwertung oder um negative Anthropologie, sondern um die nüchterne Erkenntnis menschlichen Wesens: *Aggression ist eine Daseinsäußerung* und kann ebenso wenig abgeschafft werden wie Hass oder Liebe, Faulheit oder Fleiß, Klugheit oder Dummheit.

Neben der Aggression erweist sich der ebenfalls aus den menschlichen Grundbedürfnissen abzuleitende *Eigennutz* als konfliktfördernder, friedensstörender Faktor. Die Individualgenese zeigt: Grundbedürfnisse des Menschen stehen letztlich immer im Dienste des Eigennutzes, der stets Vorrang vor dem Gemeinnutz hat. Ein Dominanzwechsel ist anthropologisch nicht möglich. Für den um sein Dasein besorgten Menschen hat der Eigennutz Überlebenswert, den er mit Hilfe gezielter Aggressionsformen auf oftmals verschlungenen Wegen zu realisieren sucht. Und selbst dort, wo vorrangig das bonum commune beabsichtigt ist, wird es im Rahmen mannigfacher Interessengemeinschaften, die vorgeben, das Wohl aller anzustreben, organisiert; faktisch aber geht es um die Befriedigung eigener Wünsche, Bedürfnisse und Begierden auf Kosten anderer.

Wir sehen uns hier mit der anthropologischen Determinante konfrontiert, dass der konkrete Mensch in der Begegnung mit Menschen, Ordnungen, Normen, Werten und Dingen dieser Welt immer wieder auf seine *Grundbefindlichkeit* zurückgeworfen wird. Von diesem Sosein kann der Mensch sich nicht distanzieren. Besondere Beachtung verdient hierbei der Umstand, dass für bestimmte Wesensmerkmale (Aggression, Eigennutz) *genetisches Potential* ausschlaggebend ist. „Die Quellen der Aggression sind [...] Quellen, die in uns fließen, zu unserer Natur gehören."[19] Obgleich diese Erkenntnis auf den ersten Blick theologisch befremden mag, anthropologisch ist sie evident.

Der „sündige Mensch" – theologischer Aspekt

Wie verhält sich nun die anthropologische Sichtweise zur Erkenntnis über den Menschen im biblischen Schöpfungsbericht? Die Genesis reflektiert das Verhältnis des Menschen zu Gott und seine Stellung in der Welt. Zum einen sollten Gottes Geschöpfe die Welt *beherrschen* und *unterwerfen* (Gen 1,26ff). *Bebauen* und *bewahren* lautet der andere Auftrag Gottes an die Menschen (Gen 2,15). Zwei

---

19 MITSCHERLICH, Die Idee des Friedens und die menschliche Aggressivität, 101.

komplexe Aufträge, die zu Spannungen führen. Der Herrscherauftrag beschränkt sich zunächst auf Tiere und Pflanzen (Gen 1,28f), weitet sich aber in der Folge gegen Gottes Schöpfungsordnung aus: Im Ungehorsam gegen Gottes Gebot und im Missbrauch der Freiheit liegt das Versagen des Menschen – er verfällt der Sünde (Gen 3). Die menschliche Fehlbarkeit nimmt ihren Lauf: „Von der Geschichte vom sogenannten Südenfall über [...] die Sintflutgeschichte und die Rettung Noahs bis hin zum babylonischen Turmbau wird in verschiedenen Perspektiven beleuchtet, dass die Menschen aus den guten Schöpfungsordnungen heraustreten, ja herausfallen.“[20] Der Abfall des Menschen von Gottes wohlgeordneter Welt charakterisiert mit dem Symbol der Sünde den fehlbar-ungehorsamen und aggressiv-gewalttätigen Menschen, der Böses bewirken kann und an der irdischen Wirklichkeit schuldig wird. Daraus erwächst die Vorstellung von der *Erbsünde*, wie sie Paulus im fünften Kapitel des Römerbriefes entwickelt hat: „Wie nun durch die Sünde des Einen die Verdammnis über alle Menschen gekommen ist...“ (V. 18)

Einem elementaren Ausdruck von Feindschaft und physischer Gewalt begegnen wir in den Söhnen des ersten Menschenpaares: *Kain* und *Abel*. Beide bringen ihrem Gott Opfer. Abel bittet um zahlreiche Jungtiere, Kain um gute Ernte. Wer das Gott wohlgefälligere Opfer bringt, ist nicht auszumachen. Der eine erntet Anerkennung, der andere Missachtung. Da Gott sich Abel mehr zuwendet – wie es aus der Erzählung scheint –, fühlt Kain sich benachteiligt, zurückgesetzt. Er ist frustriert. Neid und Hass auf seinen Bruder wachsen sich zur *Rivalenaggression* aus. Schließlich erschlägt er ihn auf dem Felde. Brüderliches Zusammenleben misslingt total. Der vom ersten Menschenpaar gezeugte Mensch begeht Rechtsbruch durch Brudermord (Gen 4,8) – der aggressive Superlativ! Die erste folgenreiche Tat des Menschen gegenüber seinem Mitmenschen ist eine Untat. Damit nicht genug. Als Gott Kain fragt: „Wo ist dein Bruder Abel?“, weist Kain die Verantwortung für seinen Bruder schroff zurück: „Bin ich denn der Hüter meines Bruders?“ (Gen 4,9) Wer malt ein dunkleres Bild menschlicher Grundbefindlichkeit? Ist diese menschlich-unmenschliche Tat die erste Spaltung des menschlichen Selbstseins? Kain ist nicht Zerrbild des Menschen oder die Verkörperung des Bösen schlechthin, sondern Mensch in den Möglichkeiten des Menschseins. Kain handelt paradoxerweise menschlich. Kain ist zwar Täter, Abel das Opfer. Es könnte ebenso umgekehrt sein. So gesehen ist Kain Prototyp der universalen Situation des Menschen. Er steht für eine *Brudermordgeschichte* jenseits von Eden. „Niemand kann sich polternd oder schleichend aus der Kain-Abel-Geschichte davonmachen. Wir sitzen in ihr fest.“[21] Hier spiegelt sich in concreto der oben angesprochene Sachverhalt: *Frustration gebiert Aggression*, die ihrerseits zur Gewalttat führt. Es wäre daher eine Verkennung der conditio humana und verantwortungsloser Leichtsinn, das destruktive Potential des Menschen zu unterschätzen. Selbst die in diesem Zusammenhang oft zitierte Vernunft ist nicht Herr im

---

20 WELKER, Schöpfung, Gottesbegriff und Menschenbild im Christentum, 102.
21 BEIER, Bericht des Präses vor der Landessynode am 8. Januar 1993, 24.

eigenen Hause. Bedürfnisse und Begierden bestimmen in biblischen Glaubens-zeugnissen das Verhalten ganz entscheidend und schwemmen nicht selten die ra-tionalen Kräfte einfach hinweg. Die in weiten Regionen der Welt derzeit aufbre-chenden Bewegungen von Nationalismus, Fundamentalismus und Terrorismus sind bezeichnend dafür.

Menschen werden also in eine Welt hineingeboren, die von Gott fern ist. Sie haben ein gebrochenes Verhältnis zu ihm. Die Gottesferne ist allen Menschen ge-meinsam. Jeder lebt sie auf je verschiedene Weise. Jeder *erbt* sozusagen diese Ge-brochenheit im Blick auf Gott, ist Teilhaber am universalen Ganzen und steht so-mit in der Traditionslinie der Menschheit. Warum ist das Verhältnis des Menschen zu Gott gebrochen? Weil der Schöpfergott ihm die Fähigkeit zuge-sprochen hat, seinen Willen jederzeit frei zu gebrauchen: sich für das Gute oder Böse, die Erhaltung oder Zerstörung des Lebens zu entscheiden.[22] Kaum hatte Gott das erste Menschenpaar geschaffen, verstieß es im Garten Eden bereits ge-gen dessen Gebot (Gen 2,16f). Mit dem Sündenfall und der Vertreibung aus dem Paradies war das Böse in der Welt, die imago Dei des Menschen verwirkt und sein Dasein fundamental verfehlt (Gen 3,22ff). Nun erkennt der Mensch seine Nacktheit im doppelten Wortsinn: Ohne Verhüllung dem anderen gegenüber, le-diglich die Scham mit Feigenblättern bedeckend, und ohne den von Gott ge-währten Schutz. Er schämt sich seiner Blöße, „weil ihm etwas verloren gegangen ist, das zu seinem ursprünglichen Wesen, zu seiner Ganzheit gehört [...]. Sein Leben ist jetzt Entzweiung mit Gott, mit den Menschen, mit den Dingen, mit sich selbst."[23] Des gefallenen Menschen Wirklichkeit erweist sich als Versagung, Entzweiung, Konflikt.

Erst spät (1535) und nicht ohne Mühen hat Martin Luther diese Erkenntnis vollzogen: „Als ich zuerst mit dem Evangelium anfing, habe ich nicht geglaubt, dass die Welt so böse sei. Ich hätte gedacht, wenn ein Bürger hört, er solle vor Gott von Gesetzesforderungen frei sein und sähe einen Pfarrer diese Christen-freiheit predigen, er würde zehn Meilen weit hinlaufen. Ich dachte, Bischöfe und Lehrer würden es von Herzen angenommen haben. Hätte ich es damals gewusst, wie sie in Wahrheit sind, hätte ich den Mund gehalten und gesagt: fahrt hin vor tausend Teufeln, wie ihr seid [...]."[24] Theologisch gesprochen kommt es aber nicht auf das Sünden*tun* des Einzelnen an, sondern auf das Sünder*sein* aller. Das Sündersein ist Folge willentlicher Abkehr von Gott und nicht Ursache einzelner menschlicher Verfehlungen. Daher findet Luther zu der These, dass der a priori sündige Mensch keinen freien Willen hat. Er ist immer schon dem *Satan, dem Fürst dieser Welt*, verfallen. „Die Welt ist wie ein trunkener Bauer", führt der Re-formator bei Tische aus, „hebt man ihn auf einer Seite in den Sattel, so fällt er zur

---

22 Einen vergleichbaren Erklärungsversuch wählt P. TILLICH, Systematische Theologie, Bd. 3, Stuttgart 1966, 124: Weil der Mensch seine Freiheit missbraucht, verfehlt er sich selbst und Gott.

23 BONHOEFFER, Ethik, 22.

24 WA 41,3,18ff.

anderen wieder herab. Man kann ihr nicht helfen, man stelle sich wie man wolle. Sie will des Teufels sein."[25] Einen lehrreichen, weiterführenden Gesichtspunkt fügt Eberhard Jüngel mit Bezug auf Hegels Rechtsphilosophie hinzu: „Wir zerstören den Beziehungsreichtum unseres Lebens nicht nur dadurch, dass wir das Böse wollen und tun, sondern auch dadurch, dass wir des Guten zu viel wollen und eben deshalb das Böse tun. Denn ein Wille, der sich beim Wollen des Guten nicht mehr den Bedingungen der Realität aussetzt, ist […] immer schon auf dem Sprung […], ins Böse umzuschlagen."[26]

Im Verhältnis zur anthropologischen Betrachtungsweise kommt dasselbe Phänomen in den Blick: Der destruktiv-aggressiven Grundbefindlichkeit des Menschen entspricht sein Sündersein. Das Böse ist auch nach biblischem Schöpfungsglauben anthropozentrisch zu interpretieren. Das haben Adam und der Neandertaler gemeinsam. Eine Erklärung des Bösen außerhalb des Menschen ist Rudiment unaufgeklärter Zeit beziehungsweise Rest einer magisch-dämonischen Weltsicht. Weder der Satan noch der Teufel oder ein sonstiger Widersacher Gottes stehen für den Weg des Bösen in der Welt. Was an Bösem geschieht, tut der Mensch dem Menschen und aller Schöpfung an.

1.2. Aggression – Feindschaft – Konflikt – Gewalt

Ausgangspunkt weiterer Überlegungen ist die *Konfliktnatur des Menschen*. Fragen wir nach den Auswirkungen menschlicher Aggressivität, so erkennen wir neben der lebensbejahenden Linie des Guten die des Bösen in ihren verschiedenen Manifestationen: Krise, Konflikt, Gewalttat, Krieg. Das Böse zeigt sich mithin als eine besondere Erscheinungsform aggressiven Verhaltens. Es provoziert stets Gegnerschaft, die in ihrer gesteigerten Form in Feindschaft einmündet. Feindschaft besteht aus einem absoluten Gegensatz der Anschauungen, Sichtweisen und Ansichten. Ihr Nährboden sind Gier, Beutelust, Neid, Eifersucht, Machttrieb, Hass. Und in deren Folge Fanatismus, Bedrohung, Gewaltanwendung, Zerstörung, Vernichtung. Feindschaft entwirft das strikte Gegenbild zur Goldenen Regel. (Mt 7,12) Feindschaft setzt die Richtigkeit des eigenen Verhaltens und Handelns absolut und missachtet somit in schwerster Weise den Grundsatz der Gegenseitigkeit. Wo jedoch die unbedingte Richtigkeit das eigene Verhalten dominiert, leugnet der Mensch seine Fehlbarkeit, vor allem seine Begrenztheit. Die realisierten Leidenschaften seines Hasses und seiner Destruktivität verhindern die Anerkennung eigener Grenzen und öffnen somit Wege in die Gewalt.

Konflikte und Gewalttaten, Terror und Kriege gehören zur Geschichte des Menschen. In ihnen spiegelt sich der stärkste Ausdruck destruktiver Aggression. Soviel wir wissen, hat es keine zivilisierte Gesellschaft gegeben, die sich über län-

25 WA TR 631.
26 JÜNGEL, Jedermann sei Untertan der Obrigkeit, 23.

gere Epochen der Konflikte und Gewalttaten entsagt hätte. Was sind und wie entstehen Gewalttaten? Im Unterschied zur individuellen Gewalttat, in der sich ag-
gressives Verhalten eines Menschen gegen einen anderen richtet, ist Krieg die von
einem einzelnen, einer Dynastie, einem Nationalstaat oder Volksgruppe (Ethnie)
beschlossene Anwendung kollektiver Gewalt sowie anderer Formen offener
Aggressionen gegen einen bestimmten *Feind*. Kriege brechen also nicht, Natur-
ereignissen gleich, über Völker und Staaten herein. Sie werden ersonnen, ge-
plant, provoziert, erklärt – jedenfalls mit vermeintlichen oder wirklich rationalen
Gründen entschieden begonnen. Daher überrascht es nicht, dass sich Grundstrukturen menschlicher Aggression, die zu Konflikten und Kriegen führen, seit
Beginn der Menschheitsgeschichte durchgehalten haben. Die Ursachen der Kriege sind ungewöhnlich vielfältig. Ob Heiliger Krieg oder Gerechter Krieg, ob Un-
terdrückungs-, Befreiungs- oder Eroberungskrieg – immer begegnen wir Formen offener Gewalttätigkeiten, die auf je eigene Weise Macht und Intensität
menschlicher Destruktivität erkennen lassen. Gewalt kommt über uns, weil sie
aus uns kommt. Die wahren Beweggründe vieler Konflikte und Kriege sind die
oben skizzierten *unbefriedigten Bedürfnisse* beziehungsweise „unzureichende
Triebsättigungen."[27] Daran ist insofern Wahres, als häufig Überlegenheitsan-
spruch, Profit- und Machtgier, Expansionsdrang, überzogener Egoismus und religiöser Fanatismus Triebfeder kollektiver Gewalt sind. Interessant ist hier die
Tatsache, dass die individuelle Aggressivität des Einzelnen durch die Staatsmacht
als gebündeltes Aggressionspotential erscheint, das für Konflikt- und Kriegsfälle
verfügbar gehalten wird. Im Vorfeld kriegerischer Auseinandersetzungen gehen
politische Drohungen, Ultimaten und Denunzierungen der einander gegenüber-
stehenden Mächte einher mit moralischen oder politischen Rechtfertigungen der
jeweils eigenen Absichten. Das ist Teil einer die Massen stimulierenden aggressiven Dramaturgie der auf Konflikt und Krieg drängenden Staatsmacht.

Wenn es richtig ist, dass Kriege nicht von Sadisten, Despoten oder korrum-
pierten Menschen ausgehen, sondern prinzipiell in den Möglichkeiten des
Menschseins liegen, dann haben wir es bei den Initiatoren von Gewalttaten mit
so genannten *normalen* Menschen zu tun, die, ein bezeichnendes Merkmal, mit
besonderer Machtfülle oder Machtstellung ausgestattet sind. Erich Fromm[28]
weist zu Recht darauf hin, dass der normale Mensch mit außergewöhnlicher
Macht die Hauptgefahr für die Menschheit sei. Der im Alltag seines gewöhnlichen Lebens wahrscheinlich mehr Gutes als Böses bewirkende Mensch erkennt
in seiner Machtposition die darin liegenden Möglichkeiten der Befriedigung seiner wie auch immer gearteten Bedürfnisse und Begierden. Der bekannte Aggressionsforscher Friedrich Hacker bestreitet allerdings, dass Kriege „eine unmittelbare oder gar unvermeidliche Folge der biologischen Ausstattung des Menschen"
seien. „Es gibt kein individuelles oder kollektives Ziel, das nicht auch durch andere Mittel als durch individuelle Gewalt oder Krieg erreichbar wäre […]."

---

27 Mitscherlich, Die Idee des Friedens und die menschliche Aggressivität, 101.
28 Analytische Charaktertheorie, 168.

Selbst die „blutrünstigste Eroberungslust" sei ohne Krieg zufrieden zu stellen, „hätte man ihre Forderungen widerstandslos erfüllt."[29] Ist Hackers Annahme aufgrund geschichtlicher Erfahrungen mit dem Menschen realistisch? Die widerstandslos zu erfüllende Forderung ist ein fragwürdiges Postulat. Menschen waren und sind nicht bereit, sich auf die widerstandslose Erfüllung von Forderungen anderer einzulassen – es sei denn um den Preis der Selbstaufgabe –, zumal jede erfüllte Forderung nicht notwendig zum Abbau aggressiver Ansprüche führt, sondern, wie oben skizziert, im Gegenteil neue Forderungen provoziert. Im Kontext historisch-empirischer Betrachtungsweise und der tatsächlichen Weltverhältnisse ist die Idee von der widerstandslos zu erfüllenden Forderung, die Gewalttat und Krieg verhindern soll – zum Leidwesen humanistischer Ethik – untauglich.

Dreht sich nun die Spirale von Feindseligkeiten, Gewalttaten und Kriegen als Folge menschlicher Destruktivität weiter? Bleibt Mitscherlichs Erkenntnis richtig, dass kein anderes Lebewesen als der Mensch über eine auf den Artgenossen gerichtete Destruktivität verfüge? Oder zeigt sich das Vernichtungsdenken und -handeln des Menschen doch als befriedbar?

Vom Umgang mit Aggression

Zunächst ist festzuhalten: Friedfertigkeit und Gewaltanwendung sind in jedem Menschen vorhanden. Eine bequeme Klassifikation in Gute und Böse wird dem konkreten Leben und der wissenschaftlichen Anthropologie nicht gerecht. Sodann darf nicht übersehen werden, dass am Anfang der biblischen Menschheitsgeschichte Kain, frei wählend zwischen gut und böse, sich nicht für ein Arrangement mit Abel, sondern für den Mord des Bruders entscheidet. Und da bis zum heutigen Tage ein aggressionsfreier Mensch nicht zu erkennen ist, müssen wir stets mit der Verwirklichung seiner destruktiven Phantasien rechnen. Wie gehen wir mit dieser Erkenntnis um? Zu unterdrücken oder gar zu tilgen sind genetisch bedingte Kräfte nicht. Das destruktive Potential kann fallweise zum besseren Sein korrigiert, aber nicht überwunden werden. In der Pädagogik sind daraus zahlreiche Bemühungen zur Kanalisierung destruktiv-aggressiver Potenzen erwachsen: Das feindliche Gegeneinander wird zum wetteifernden Miteinander geführt – ein Versuch, das aggressive Prinzip zum agonalen zu wenden. Dem entspricht auf der Ebene gesamtgesellschaftlicher Auseinandersetzungen die so genannte Streitkultur als produktive Kraft. Denkbar ist auch, Gewaltpotentiale *nicht vernichtend, sondern schützend* beziehungsweise *deeskalierend* einzusetzen – wie das im Rahmen militärstrategischer Interventionen der UNO und bei den Streitkräften unseres Landes der Fall ist. Angemessene zivile respektive militärische Gegenmaßnahmen können fortgesetzter Aggression eine deutliche Abfuhr erteilen. Ziel muss immer eine *Richtungsänderung* im Umgang mit menschlicher Aggressivität

---

29 HACKER, Aggression, 282.

sein. Das bedeutet: Die Freiheit, sich für das Gute oder Böse zu entscheiden, darf nicht im Sinne einer willkürlichen Möglichkeit verstanden werden (damit wäre das Gewaltpotential nicht hinreichend minimiert), auch nicht als Freiheit von jeder Notwendigkeit (damit wäre der auf Eigennutz bedachte Mensch nicht hinreichend geblockt), sondern als jene Freiheit, die dem Menschen nahe legt zu sein, was er potentiell immer schon ist: ein geistig-geistliches Wesen, das dem Mitmenschen Leben ermöglicht und ihm die Chance der Zukunft eröffnet; eine Chance vorauszudenken und dementsprechend zu handeln. Auf diesem Felde wirken sich konfliktregulierende Verfahren Jesu[30] solcherart aus, dass der Mensch die lebensbejahende Seite stärkt und ernster nimmt als die lebensverneinende. Konsequenterweise muss jede noch mögliche Gewalttat stets *die* Gegenkräfte mobilisieren, die sie verhindert, stoppt oder umlenkt.

Dem Unrecht widerstehen

Damit ist der verantwortungsethische Umgang mit primärer Gewalt und Gegengewalt oder mit Macht und Gegenmacht angesprochen. Dazu nur soviel: Zum Problem der Gewaltanwendung gegenüber Aggressoren und Kriegstreibern besteht in der evangelischen Ethik kein Konsens. In der christlichen Individualethik ist die physische Abwehr (Notwehr) eines gewaltsam und rechtswidrig Angegriffenen erlaubt.[31] Das gilt folgerichtig auch auf der Ebene von Menschenrechtskonventionen für den kollektivethischen Bereich der internationalen Völkergemeinschaft.[32] Um des Menschen, seines Lebens und Rechts, seiner Würde und Freiheit willen ist gewaltsame Abwehr eines Aggressors statthaft. Es gilt der rechtsethische Grundsatz: dem *Unrechttuenden zu widerstehen, dem Unrechterleidenden beizustehen,* d.h. Schutz und Verteidigung der Schwachen und Minderheiten als primäre Aufgabe christlicher Verantwortung. Auf der Grenze menschlicher Existenz, also im Zusammenhang letzter denkbarer Handlungsmöglichkeiten im Konfliktfall, käme Gewaltverzicht quasi der steten Bedürfnisbefriedigung des Aggressors oder Kriegstreibers entgegen und eröffnete dem Rechtsbrecher alle Chancen des Rechtsbruchs und der Vernichtung.

Da es gegenwärtig auf globalpolitischer Ebene keine Machtinstanzen gibt, die jedes sich realisierende Gewaltpotential konterkarieren könnten, werden wir um der menschlichen Schutzbedürftigkeit willen dem Gebot der Gewaltlosigkeit nicht folgen, sondern bis auf weiteres der *Idee des Gleichgewichts* der Gewalten und Mächte als eines Zustandes weitgehender *Balance* zwischen sich widerstreitenden Kräften den Vorzug geben – wohl wissend, auf welche Gratwanderung wir uns dabei begeben. Denn Eskalation von Gewalt und Gegengewalt ist nie ausgeschlossen. Jedoch das pazifistische Argument von der Kraft des guten Bei-

---

30 Vgl. S. 59–62.
31 Vgl. Gewalt und Gewaltanwendung in der Gesellschaft; Schritte auf dem Weg des Friedens, 16f.
32 Charta der Vereinten Nationen, Kap. VII, Art. 51.

spiels, das den Teufelskreis von Gewalt und Gegengewalt durchbrechen soll, überzeugt angesichts menschlichen Ambivalenzverhaltens und seiner aggressiven Begierden nicht. Beklagenswerterweise ist Helmut Thielicke recht zu geben: „In der gefallenen Welt gibt es [...] nur Frieden durch Drohung mit Unfrieden. Darum ist der Friede der Welt ein Friede der Angst."[33] Wer diesen Gedanken situationsspezifisch auslegt, wird erkennen: Die Doktrin der atomaren Abschreckung hatte den Zweck, Kriege nicht mehr führbar zu machen. Statt Krieg zu führen, wurde atomar abgeschreckt. Die Abschreckungswirkung bestand im gesicherten Wissen um die jederzeitige Fähigkeit zur gegenseitigen atomaren Vernichtung. Ein Krieg aus rationalen Gründen war nahezu ausgeschlossen. Denn „die Angst vor der Selbstvernichtung kann die Kontrahenten zu der Einsicht bringen, dass sie – wenn überhaupt – nur noch eine gemeinsame Zukunft haben."[34] Selbst wenn an dieser Stelle das pazifistische Postulat der Vernichtung aller Atomwaffen ernst genommen würde, bliebe doch das Wissen um die jederzeitige erneute Herstellung atomaren Vernichtungspotentials erhalten. Seit der ersten Spaltung eines Urankerns im Jahre 1938 und der Erkenntnis, diese ungeheuren Energien auch zur möglichen Beendigung allen Lebens einsetzen zu können, muss man von einem irreversiblen *Sündenfall* menschlichen Geistes sprechen. Es bleibt nur der in jeder Hinsicht verantwortliche Umgang der Entscheidungsträger in den Staaten der Welt mit diesem Vernichtungspotential.

Das Balancekonzept *Sicherheit durch Gewaltandrohung* wird nur bei realistischer Einschätzung der politischen Wirklichkeit in hochtechnisierten und durchorganisierten demokratischen Staaten aufgehen. Gegenwärtig scheint es nicht opportun zu sein, über die Relevanz zwischenstaatlicher Gewaltandrohung zu diskutieren. Dennoch bekommt langfristig die Strategie der (militärischen) Prävention (vorbeugendes Handeln) respektive Präemption (zuvorkommendes Handeln) im Rahmen einer Ethik des Politischen einen friedenwahrenden und friedenfördernden Sinn. Politisch konkret wird das in folgender Überlegung: Sofern Bürger eines Staates oder einer Staatengemeinschaft ihrer Sicherheit in Frieden, Freiheit und Rechtsstaatlichkeit höchsten praktischen Wert beimessen, werden sie diese Sicherheit kaum anders als rechtlich und ethisch definieren. Jedes staatliche Ordnungssystem, das sich politischer Stabilität und kollektiver Sicherheit nach innen und außen verpflichtet weiß, bedarf in einer Welt multikausaler, heterogener und ambivalenter Gesellschaften der Abstützung durch eine staatliche Macht – wie es schon die fünfte These der Barmer Theologischen Erklärung (1934) festgestellt hat. Ein staatliches Machtmonopol wozu? Damit der Staat gegenüber den Bürgern seine Pflicht erfüllen kann: Leben zu schützen, Freiheit und Recht zu wahren und Sicherheit zu garantieren.

Gewalt – Gegengewalt: Klingen diese Begriffe nicht nach einem unmöglichen Arrangement mit dem Bösen? Aber gegen schwerste politische Nötigung und konflikthafte Entladungen wie militärische Gewaltanwendung und völkerver-

---

33 Ethik, [3]1974, 573.
34 BRAKELMANN, Macht und friedenssichernder Auftrag, 20.

nichtenden Machtmissbrauch sind appellierende ethische Spitzensätze im buchstäblichen Sinne ein machtloses Steuerungsinstrument. Ferner ist zu bedenken, dass es in konfliktethischen Dilemmata keine ethisch *sauberen* Wege mehr gibt, die zur Konfliktlösung führen. Hier ist das Feld befriedigender Antworten und glatter, ethischer Lösungen verlassen. Im *letztmöglichen Handeln*, das nicht mehr nach Gut oder Böse fragt, sondern nur noch zwischen zwei (oder mehreren) Übeln zu wählen hat, werden Christenmenschen so oder so schuldig. Das Wissen um die bösartigen, aggressiven Affekte der Weltgesellschaft sowie die destruktiven Leidenschaften des konkreten Menschen im Umgang mit seinesgleichen zwingen Theologie und Kirche, stets wirklichkeitsnah zu lehren und verkündigen – aber nicht ohne jede Hoffnung, dass der Mensch seine lebensbejahende Seite stärkt und ernster nimmt als seine lebensverneinende. Das ist realistisch und utopisch zugleich; denn aus der geglückten Vermittlung beider Anschauungsweisen erwächst jene Kraft, die Zukunft ermöglicht, bestimmt und gestaltet.

1.3. Gottes Friedensverheißungen

Schwerter zu Pflugscharen

Nachdem in den vorigen Abschnitten Spezifika des widersprüchlichen Menschen in anthropologischer und biblischer Betrachtung benannt und Konsequenzen gezogen worden sind, soll nun konkret nach Wegen christlicher Friedensverantwortung gefragt werden. Christliche Verantwortung erwächst aus der Botschaft Gottes des Neuen Testaments. Das Alte Testament bildet die Glaubens- und Verstehensbasis. Daher ist es angezeigt, Überlegungen zur christlichen Friedensverantwortung in einer permanent friedensgefährdeten Welt auf biblischem Boden zu gründen. Wie kann nun ein Handeln beschrieben werden, dem Gottes Friedensverheißungen im Zeugnis von Jesus Christus zugrunde liegen? Daher versuchen die folgenden Ausführungen, exemplarisch friedensethische Gesichtspunkte des Alten und Neuen Testaments zu diskutieren. Zur Frage steht, den durch Jesus Christus bezeugten Willen Gottes als Wegweisung für friedensethisches Handeln der Gegenwart auszulegen. Die lebensbejahende Seite des Menschen zielt auf das eigene Wohlergehen und den Frieden mit allen Menschen. Frieden ist ein mehrdeutiges Wort, und der mit dem Begriff Frieden evozierte Gleichklang darf nicht irritieren.[35] Sprechen wir zunächst vom Frieden Gottes als einer von Gott verheißenen und von ihm kommenden endgültigen Heilsgabe für die Welt. Im Unterschied zum Frieden der Menschen, den die Charta der Vereinten Nationen und die Allgemeinen Menschenrechte thematisieren, entbehrt der Gottesfriede aller Vorläufigkeit und Unvollkommenheit. Im Alten Testament

---

35 Vgl. H. SCHMIDT, Frieden, 8ff; GRAMM, Prozess Frieden, 70ff.

wird Gottes Friedensreich in prophetisch-eschatologischen Visionen zur Sprache gebracht: „In den letzten Tagen aber wird der Berg, darauf des Herrn Haus ist, fest stehen… Und viele Völker werden zum Zion strömen und viele Heiden werden hingehen und sprechen: Kommt, lasset uns hinauf zum Berg des Herrn gehen…, dass er uns lehre seine Wege und wir auf seinen Pfaden wandeln. Denn von Zion wird Weisung ausgehen… Er wird unter großen Völkern richten und viele Heiden zurechtweisen in fernen Landen. Sie werden ihre Schwerter zu Pflugscharen und ihre Spieße zu Sicheln umschmieden. Es wird kein Volk gegen das andere das Schwert erheben und sie werden das Kriegshandwerk nicht mehr erlernen" (Mi 4,1–4; Jes 2,3–4).

Die Propheten *sehen* also eine Zukunft, in der es keine kriegerische Bedrohung eines Volkes durch ein anderes mehr geben wird. Diese künftige Heilszeit ist von der geschichtlichen Gegenwart des Volkes Israel definitiv geschieden. Die Propheten entwerfen ein Gegenbild zu Kriegsdrohung, Kriegsrüstung und Krieg. Hoffnung für alle Völker bestimmt dieses Bild. Vom Zion, dem Gottesberg, wird Frieden ausgehen, jedoch unter einer grundsätzlichen *Bedingung*: Wenn die Völker aller Nationen zum Zion aufbrechen, um sich von Gott über Recht und Gerechtigkeit belehren zu lassen, dann – nur dann! – wird jener Friedenszustand ermöglicht, der das Kriegshandwerk als sinnlos erscheinen lässt. Spricht Jesaja hier vom Frieden, wie oberflächliche Betrachtung suggeriert? Keineswegs! Gottes *Rechtsentscheid*, der Krieg zur Konfliktlösung in der endzeitlichen Durchsetzung seines Königtums nicht mehr gelten lässt, ist Thema der Propheten. Weil der Gott Israels ein Gott des Rechts und der Gerechtigkeit ist, sollen die verschiedenen, sich oft widersprechenden Rechtsvorstellungen und Rechtspraktiken der Völker und Nationen Gott unterstellt und somit zum Konsens geführt werden. Wenn Gottes Rechtsspruch angenommen und Gerechtigkeit unter den Menschen verwirklicht sein wird, stellt Frieden sich ein. Das visionäre Bild *am Ende der Tage* spricht nicht nur Frieden als eschatologisches Phänomen an, sondern meint auch, dass Völker und Nationen ihre Konflikte künftig von Gott lösen lassen; daher erübrigen sich ihre Waffen. Sie schmieden sie zu landwirtschaftlichen Geräten um – vielleicht ein Hinweis auf harte Arbeit, die mit dem Frieden verbunden sein wird? Schwerter zu Pflügen umschmieden, das geht nur über den Weg zu Gott und seinen Rechtsspruch für alle Menschen!

Aufschlussreich ist an dieser Stelle die Bindung des Friedens an den *Rechtsgedanken*. Es ist ein im Alten Testament bekanntes Motiv: „Das Werk der Gerechtigkeit wird Friede sein und die Frucht des Rechts Sicherheit auf ewig." (Jes 32,17) Da nun Frieden, Recht und Gerechtigkeit eine Einheit bilden, ist für die Bewahrung des Friedens nichts vordringlicher als die Verwirklichung von Recht und Gerechtigkeit. Das wird niemand bestreiten, aber kaum jemand erfüllen: „Mein Volk will das Recht des Herrn nicht wissen…, die Weisen verachten das Wort des Herrn…, und Betrug üben alle, Priester wie Prophet… und sagen: Friede, Friede! und doch ist nicht Friede." (Jer 8,7.9.10.11) Es war zu Jeremias Zeit und ist auch heute verantwortungslos, darauf zu hoffen, dass Frieden im Bunde von Recht und Gerechtigkeit in absehbarer Zeit das Leben der Völker bestimmen könnte. Denn „es gibt in der gegenwärtigen Weltsituation wenig Anzeichen dafür, dass die Völker vom Gott Israels Belehrung suchen über den Inhalt des Rechts. Nicht einmal in unserer eigenen Gesellschaft besteht Einverständnis über die religiösen Grundlagen und Maßstäbe unserer Rechtsauffassung [...]. Im Lichte prophetischer Vision von den Bedingungen des Friedensreiches einer künftigen Heilszeit muss es geradezu als erstaunlich gelten, dass der Friedenszustand zwischen den Menschen und Völkern überhaupt noch einigermaßen erhalten werden kann."[36]

Ehre sei Gott in der Höhe

Im Neuen Testament begegnen wir einem vergleichbaren Motiv: „Ehre sei Gott in der Höhe und auf Erden Friede unter den Menschen, die er sich erwählt hat." (Lk 2,13f) Das ist ein hoffnungsvolles Wort, verkündet in der Nacht zu Bethlehem, da Jesus geboren wurde. Der Evangelist Lukas proklamiert einen Frieden auf Erden. Auch dieser Frieden wird an eine *Bedingung* geknüpft: Gott die Ehre zu geben, sich auf sein Wort einzulassen, seine Gebote und Weisungen zu empfangen und umzusetzen, damit sein Friede sich uneingeschränkt und dauerhaft auf Erden einstellt. Wenn nun der angesagte Friede nicht Wirklichkeit geworden ist, dann liegt das nicht an Gott, sondern an den Menschen. Sie haben die Bedingung, *ihm* die Ehre zu geben, nicht erfüllt. Sein Friedensreich, das Kriegsdrohung und Kriege nicht mehr kennt, ist weder mit Jesu Geburt angebrochen, noch in absehbarer Zeit zu erwarten. Die Begegnung des Menschen mit dem Menschen zeigt, dass er nicht vordringlich Gottes Weisung sucht, sondern die Möglichkeit, seine (egoistischen) Interessen durchzusetzen.

Kaum jemand der Christusgläubigen im Neuen Testament kennt das Unordnung schaffende destruktive Potential des Menschen besser als Paulus: „Denn ich tue nicht das Gute, das ich will, sondern das Böse, das ich nicht will, das tue ich." (Röm 7,19) Insofern gehört Römerbrief, Kapitel sieben, zu den Grundaussagen menschlichen Seins. Paulus formuliert das Ambivalenzproblem im Ich. Das Unordnung schaffende Böse steht einer Verwirklichung dauerhaften Friedens permanent im Wege. Fragen wir mit Hilfe der paulinischen Erkenntnis nach dem Anknüpfungspunkt für Gottes Wort, das Frieden, nicht Unordnung will, dann stoßen wir auf das Zentralthema der Heilsbotschaft des Neuen Testaments: „Er, Jesus Christus, ist unser Friede." (Eph 2,14) Dieses Axiom des Glaubens wird aber nur dann richtig verstanden, wenn man es in seiner universalen Bedeutung begreift. Zwar hat der adamitische Mensch seine vom Schöpfer beabsichtigte Identität verfehlt und dadurch die Friedlosigkeit der Welt zu verantworten; aber Gott, Schöpfer und Erhalter, gewährt ihm einen Neuanfang in einer Welt, die nicht durch sich selbst zugrunde gehen darf. In deren Mitte steht das Christuszeugnis als Schlüssel für den Empfang des Gottesfriedens. Jesus Christus ist Got-

---

36 PANNENBERG, Schwerter zu Pflugscharen, 135.

tes Antwort auf den abgefallenen Menschen und zugleich die Bekundung seiner Treue zur Welt. Da Gott das Leben will und nicht den Tod, macht er in Jesus Christus seinen Anspruch auf den Menschen erneut geltend und bietet ihm die Chance einer neuen Existenz. Aber wiederum gebunden an eine *Bedingung:* Jesus, den Christus, als alleinigen Herrn anzunehmen. Er ist Herr des Lebens und Herr der Welt. Er ist Gottes nachdrücklicher Anspruch – wie Barmen II formuliert – auf unser ganzes Leben. Ansprüche *anderer Herren* sind aufgehoben. Das so verantwortete Leben ist zugleich Antwort auf das Leben Jesu Christi. Das Bekenntnis zum Herrsein Jesu Christi ist nicht allein Glaubensaussage, sondern zugleich Voraussetzung christlich-ethischen Handelns. Eine Berufung auf die ethisch anfechtbaren Eigengesetzlichkeiten dieser Welt, die schicksalhaft bestimmte Handlungszwänge abnötigen, ohne dass der Mensch als Christ bestimmend eingreift, wird dann obsolet.

Der biblisch verheißene Gottesfriede, so resümieren wir, scheitert vorläufig am *Widerspruch im Menschen.* Der unerklärbaren *guten* Schöpfung Gottes entspricht die *böse* Tat des Menschen. Hier tut sich eine nicht zu behebende Spannung auf. Gott ist Schöpfer des Menschen und Stifter der Weltordnungen, der seine Gabe in umfassendem Sinne als Aufgabe an den Menschen versteht. Der Mensch jedoch verstößt als Gottes Geschöpf genau dagegen und düpiert somit den Schöpfer. Das ist die Eigenart seiner Glaubensexistenz und, wie oben angedeutet, Folge des Bruchs der Gemeinschaft mit Gott und der fortgesetzten Autonomiebestrebung des Individuums. Seine Allmachtfantasien beflügeln ihn unablässig zur Negation seiner Endlichkeit. Überlegungen zum christlichen Friedenshandeln werden dieser Tatsache nicht ausweichen können. Die Beispiele aus dem Alten und Neuen Testament haben gezeigt: Der an Bedingungen gebundene Gottesfriede kann nicht zum rettenden Heilsereignis für die Menschen werden. Wie ist nun ein Friedenshandeln zu beschreiben, für das Jesus lebte, litt und starb? Konkret: Wie kann der durch Jesus bezeugte Wille Gottes, sein Ja zum Menschen, Anrede und Wegweisung für das *Friedensverhalten* des Menschen der Gegenwart werden?

1.4. Jesu Friedensinitiativen und die Welt des Menschen

Beispiel Bergpredigt

In den Diskussionen über Frieden, Freiheit und Gerechtigkeit findet die Bergpredigt in den letzten Jahren ein unerwartetes Interesse. Viele Menschen innerhalb und außerhalb der christlichen Kirchen zeigen gerade im Blick auf die sogenannten revolutionären Aussagen der Bergpredigt eine Bereitschaft aufmerksamen Hörens und unmittelbaren Umsetzens, wenn es darum geht, Jesu Gebote und Weisungen konkret auf Gesellschaft und Politik anzuwenden. Abwehrreaktionen bleiben nicht aus: Mit der Bergpredigt könne man weder die Staaten der Welt regieren, noch gesellschaftliche oder politische Morallehren neu gründen. Konkrete politische Handlungsanweisungen suche man vergebens; denn zwischen der Entstehung der Bergpredigt und unserer Zeit liege der garstige Graben einer zweitausendjährigen Geschichte. Ferner seien Jesu ethische Forderungen ohnehin weltfremd und daher nicht erfüllbar. Es wundert deshalb nicht, dass Otto von Bismarcks Votum, mit der Bergpredigt könne man keine Politik gestalten, immer wieder zustimmend zitiert wird. Damit ist die Frage nach der Realisierbarkeit der Bergpredigt neu gestellt.

Verschiedene Auslegungsversuche

Im Verlauf der Kirchen- und Theologiegeschichte hat es eine Fülle von Versuchen gegeben, Gebote und Weisungen der Bergpredigt jeweils zeitnah deuten und verwirklichen zu wollen. Die Bergpredigt, so heißt es, ist als normatives Gesetz mit zeitloser Gültigkeit zu verstehen, das buchstabengetreu von jedem Menschen, nicht nur den Frommen, erfüllt werden muss – so zum Beispiel Leo Tolstoi sowie die Schwärmer aller Zeiten. Die Bergpredigt versteht sich als Gesetz Jesu Christi, das den Menschen zur Erkenntnis seiner Sündhaftigkeit führt; denn die absoluten Forderungen Jesu soll er erfüllen, aber er kann es nicht – so etwa Martin Luther. Die Bergpredigt bedeutet revolutionäre Botschaft Gottes für Unterdrückte, Arme und Entrechtete, die den Status quo der jeweiligen staatlichen Ordnung in Frage stellt – wie sie die Religiösen Sozialisten auslegen. Die Bergpredigt ist als Individual- oder Gesinnungsethik zu interpretieren: Gebote und Weisungen Jesu sind nicht wörtlich in Handeln umzusetzen, sondern als Appell an das Gewissen zu verstehen, wobei ein neues Bewusstsein angesprochen, aber nicht nach der Tat gefragt wird – so zum Beispiel die Liberale Theologie. Die Bergpredigt kann nicht als sittliche Aufgabe der Christen verwirklicht werden. Vielmehr muss ihre Zeitbedingtheit und Jesu Erwartung vom nahen Gottesreich Berücksichtigung finden. Jesu Gebot hat nicht einer längeren Dauer gegolten, sondern war unter dem Eindruck des baldigen Weltendes in einer kurzen Zeitspanne, *Interim*, zur Buße bestimmt – so Albert Schweitzer u.a. Die Bergpredigt ist nicht zuletzt als „Grundgesetz der Christen" (W. Jens) oder „Regierungserklärung der Politik Jesu" (K. Scharf) auszulegen; was immer das für den *Staat*, den Jesus *regierte*, bedeutet haben mag.

Diese wenigen Beispiele zeigen die Verstehensvielfalt der Bergpredigt in ihrer Auslegungsgeschichte. Unbeschadet gewisser Wahrheitsmomente in allen Interpretationsversuchen sind sich heutige Exegeten darüber einig, dass die Einladung zur Nachfolge an die Jünger, im Namen Jesu konkrete Politik zu machen, nicht beabsichtigt war. Damit wäre das Ganze der Verkündigung Jesu im Kontext seiner apokalyptischen Weltsicht total verkannt. Daher überrascht es in aktuellen Diskussionen immer wieder, wenn vor allem Anhänger eines christlichen Pazifismus oder Ausleger friedensjournalistischer Provenienz (u.a. Franz Alt) meinen, die Bergpredigt buchstabengetreu deuten und in die politische Praxis umsetzen zu können. Damit scheitern sie allemal: Denn hier ist kein Wort frei konvertier-

bar; keine Aussage unmittelbar tauglich für das konkrete politische Tagesge-
schäft. Was würde geschehen, wenn wir dem Bösen keinen Widerstand leisteten
und beim Schlag auf die rechte Wange auch noch die andere anböten? Wie wäre
ein Mensch einzuschätzen, dem das letzte Hemd genommen würde, und der,
nach Aufforderung, auch noch sein wichtigstes Kleidungsstück, den Mantel, ab-
gäbe? Warum sollten wir den Feind, der nicht nur Leib und Leben des einzelnen
bedroht, sondern auch die Rechtsgemeinschaft attackiert, lieben? Das käme
schlicht der *Selbstaufgabe* des Menschen und jeder staatlichen Ordnung gleich.
Dieses Verhalten würde dem Rechtsbrecher und Gewalttäter jede weitere Chance
zum Rechtsbruch einräumen und den Schwachen völlig unter die Räder des
Starken bringen.

Die Rede des Bergpredigers ist harte, unerbittliche Rede. Sie ist weder fromm
noch erbaulich, weder genügsam noch erfreulich. Sie sperrt sich gegen jede mo-
dische Verwendung. In der Unbedingtheit ihrer Gebote steht sie *in* der Welt und
zugleich ihr *gegenüber*. Sie bildet einen scharfen Kontrast zur Welt und fordert
dennoch den Gehorsam des ganzen Menschen – und überfordert ihn immerzu!
Warum? Weil der Bergprediger uns lehrt, dass die Welt des Menschen nicht die
Welt des Schöpfers ist. Der Mensch hat aus der Welt gemacht, was sie ist: eine
„pervertierte Gestalt der Schöpfung" (H. Thielicke). Er hat sich vom Schöpfergott unendlich weit entfernt. Die Gottesferne ist allen Menschen gemeinsam.
Jeder praktiziert sie im Laufe seines Lebens auf je verschiedene Weise und steht
somit in der Traditionslinie aller Menschen, die jemals gelebt haben. Die Gottesferne ist Folge der Freiheit des Menschen, sich jederzeit für das Gute oder Böse,
für Leben oder Tod entscheiden zu können. Kaum hatte Gott das erste Menschenpaar geschaffen, verstößt es im Garten Eden bereits gegen dessen Verbot.
Kaum war das erste Menschenpaar mit zwei Söhnen gesegnet, Kain und Abel, erschlägt der eine den anderen auf dem Felde: Rechtsbruch durch Brudermord.
Mit Sündenfall und Brudermord war die imago Dei verwirkt und das Böse in der
Welt. Im Bewusstsein dieser *Gebrochenheit* haben wir die Nagelprobe auf die Erfüllbarkeit der Bergpredigt im politischen Leben zu machen.

Jesu Gebot und der Komparativ des Bessermachens

Wer heute die Bergpredigt unter dem Gesichtspunkt vernünftiger Politik betrachtet, will ihre Bedeutung für eine christliche *Ethik des Friedens* bedenken.
Christen sind vom Evangelium her gewiesen, in schöpferischer, progressiver Absicht stets einen Neuanfang zu wagen. Sie setzen dabei auf die stimulierende
Kraft ihrer Hoffnung. Sie ist Motor elementaren Lebens und Quelle jeder verantwortungsethischen Politik. Sie sagt: Was jetzt ist, kann nicht alles sein. In seiner
Hinwendung zur Zukunft will der Hoffende das Bedrohende und Zerstörende
fernhalten, das Fördernde und Schöpferische erhalten, wissend, dass es auch ent-
täuschte Hoffnung gibt. Wer die Bedingungen und Eigengesetzlichkeiten des alltäglichen Lebens sowie die Spielregeln der Politik durch die Brille der Bergpredigt betrachtet, sieht sie in ganz anderem Licht: Die weltlichen Geschäfte und

vielfältigen Verstrickungen verlieren ihre Leuchtkraft, werden durchschaut, fraglich, entlarvt, erschüttert. Denn sie stehen allesamt im Dienste des Menschen, was nicht heißt, sie auf jeden Fall abzulehnen. Die Forderungen des Bergpredigers aber stehen radikal und notwendig im Dienste dessen, *was Gott will und der Mensch soll*: das immerwährende destruktiv-menschliche Potential, das Böse, im Umkreis von Politik und Gesellschaft aufdecken, eingrenzen, minimieren. Ziel dieser Bemühung ist ein *Komparativ*: Gestalte das Leben friedlicher, gerechter, reicher! Die Gesellschaften der Welt bedürfen des Ethos der Realisten, die inspiriert sind vom humanistischen Menschenbild. Von ethischen Rigorismen und Superlativen im Stile von Alles-oder-Nichts werden wir uns um der realen Hoffnung des Menschen willen verabschieden müssen. Im Spannungsgefüge von politischer Realität und ethischer Idealität ist ein qualitatives *Mehr* im Sinne eines tragenden Kompromisses zu fordern, d.h. die Chancen des Friedens, der Freiheit und Gerechtigkeit, kurz, die Idee einer politisch-humanen Kultur zu verstärken. Mit dem Satz: Handle gut, und wenn du nicht gut handelst, dann handelst du böse, werden wir der komplizierten politischen Realität nicht mehr gerecht.

Intentionale Textauslegung

Schauen wir uns Texte der Bergpredigt an, so liegt der Hauptakzent der Auslegung nicht im Verstehen oder Nachsprechen des Inhalts, in dem, was *da steht*, sondern im Verstehen seiner *Intention*, in dem, *wozu* der Text spricht, also was *darin steht*. Die Intention formuliert das Worum willen des Inhalts, ist also sein Wirkwille und Zielfaktor. Im Verstehen des Textwillens (unter Vernachlässigung der ausgebliebenen Parusie und Ausblendung aller Vorläufigkeit) kommt der *geschichtliche Text heute zur Sprache,* wird Anrede, Tat. Dabei gilt die Prämisse, dass anthropologische Grundstrukturen nicht nur in weltbildlich gebundenen Zusammenhängen existieren, sondern zeitlos gültig und aktuell sind. Auf diese Weise nehmen wir die Absolutheit der Forderungen Jesu ernst. Wer mit biblischer Überlieferung so verfährt, hat erkannt: Der exegetisch-hermeneutische Prozess der Aktualisierung und Konkretisierung der Botschaft Jesu in das jeweilige Heute darf nicht auf eine buchstäbliche Repetition der Texte hinauslaufen, sondern hat den *Sachgehalt* der Texte und deren *Wirkungswert* herauszuarbeiten. Gängiges, bloßes Nachsprechen des biblischen Inhalts bedenkt nicht jene Situationsbezogenheit, von der Jesu Wort lebt. Die Repetition einer Aussage allein führt nicht notwendig zu ihrer Sinnerschließung.

„Liebet eure Feinde. Segnet diejenigen, die euch verfluchen. Betet für eure Verfolger." Das ist der harte Kern von Matthäus fünf bis sieben. Dieses knappe, äußerlich schlichte Wort setzt Feinde und Feindschaft voraus und spricht insofern in den Raum des Politischen. Es weiß aber auch von Feinden im individuellen Bereich. Was ist Feindschaft? Sie ist ein schwerer, oft emotional aufgeladener Interessenkonflikt, der aus einem absoluten Gegensatz der Anschauungen und Absichten besteht. Hass, Bedrohung, Zerstörung, Vernichtung Fanatismus und Gewalt sind ihre Ausdrucksformen. Dagegen setzt der Bergprediger intentional die *Liebe* – nicht als subjektives Gefühl, als ethische Gemütsverpflichtung oder als Beispiel toleranten Verhaltens, sondern als *Tun des Guten*, das Leben fördert, schützt und erhält. Solche Liebe bedarf der Vernunft, des Mutes und der Kreativität. Für Christenmenschen stecken darin die Vision und das Wagnis eines radikalen Neuanfangs in universaler Absicht: Liebe, Segen, Gebet für die Feinde, also eine Forderung gegenüber allen Menschen einschließlich des Widersachers. Im Rahmen der Vernunft erkennt man: Feindschaft ist aus Gründen globalpolitischer Verpflichtungen zur Erhaltung und Förderung menschenwürdigen und menschengerechten Lebens einem kritischen, humanen Geist nicht zumutbar. *Hoffender Glaube* und *kritisch-humane Vernunft* sind nicht nur konstitutiv für einen schöpferischen und progressiven Neubeginn politischen Miteinanders, sondern befähigen auch zu politischer Verantwortung im zwischenstaatlichen Bereich. Daraus folgt: Feindschaft wird auch künftig entstehen und sich in ihren Destruktionsformen manifestieren, aber wir sollten sie nicht wollen, sondern blockieren.

Feindesliebe als Entfeindung des Feindes

Die christliche Aufforderung, seine Feinde zu lieben, liegt in der anthropologischen Tatsache begründet, dass wir dazu konditioniert sind, den Feind am liebsten zu schlagen oder zu vernichten. Christliche Ethik lässt – wie noch ausgeführt werden wird[37] – die Abwehr des Feindes nur als ultima ratio zu. Zuvor ist uns aufgegeben, die Handlungszwänge des Bösen, ihre Eigengesetzlichkeiten und Eskalationen zu durchbrechen, zu reduzieren, umzuwandeln. Wir müssen Feindschaft „entfeinden" (P. Lapide) – wissend, dass wir sie nicht tilgen und aus der Welt schaffen können. (vgl. Mt 5,43–48) *Entfeindung des Feindes* geschieht über einen Prozess der Empathie, des Hineindenkens in den anderen und der Umkehr. In empathischem Verhalten liegt die Sinnesänderung zur Umkehr: zu Lasten der destruktiven Energien des Lebens die schöpferischen und erhaltenden Kräfte freizusetzen. *Entfeindung des Feindes* als Prozess sich realisierender Zuwendung nötigt zum Versuch, die Perspektive seines Wollens zu erspüren, sich in seine Einstellungen, Situationen, Lebensweisen und -ziele hinein zu begeben. *Entfeindung des Feindes* sieht die Welt des anderen mit den Augen des anderen. *Entfeindung des Feindes* als ethisches Ideal zielt darauf ab, den Feind gewinnen, nicht besiegen zu wollen, ihn nicht mehr Feind sein zu lassen, sondern ihn herauszufordern, ein anderer zu werden als er ist. *Entfeindung des Feindes* als politische Maxime will dem anderen die Chance gemeinsamer Zukunft erhalten und – weil gemeinsame Überlebensziele dazu nötigen – ohne Selbstpreisgabe eine Kooperation des Interessenausgleichs mit ihm eingehen. *Entfeindung des Feindes* überwindet schließlich den simplen Dualismus von Gut oder Böse, Freund oder Feind, Frieden oder Krieg. Es gilt, die Umstände friedensgefährdender Konflikt-

---

37 Vgl. S. 92–106.

felder unter dem Gesichtspunkt der Wahrung und Erneuerung des *Rechts,* der *Gerechtigkeit* und des *Verständigungswillens* zwischen einzelnen Menschen, Gruppen, Parteien, Völkern und Staaten umfassend zu bedenken. Dabei sollte der Weg eines tragenden Kompromisses und jede Kultivierung friedlichen Miteinanders angestrebt werden. Gegen diese Interpretation kann zu Recht eingewendet werden, dass sich Entfeindung des Feindes nicht unmittelbar auf das Konfliktfeld internationaler Beziehungen übertragen lasse. Das ist richtig. Jedoch eine politische Vernunft, die das berechtigte Sicherheitsinteresse ihrer Bürger stets im Auge zu halten hat, kommt nicht umhin, auch die *verantwortungsethische* Grundlage ihres Handelns zu bedenken. Jede staatliche Ordnung, die Frieden, Recht und Freiheit wahrt, ist sowohl an der Humanisierung ihrer Bürger als auch an der Befriedung ihrer Außen- und Sicherheitspolitik interessiert.

Die realistische Alternative zur Sicherheitspolitik in einer Zeit wachsender terroristischer Gefahren und Bedrohtheitsängste besteht nicht in der oftmals geforderten Wehr- oder Schutzlosigkeit des Staates im Sinne eines radikalen Pazifismus, sondern in zuvorkommenden (präemptiven) und vorbeugenden (präventiven) politischen Initiativen eines kontinuierlichen Abbaus multikausaler Gegensätze in zwischenstaatlichen Beziehungen. Weil aber dieses Engagement Wagnischarakter trägt, ist eine Fortsetzung friedenspolitischer Maßnahmen auf Dauer vom Verhalten der anderen Seite abhängig zu machen – eine Maxime, die umso bedeutsamer ist, als es im zwischenstaatlichen Bereich kein Gewaltmonopol gibt. Es herrscht das Faustrecht. Die im Kontext sittlicher Gebote handelnde vernünftige Politik wird sich hier der *Goldenen Regel* erinnern: „Alles, was ihr wollt, das euch die Leute tun sollen, das tut auch ihnen." (Mt 7,12) Hinsichtlich einer Sicherheitspolitik mit Defensivcharakter müsste die Politische Regel heißen: *„Rüste nur so, dass du dich nicht bedroht fühlen würdest, wenn der andere genau so rüsten würde wie du selbst."* Eine politische Vernunft, die sich weigert, darüber wenigstens nachzudenken, ist nicht vernünftig, sondern phantasielos. (H.-R. Reuter) Diese verantwortungsethische Konzeption wird von der Erkenntnis bestimmt, dass eine Entfeindung des Feindes insofern politisch geboten ist, als sie metapolitisch bedeutsam werden soll: Sie will zukunftsfähige politische Gemeinschaft stiften, ohne selbst politisches Programm sein zu wollen. Darüber hinaus bedenkt sie die aus der Politik selbst nicht zu beantwortende Frage der ethischen Verantwortung des Politischen.

Kompromisse entfeinden Feindschaft

Wer die Feindesliebe und andere Spitzengebote der Bergpredigt im Rahmen des Glaubens und der Vernunft intentional auslegt, will vor allem nicht selbst Feind, Gegner, Hasser, Gewalttäter sein. Daher setzt er ein Grundvertrauen in den Andersdenkenden, um ihn für den Weg des Miteinanders zu gewinnen – und rechnet zugleich mit der Möglichkeit des Vertrauensmissbrauchs, der Ablehnung, des Scheiterns. Ferner müssen wir mit der oben beschriebenen Gottesferne des Menschen leben, der sich mit der Gestalt dieser Welt identifiziert. Offenbar verhindert die Weltverfallenheit des Menschen, Jesu Gebot als Wille Gottes und Aufgabe der Christen trotz ihrer schöpferischen Lebensinhalte hinreichend zu erfüllen. Die Spannung zwischen dem Anspruch Jesu und unserer politischen Wirklichkeit suspendiert uns aber nicht von der *Übernahme politischer Verantwortung*. Denn eine Beschränkung der Bergpredigt auf den einzelnen hatte stets eine Beschränkung auf sein Privatleben, abseits vom politischen Leben, zur Folge. Es bleibt uns die Aufgabe, zwischen der unbedingten Forderung des Bergpredigers und den Bedingtheiten des politischen Lebens das *real Mögliche anzustreben* und den jeweils tragenden Kompromiss nicht zu scheuen.

Wie steht es nun um die Realisierbarkeit der Bergpredigt? Ist diese Frage unverändert aktuell? Im Bewusstsein, dass die Welt des Menschen nicht identisch ist mit der Welt des Schöpfers, wird die Erfüllbarkeit der Bergpredigt im politischen Leben geprüft werden müssen. Entscheidend ist der methodische Textzugang: das Verstehen der *Intention*. Wobei vorausgesetzt wird, dass die Botschaft des Bergpredigers nicht nur zeitgeschichtlich und situativ auszulegen ist, sondern im Aussagekern eine die Zeiten übergreifende Bedeutung hat. Besonders anschaulich bildet sich der Entfeindungsgedanke heraus. Entfeindung blickt auf Weg und Ziel der *Befriedung* in Gesellschaft und (internationaler) Politik. Streit, Phänomen aller Gesellschaften und Zeiten, sucht idealiter im ethischen Vorfeld, also im freiwilligen Wollen, nicht erst bei Gericht, einvernehmliches Miteinander. Die Goldene Regel, Quintessenz der Bergrede, zeigt die Bedeutung des „Kompensationsgeschäfts" (H. Thielicke) im politischen Leben auf und zielt auf Kompromiss im Gegeneinander gesellschaftlicher und politischer Interessen. Denn: Wie du mir, so ich dir! – diese von der Goldenen Regel abgeleitete vulgärethische Formel provoziert eine Gegenreaktion beim anderen und birgt im Sinne zweckoptimistischen Handelns etwas Gutes, Wertvolles, Zweckmäßiges. Nicht Relativierung und Aufgabe des eigenen Standpunktes machen den Weg frei zu der vom Willen Gottes beanspruchten humanen Vernunft, sondern die Einsicht in das von Fall zu Fall real Mögliche und Wirkliche – wobei vorzugsweise Einvernehmen der politischen Entscheidungsträger angestrebt wird, aber auch der tragende Kompromiss nicht ausgeschlossen sein sollte. Damit setzt die Botschaft der Bergpredigt Friedensziele für eine Welt des Unfriedens.

Weitere konfliktregulierende Wege im Neuen Testament

Aus sachlichen Gründen ist es angezeigt, jenseits der Friedens- und Entfeindungsforderungen der Bergpredigt exemplarisch einige neutestamentliche Textabschnitte unter friedensethischem Aspekt zu betrachten. In den häufigen Auseinandersetzungen Jesu mit Pharisäern und Schriftgelehrten sowie seinen wiederholten Stellungnahmen zum Gebot der Sabbatheiligung (vgl. Mt 12,1–8; 9–14; Mk 2,27f) wird eine ethische Maxime deutlich: *Normen sind von Gott gegeben und um des Menschen willen gesetzt.* Es geht um das rechte Maß dessen, was für die Entfaltung des Menschen und ein gedeihliches Zusammenleben erforderlich ist. Daher bestreitet Jesus radikal den Herrschaftsanspruch des Gesetzes. In diesem Zusammenhang sind auch die beispielhaften Kapitel 22 und 23 des Matthäusevangeliums zu sehen. In kritischem Umgang Jesu mit der schriftgelehrten und pharisäischen Gesetzlichkeit seiner Zeit erkennen wir eine ungeheure Befreiung des Menschen vom starren, dogmatischen Normengeflecht spätjüdischer Kasuistik. Dem mosaischen Gesetz gegenüber bedient Jesus sich der von Gott verliehenen Vollmacht. In Wort und Tat verkündet er *intentional-progressiv* Gottes Willen – nach jüdisch-rabbinischer Tradition eine quasi revolutionäre Tat. Die Pointe der *Ethik* Jesu ist damit aber noch nicht im Blick. Dietrich Bonhoeffer hat die Beziehungsebene zwischen Jesus und den Pharisäern überzeugend beschrieben: „Das Entscheidende an allen diesen Auseinandersetzungen besteht [...] darin, dass Jesus sich in keine einzige dieser Konfliktentscheidungen hineinziehen lässt. Mit jeder seiner Antworten lässt er den Konfliktsfall einfach hinter sich. Wenn es sich um bewusste Bosheit von der pharisäischen Seite aus handelt, ist die Antwort Jesu das überlegene Ausweichen vor einer geschickt gestellten Falle, das nicht ohne ein Lächeln auf Seiten der Pharisäer geblieben sein mag."[38] In der Begegnung Jesu mit der Ehebrecherin (Joh 8,1–11) finden wir Bonhoeffers Erkenntnis evident dokumentiert. Hier bringen wir dir eine Frau, die beim Ehebruch ertappt wurde, in flagranti, auf frischer Tat. Der Fall ist klar, eine Verhandlung nicht nötig, wenn Unrecht nicht Recht und Ehebruch nicht Seitensprung heißen sollen. Jesus schafft sich Bedenkzeit, schreibt mit dem Finger in den Sand. „Als sie ihn weiterfragen, richtet er sich auf: Wer unter euch ohne Sünde ist, werfe den ersten Stein auf sie". Jesus antwortet hier nicht auf der von den Pharisäern erwarteten Linie: Steinigung dieser Frau. Vielmehr zeigt er einen Weg auf, der nicht ausschließt, sondern einschließt. Er stellt die Frage nach der Wahrheit, die verbindet, nicht trennt. In der Anklage gegen die Frau vergessen die Ankläger sich selbst. Das von ihnen in Anspruch genommene Recht wird zum Bumerang und dadurch zum Recht über sie selbst. „Da gehen sie dann, einer nach dem anderen fort." Und indem sie weggehen, ziehen sie die Konsequenzen aus dem, was sie erkannt haben: *Zu einem glaubhaften Leben gehört das Eingeständnis des Scheiterns und Schuldigwerdens.* Ein Leben außerhalb der Sünde gibt es nicht. Es sind ja nicht die übelsten Menschen, die im Weggehen glaubwürdig werden. Glaubwürdig ist ein Leben, das sich zu Versagen und Schuldigwerden bekennt und im Miteinander einen Neuanfang ermöglicht: „Gehe hin und sündige von jetzt an nicht mehr!" (Vers 11) Das meint die jeweils gegebene Chance.

Jesus und die Pharisäerschaft stoßen, von verschiedenen Seiten kommend, zum Konflikt vor. Jesus legt die Wurzeln des Willens Gottes radikal frei und führt somit den Menschen zu Gott zurück. Die pharisäische Auslegung des Gotteswillens stellt sich, je länger, je mehr, als Selbstgerechtigkeit dar, die schließlich den Menschen von Gott weg und zu sich selbst führt. Der Gerechte hat den Sünder hinter sich gelassen, ihn erledigt: „Ich danke dir, Gott, dass ich nicht bin wie die

---

38 BONHOEFFER, Ethik, [12]1988, 31.

anderen Leute..." (Lk 18,11) Selbstgerechtigkeit bedeutet nichts anderes als die Einhaltung und Erfüllung bestimmter Normen zur Schaffung (oder Behauptung) eines Privilegs, um Gott besser zu dienen, ihm näher zu sein als der andere. Die Entzweiung der Menschen in Gute und Böse ist perfekt. Hierin liegt der Grund, warum Jesus und die Pharisäer offensichtlich dauernd aneinander vorbeireden. Jesus durchschaut den *Eigennutz* des Normenkultes und ist daher nicht bereit, sich auf die pharisäische Alternative der Gegensätze, Entzweiungen und Konflikte einzulassen. Aus der Einheit mit Gott lehnt er das von Menschen deformierte Gottesgesetz ab. Alles liegt ihm daran, Gottes Willen, der Leben ermöglicht, erneuert, bewahrt und weiterführt, seiner Zeit neu anzusagen. Der sich in Jesus manifestierte Gotteswillen soll Gangart für alle Menschen werden.

Auf der Ebene konflikthafter Gegensatzbeziehungen spätjüdischer Kasuistik zeigt Jesus *konfliktregulierende Verfahrenswege* auf. So sagt er: Nicht nur, wer die Ehe bricht, sondern wer eine Frau ansieht, „um ihrer zu begehren", hat in seinem Herzen bereits Ehebruch mit ihr begangen. Nicht nur, wer tötet, verletzt das fünfte Gebot, sondern schon derjenige, der seinem Bruder zürnt. Oder: Bevor du auf dem Altar opferst, versöhne dich zuerst mit deinem Bruder.... Und: Wenn du mit deinem Gegner auf dem Weg zum Gericht bist, schließe ohne Zögern Frieden mit ihm. (Mt 5,21–28) Was geschieht hier? In diesen antithetischen Sprüchen wendet Jesus sich nicht gegen eine bereits ausgeführte (Straf-)Tat, sondern bezeichnet einen Tatbestand bereits als erfüllt, wenn der Täter die Absicht oder den Vorsatz hegt, eine (Straf-)Tat zu begehen. Jesus richtet seinen Blick auf die Entstehung einer Gesinnung, die das Lebensrecht des andern attackiert oder negiert, also auf das weite Vorfeld einer nicht zu billigenden strafbaren Handlung. Indem er den Regelkreis des Gebots-Verbots-Systems durchbricht und so die Ursache bösen Tuns entlarvt, verlegt er, „wie man gesetzestechnisch sagen würde, die Strafbarkeit nach vorne."[39]

Unter ethischer Betrachtungsweise ist diese Rechtsfigur instruktiv: Jesus räumt dem ambivalenten Menschen prinzipiell die *Möglichkeit eines Rückzuges* ein; und zwar sobald er sich (gedanklich vorbereitend) auf die Linie des Destruktiv-Bösen begibt. Noch kann der Impuls zur bösen Tat revidiert und somit die Umkehr zum besseren Selbst angetreten werden: Du sollst das Böse nicht wollen! Zwar ist nach Jesus Gesinnung auch Tat; aber in statu nascendi ist das Individuum nur an sich selbst, nicht jedoch am anderen schuldig geworden. Wenngleich Jesus um die menschliche Konfliktnatur und die bleibende Realität des Bösen in der Welt weiß, nötigt seine vom radikalen Liebesgebot getragene friedensethische Perspektive zur Übernahme durch den Menschen. Konkret: Wo immer sich das denkende und handelnde Individuum zwischen den Bedingtheiten des Lebens zu entscheiden hat, ergreift es die Möglichkeit, im Vorfeld einer konfliktträchtigen Situation sich vom allgemeinen menschlichen Regelverhalten zu distanzie-

---

39 Noll, Jesus und das Gesetz, 26.

ren, den Versuchungen der Situation zu widerstehen, den Zirkel eigengesetzlicher Lebenszwänge und deren mögliche Eskalationen zu verlassen.

Aufbruch und Neubeginn heißt die ethische Maxime. Denn beim Durchdenken der konflikthaften Umstände aus engagierter Distanz entfallen stets Gründe, die vorher wahrscheinlich zum Konflikt geführt hätten. Dieses Verhalten zielt nicht auf Selbstpreisgabe. Es favorisiert weder eine Rechtsrelativierung noch einen Rechtsverzicht. Im Gegenteil: Die Forderung eines Rechtsverzichts kann sehr wohl Unrecht provozieren und sich als gewichtiger konfliktreicher und somit friedenshemmender Faktor erweisen. Der Neutestamentler Eduard Schweizer konkretisiert: „Der britischen Kolonialmacht gegenüber war der passive Widerstand Ghandis das von der Bergpredigt her inspirierte richtige Handeln; Hitler gegenüber hätte vielleicht eine frühzeitige innen- und außenpolitische Haltung der Stärke, notfalls unter Waffeneinsatz, unsagbares Leid verhütet.“[40] Die Aktualität der Botschaft Jesu wird durch *intentionale* Übertragung auf komplexe politische Verhältnisse bewahrt. Ergänzend müssen anthropologische Erkenntnisse berücksichtigt werden. Dadurch gewinnt Jesu Wort jene Konkretion, die Wegweisung christlichen Handelns in Gesellschaft und Politik ist. Christliches Leben, das somit intentional dem Wort Jesu als Gottes Gabe und Aufgabe an den Menschen folgt, wird zwar Versagen und Schuldigwerden des einzelnen nicht verhindern, Ordnungsmächte im inner- und zwischenstaatlichen Bereich nicht überflüssig machen, Aggressionen und Gewalttaten nicht überwinden und daher der Welt keinen *ewigen Frieden* schenken, aber die immerwährenden destruktiven Kräfte des Menschen aufdecken, eingrenzen, minimieren.

1.5. Kurzes Resümee und Ausblick

Wer aus der Geschichte des Christentums lernt, dass die Wirkungsgeschichte biblischer Verkündigung nicht nur Friedens-, sondern auch Gewaltgeschichte geworden ist und die Lehre Jesu Christi zur Rechtfertigung so genannter gerechter Kriege missbraucht wurde, wird dem Glauben an den allein guten Menschen um seiner eigenen Glaubwürdigkeit willen den Abschied geben. Aus dem christlichen Glauben erwuchs nicht nur jene Arroganz gegenüber anderen Glaubensformen und nichtchristlichem Ethos. Christliche Lehre und Verkündigung waren nicht selten Motiv für Hass, Feindschaft, Konflikt, Krieg. Die Konfliktnatur des Menschen im Gewande eines gattungsgeschichtlichen Faktors, der Aggression, wurde verkannt und/oder nicht ernsthaft in Betracht gezogen. Menschliche Aggression ist eine Grundmacht des Lebens. Bereits im Garten Eden verstößt sie gegen den Willen des Schöpfergottes und verwirkt so die imago Dei des Menschen. Seither prägt sie jede Gemeinschaft sowie die Völker und Staaten aller Zeiten.

---

40 SCHWEIZER, Bergpredigt, 112.

Und da ein aggressionsfreier Mensch nicht zu erkennen ist, müssen wir mit der bleibenden Realität des Bösen, d.h. mit stets gefährdetem, nicht selten bedrohtem menschlichen Leben bis ans Ende der Zeit rechnen. Wer dennoch eine konfliktfreie Welt postuliert, hat die Geschichte des Menschen gegen sich. Mehr noch: Weil die Vorstellung von einer konfliktfreien Welt Illusion ist, schafft sie erst dem Bösen Raum! Utopien werden über kurz oder lang Komplizen des Bösen. Wer den nur guten Menschen will, will des Guten zuviel und ermöglicht auch anderes, das er nicht will.

Bei dieser Erkenntnis können verantwortlich lebende Christen nicht verweilen. Sie sind vom „Evangelium des Friedens" (Eph 6,15) her gewiesen, in schöpferischer Absicht einen Neuanfang zu wagen, Kompromisse und, fallweise, Gegenkräfte zu entwickeln. Sie setzen auf die stimulierende Kraft ihres Glaubens und ihrer Hoffnung. Gott, der nicht Unordnung, sondern Frieden will, der seiner Schöpfung treu bleibt und sie nicht widerruft, gibt in Jesus Christus dem Menschen die Chance einer grundlegenden Richtungsänderung des Lebens. Auf der Ebene verantwortungsethischen Denkens besagt das: die Beweggründe menschlicher Friedlosigkeit zu enthüllen, die Problematik zwischenmenschlicher Verhaltens- und Konfliktregulierungen zu durchschauen, aus Antagonismen und Zwängen einer Welt ethischer Widersprüche auszusteigen – aber nicht aus Gründen einer Weltflucht, sondern um der Wahrnehmung einer Selbst- und Weltverantwortung willen. Die Abkehr von Weltwidersprüchen steht im Dienst einer Umkehr zu ihnen hin: die schöpferische Kraft des Evangeliums lebenswirklich einzusetzen. Indem Menschen die friedensethische Fülle des Evangeliums erkennen und intentional Jesu Weisungen folgen, entwickeln sie projektive Ideen zur friedenfördernden Gestaltung der Zukunft.

Im Vorfeld politischer Friedensbemühungen fragen Christen nach den *Wurzeln des Unfriedens,* nach den Gründen und Anlässen von Konflikt, Gewalttat, Krieg. Dabei ist leicht auszumachen, dass die Friedlosigkeit der Welt in den Missachtungen von Lebens-, Menschen- und Bürgerrechten sowie einem widerspruchsvollen Nebeneinander verschiedenster Freiheits- und Friedensideen zu suchen ist. Freiheit, Frieden und Sicherheit nach innen und außen wird es aber nur in rechtlich geordneten Verhältnissen geben. Freiheit, Frieden, Sicherheit: Die Realisierung dieser Verbundvokabel ermöglicht eine Gesellschaft der Besonnenheit, Toleranz und der demokratischen Loyalität. Dass im Prozess der Lebensbewegung zum Frieden Meinungsverschiedenheiten und Interessenkonflikte, ausgetragen im Rahmen einer demokratischen Streitkultur, eine wichtige Rolle spielen, bedarf keiner besonderen Ausführung.

In diesem Zusammenhang ist daran zu erinnern, dass die biblische Dimension der Verwirklichung von *Recht und Gerechtigkeit* manchem christlichen Friedensengagement nicht hinreichend bewusst ist. Aufgrund bestimmter Unrechtshandlungen und der Vielfalt des Bösen in unserer Gesellschaft neigen Christen dazu, vorschnell die zeitgeistgeprägte Vokabel *Toleranz* über geschehenes Unrecht zu legen. Toleranz entfaltet bei vielen Christen suggestive Kraft. Fallweise bilden Duldung, Akzeptanz, Beliebigkeit, Indolenz, Gleichgültigkeit, Opportunismus, Ergebenheit usw. Handlungsdirektiven gegenüber geschehenem Unrecht und dem Bösen. Böses mit Gutem zu überwinden – um Paulus zu folgen (Röm 12,21) –, versteht sich in der Regel als Einsicht in die Notwendigkeit christlichen und humanen Handelns; es darf jedoch nicht den konfliktethischen Gedanken vereiteln, dem Bösen zu widerstehen, ohne Böses mit Bösem vergelten zu wollen – vergleichbar dem johanneischen Jesus im Umgang mit seinen Gegnern. (Joh 8,7) Barmherzigkeitserweise und Toleranzpraxis verstehen sich als Maximen christlichen Handelns, aber auf Kosten von Recht und Gerechtigkeit vernebeln sie Unrecht und dessen Ursachen. Christen handeln unverantwortlich und vernachlässigen ihr prophetisches Wächteramt, wenn sie Unrecht bagatellisieren und die Vielfalt des Bösen nicht beim Namen nennen. Folglich sollten Christen nicht nur *fromm*, sondern auch *gerecht* sein. Das gelingt am überzeugendsten aus der Sicht der Opfer und Unrechtleidenden. Jesu konfliktregulierende Verfahrenswege, die über verbale Friedensbekenntnisse weit hinausgehen, schaffen überzeugende Rahmenbedingungen christlichen Friedenshandelns. Unter Zuhilfenahme vernünftigen Denkens durchschauen Christen ihre Welthaftigkeit, wissen um ihre Fehlbarkeit, Begrenztheit, Schuldverfallenheit und die destruktiven Kräfte ihrer Aggression. Sie kennen den Friedensstörer Mensch, aber auch die Möglichkeit verantwortlicher Machtverwaltung um des Menschen willen. Die Welt, in der sie leben, können Christen sich nicht wählen. Daher suchen sie unter Einsatz aller Lebenskräfte von Kopf, Herz und Hand in fortwährender Beharrlichkeit, eingedenk möglicher Rückschläge, ein qualitatives Mehr an Gerechtigkeit, Frieden und Freiheit – um bruchstückhaft das zu leben, was Gott am Ende der geschichtlichen Zeit einzulösen versprochen hat: seinen Frieden.

2. Himmlische Hoffnung und irdischer Wandel – Eine verantwortungsethische Standortgewinnung

2.1. Anfänge christlicher Verantwortung im römischen Staat

Wer anthropologische und biblische Erkenntnisse auf die Berufsethik des Waffenträgers anwendet, muss wissen, dass Seelsorge in der Bundeswehr ein im doppelten Sinne grenzwertiger Dienst ist: Er wird wahrgenommen auf der Grenze von kirchlicher Friedensverkündigung in den Streitkräften eines wehrhaften, freiheitlich-demokratischen Rechtsstaates, sodann auf der Grenze von Selbstbehauptung und Selbstaufgabe – tertium non datur! – als Ort soldatischen Handelns und kirchlicher Begleitung. Die doppelte Grenzwertigkeit verlangt den verantwortungsethischen Diskurs. Denn Soldaten stehen im Spannungsverhältnis von friedensethischem Anspruch und staatspolitischer Verteidigungsaufgabe. Daher soll die historische Skizze das Verhältnis von Staat und Kirche unter dem Aspekt *gegenseitiger Verantwortung* klären und zur ethischen Standortgewinnung führen.

Endzeithoffnung, Askese, Weltflucht

Keine christliche Kirche kommt an der Existenz des Staates vorbei, in dem sie lebt und wirkt. Umgekehrt muss der Staat sich zu dieser Kirche in Beziehung setzen. Wer darüber nachdenkt, erzählt am besten von der Geschichte dieser Beziehung. „Die Zeit ist erfüllt, die Gottesherrschaft ist nahe: Kehret um und glaubt an die Heilsbotschaft!" (Mk 1,15) Das ist entscheidender Inhalt des Geschichtsverständnisses der urchristlichen Gemeinden. Mit außerordentlicher Energie tragen die jungen Christengemeinden Jesu Botschaft von der anbrechenden Gottesherrschaft in die römische Welt. Sie leben in dem Bewusstsein, *am Ende der Tage* zu stehen. Die Ablösung dieser (bösen) Welt ist zentrales Motiv frühchristlicher Verkündigung.[1] Denn diese Welt liegt im Argen. Israel hat unter der Römerherrschaft seine eigenstaatliche Existenz verloren. Die bedrückende Unbestimmtheit der politischen Gegenwart wird als unerträglich empfunden. Alttestamentliche Verheißungen haben sich verschoben und ihre diesseitigen Bezüge eingebüßt. Gesellschaftliche Isolierung, Schmähung, Verleumdung bringen die

---

1 Vgl. bes. Röm 13,11; 2Petr 3,13; Apg 2,17; 2Tim 3,1; Jak 5,7ff; dazu Barn 12,9; Did 16,2; 1Clem 14 u.ö.

urchristlichen Gemeinden in eine frustrierende Situation. Aber diese Welt, so wird verkündigt, hat ihr zeitliches Ende erreicht. Grund genug, dass Gott sehr bald seine Herrschaft aufrichtet: Bosheit und Krieg, Leid und Schmerz, Sünde und Tod – all das wird es dann nicht mehr geben.

Darauf blickt urchristliche Glaubensbotschaft. Sie durchzieht in verschiedenen Stufungen das gesamte Neue Testament, ohne freilich ihr Proprium aufzugeben: namentlich von ihrem heilsgeschichtlichen Ende her bestimmt zu sein. Durch die ahistorische Konzentration auf das bevorstehende Ende dieser Welt begegnen die frühen Christen spätjüdischem Glauben und römischem Staat mit Distanz und Desinteresse. *Askese* und *Weltflucht* sind ihnen wesentlich eigen, politische und gesellschaftliche Ambitionen jedoch fremd. Daher tragen sie keine politische Verantwortung. Das Wirklichkeitsverständnis Jesu und der ersten christlichen Gemeinden entsprechen nicht dem öffentlichen Leben dieser Welt. „Mein Reich ist nicht von dieser Welt." (Joh 18,36) Gegenüber der römischen Unterdrückungsmacht setzt Jesus zeichenhafte oder faktische Verweigerung. Er macht sich zum Beispiel keine Gedanken darüber, ob die Befolgung des Gebotes, dass dem Bösen kein Widerstand zu leisten sei (Mt 5,39), auch nur halbwegs geordnete politische und gesellschaftliche Zustände ermöglicht. Wo dennoch christliche Predigt diese Welt nicht verneint (z.B. Mk 12,17; Röm 13,1–7), sondern zur Umkehr mahnt (Mt 4,17; Mk 1,15 u.ö.), steht sie unter *apokalyptischem* Vorbehalt: Das Ende dieser Welt steht ohnehin bevor. Ihre Herrscher und Einrichtungen existieren nur noch kurze Zeit: „Die Stunde ist gekommen, vom Schlaf aufzustehen... Die Nacht ist vorgerückt, der Tag ist nahe ..." (Röm 13,11) Jesus fragt seine Leute empört, warum sie die Zeichen der Zeit nicht deuten. (Lk 12,54ff; Mk 8,28f) Tote stehen auf, Lahme gehen, Blinde sehen... (Vgl. Mt 11,5) Mehr noch: Jesu Anhängerschaft und die ersten Christengemeinden, die den auferstandenen Herrn verkündigen, sind ganz durchdrungen vom Gegensatz *dieses* Weltreiches und dem Reich, das Gott in allernächster Zeit aufrichten werde. In der hochgespannten Erwartung des Endes hoffen die Thessalonicher sogar auf Jesu Wiederkunft und somit den Anbruch der Gottesherrschaft noch zu ihren Lebzeiten. (1Thess 4,13–18; 5,1–28) Nicht kommenden Generationen wird die neue Welt verkündigt, sondern den Zeitgenossen.[2] Dieses konsequent *apokalyptische Geschichtsverständnis* jedoch wird im Wechsel der Generationen zum Problem. Denn die Weltgeschichte nimmt ihren Lauf. Gottes Herrschaft bleibt aus. Christliche Verkündigung gerät in Verdacht, einem Irrtum aufgesessen zu sein. Zug um Zug weicht die vormalige Hochstimmung einer Resignation. „Wo bleibt denn" – fragen die Spötter im 2. Petrusbrief 3,4 – „seine versprochene Ankunft? Seit die Väter entschlafen sind, ist alles geblieben, wie es seit Anfang der Schöpfung war."

---

2 GRÄSSER, Die Naherwartung Jesu, 126f; LOHFINK, Untersuchungen zur christlichen Eschatologie, 49f.

Christlicher Glaube und Zwänge dieser Welt

Wie verarbeitet eine Glaubensgemeinschaft, für die das Endzeitbewusstsein konstitutiv ist, ihre Erfahrung vom Fortgang der Weltgeschichte? Mit dem Ausbleiben des nahe geglaubten Gottesreiches um die Wende vom ersten zum zweiten Jahrhundert beginnt das noch junge Christentum, sich in der Welt einzurichten. Christen erreichen die Zentren der antiken Welt und die dort lebenden Menschen: die Reichen, Wohlhabenden, Mächtigen – zu den Armen kam christlicher Glaube immer schon. Nun aber lautet die Botschaft: Der Reichtum braucht die christliche Moral, damit die Armen Brot haben. Die von Jesus einst Ausgeklammerten tragen jetzt seine Lehre weiter. Zur abgelehnten *alten Welt* nehmen die Christen nun eine ambivalente Haltung ein: Ohne ihre Endzeitvorstellung gänzlich aufzugeben, rechnen sie mit einer gewissen Dauer dieser Welt. Sie sind genötigt, ihr Leben zu gestalten, sich mit Staat und Gesellschaft zu arrangieren, also mit den *Zwängen dieser Welt* – nicht ohne Not, wie die Christenverfolgungen lehren. Freilich hat die Hoffnung auf Gottes Eingreifen in den letzten Stunden irdischer Weltzeit längst ihre Konturen verloren. Zu Ende geht die Vorherrschaft spätjüdisch-apokalyptischen Glaubens. Die frohe Botschaft „eines neuen Himmels und einer neuen Erde" (2Petr 3,13) wird nun Schritt für Schritt ethisch-moralisch umgesetzt. *Die ethischen Implikationen der apokalyptisch bestimmten urchristlichen Botschaft werden im gesamtgesellschaftlichen Kontext für die Dauer dieser Welt aufgenommen und verwirklicht.* Zukunft, Verantwortung und Universalität kommen in den Blick der Christengemeinden. Christlicher Glaube definiert sich zwar nicht ausschließlich, aber nun wesentlich als (Staats-)Ethik. Indiz dafür sind nicht nur die an Bedeutung gewinnenden praktischen Gebote der Barmherzigkeit (Lk 10,25–37) und der Nächstenliebe (Mt 25,34–40), sondern auch die Gebete für Kaiser und Staat im christlichen Gottesdienst – wie wir aus dem 1. Brief des römischen Bischofs Clemens an die Gemeinde in Korinth um das Jahr 96 erfahren. Alttestamentliche und naturhaft begründete Ordnungen beginnen, eine wichtige Rolle zu spielen. Wie die Gestirne geordnete Bahnen gehen, so muss es auch Ordnung in der Gemeinde geben, meint Clemens. Er verzichtet auf den Gedanken der Naherwartung. Stattdessen empfiehlt er den christlichen Gemeinden, sich auf eine sittliche Ordnung einzurichten; denn Christus selbst habe eine solche Ordnung gewollt.[3]

Zunehmend rückt der Umgang mit der eigenen Vergangenheit ins Blickfeld christlicher Verkündigung: Die neutestamentliche Botschaft in ihrer *geschichtli-*

---

3 Recht aufschlussreich ist ein Seitenblick auf Clemens' Votum für den soldatischen Dienst: „Männer, Brüder! Leisten wir also unseren Kriegsdienst mit aller Beharrlichkeit […]. Betrachten wir die Soldaten im Dienst unserer Obrigkeit, wie geordnet, wie gehorsam sie die Anordnung ausführen. Nicht alle sind Befehlshaber […]. Aber jeder führt auf seinem Posten die Anordnungen des Königs und der Obrigkeit aus." (1Clem 37,1–5) Clemens beruft sich auf die Weisung des Paulus, dass der Christ seinen Gaben und Begabungen gemäß sein Amt führen solle. (zu Röm 12,3–8)

chen Dimension wird zum verbindlichen Kerygma. Mitten in die Wirklichkeit des römischen Weltreiches hinein verkündigt die junge Christenheit die *Ethik* des Nazareners: in die Politik, in das Wirtschaftsleben sowie in die stillen Stunden der Andacht. Zugunsten des ethisch akzentuierten Glaubens an Jesus Christus, den Retter-Heiland, verblasst die Hoffnung auf das Ende dieser Welt. Ein für christliche Theologie und Kirche höchst folgenreicher Vorgang. Das *Ende der Verzeitlichung* apokalyptischen Denkens war damit gekommen. Dennoch verantwortet Gott diese Welt – aber ihre Zukunft hält er offen.

Im konstantinschen Zeitalter entspannt sich das Verhältnis von römischem Staat und christlicher Kirche. Es beginnt der Prozess *christlicher Weltverantwortung*: Die Kirche lässt sich vom Staat in die Pflicht nehmen, wägt Risiken im Umgang mit weltlichem Recht und staatlicher Macht ab und blickt auf die Folgen ihres Handelns. In ihrer Stellung zum Staat greift die Kirche einen grundlegenden paulinischen Gedanken auf und beweist damit sowohl ihre Verantwortung in der Welt als auch ihre Treue zum biblischen Wort: „Jedermann sei den übergeordneten staatlichen Gewalten untertan; denn es gibt keine Gewalt, die nicht von Gott ist, und die jeweils bestehenden sind von Gott eingesetzt." (Röm 13,1) Die Anfänge des Verantwortungshandelns sind unlöslich mit den römischen Kaisern Konstantin (306–337) und Theodosius (379–395) verbunden. Sie nehmen den christlichen Glauben an und legitimieren nicht nur die ehemals verfolgte christliche Religion in ihrem Staat (seit 313); letzterer erhebt sie im Jahre 380 sogar zur alleinigen Staatsreligion. So werden christliche Lehre und Verkündigung mit römischer Ethik und Kultur verschmolzen – wodurch die Kirche sozusagen ihre *Unschuld* preisgibt: Sie gewinnt zwar ihr Existenzrecht, aber sie verliert ihre Freiheit. Nun gilt: „Die Kirche anerkannte die kaiserliche Herrschaft über sich. Der Kaiser förderte die Herrschaft der Kirche in Kultur und Moral. Der Kaiser sorgte für die konfessionelle Einheit der Kirche. Die Kirche sorgte für die religiöse und moralische Einheit des Reiches. So entstand der *christliche Einheitsstaat*: ein Gott – ein Kaiser – ein Glaube – ein Reich. In ihm sahen viele Christen das erhoffte Reich Gottes auf Erden."[4] Konstantin selbst gilt als Kaiser von Gottes Gnaden. Sein Reich trägt quasi göttlichen Charakter. Daher kann die über Jahrhunderte verfolgte Minderheitenkirche zwar überleben, jedoch um den Preis, sich der Herrschaft des Staates zu unterwerfen. Nach dem bekannten Wort des Kirchenvaters Augustin wollen die Christen im Miteinander von kirchlichem Anspruch und staatlicher Wirklichkeit das politische Geschehen nicht anbeten, sondern pflügen. Die erste Aufgabe des jungen Staatschristentums besteht darin, den römischen Staat in seinen Normen und Wertsetzungen sowie in seinen politischen und sozialen Verflechtungen nach innen und außen mit zu prägen und mit zu tragen. „Es zahlte sich dann auch für die politische Karriere aus, Christ zu sein. Aus der Distanz von Politik und Glaube wurde das Bündnis, die Sympathie,

---

4 MOLTMANN, Politische Theologie, 80f.

der Einklang von Kirche und Staat. Herrscher und Priester, Kaiser und Papst
wirkten jetzt zusammen."[5]

Wo christlicher Glaube sich unter die Herrschaft der Welt begibt, erfährt er
zwangsläufig eine Wandlung: *Von nun an bricht sich die frohe Botschaft Jesu und
der Urgemeinden in den Gesetzen, Normen und Werthaltungen dieser Welt.* Im
Lichte des ursprünglichen Willens Gottes ist alles Tun *gebrochenes* Tun. Es wird
nicht nur dem grundlegenden Wandel im Verhältnis von Kirche und Staat gerecht, sondern beseitigt vor allem das hermeneutische Problem einer Textausle-
gung, die unter dem Vorzeichen des temporal qualifizierten Weltreiches betrieben wurde. Dass jetzt die Hermeneutik des Buchstabens aufgegeben werden
muss, gehört zur theologiegeschichtlichen Kinderstube. Was für die christlichen
Gemeinden der Endzeit bestimmt war, darf man nicht kurzschlüssig auf den säkularen Staat übertragen. Dennoch sind christliche Verkündigung und kirchliche
Lehre gehalten, sich auf die Dauer der bestehenden Welt einzulassen. Die Verbindung von Ethik und Eschatologie, von irdischem Wandel und himmlischer Hoffnung, erliegt einem Bedeutungsschwund. Christen als Bürger des römischen Reiches fügen sich in die (Rechts-)Ordnung des Staates ein. Christliche Ethik hat
Jesu Botschaft als ethisches Konstitutivum in den realen Gegebenheiten des
römischen Weltreiches *vor* Gott und *für* Menschen verantwortlich zur Geltung
zu bringen. Das Christsein des römischen Bürgers verbindet sich mit seiner
Weltlichkeit im Staat. Nun wird kein christlicher Richter mit dem Jesuswort
„Richtet nicht, damit ihr nicht gerichtet werdet" (Mt 7,1) sein Amt führen können, kein Politiker, der sich als Christ bekennt, sein Handeln nach den „Selig-
preisungen" ausrichten: mit Sanftmut, Barmherzigkeit und Friedfertigkeit politische Entscheidungen treffen. Wie sollten Christen morgen leben, wenn sie sich
heute sagen: „Sehet die Vögel unter dem Himmel: Sie säen nicht, sie ernten nicht,
sie sammeln nicht in die Scheunen; und euer himmlischer Vater ernährt sie
doch." (Mt 6,26) Und was würde geschehen, wenn die Christen Roms dem Bösen keinen Widerstand leisteten? Warum sollen sie den *Feind*, der nicht nur Leib
und Gut, sondern auch die Werte einer Rechtsgemeinschaft attackiert, *lieben*?
Das alles käme schlicht der Selbstaufgabe des Menschen und jeder staatlichen
Ordnung gleich. Wie immer christliche Identität sich erfahren mag: Die Zeit der
Staatsferne ist vorbei! Römischer *Staat* und *christliche Kirche* gehen eine *Verant-*
wortungsgemeinschaft ein, deren Weg bis zum heutigen Tage vorgezeichnet ist.
Und zwar unbeschadet der Tatsache, dass aus „der Ehe von Staat und Kirche
zahlreiche missratene Kinder" hervorgegangen sind. (J. Schweikle)

Das junge Staatskirchentum sieht sich vor nie geahnte Aufgaben gestellt. Das
öffentliche Leben fußt nun neben römischem Recht und griechischer (stoischer)
Philosophie wesentlich auf dem ethischen Unterbau des Evangeliums. Politische
und gesellschaftliche Wirklichkeit vermitteln sich durch die moralische Existenz
des römischen Bürgers. Dessen christliche Lebensführung findet allgemeinen

---

5 Honecker, Evangelische Christenheit, 15.

Zuspruch und Beifall. Vor allem die christliche caritas wird hoch geschätzt und als Charakteristikum der jungen Kirche herausgestellt. Christ ist, wer die Zehn Gebote und das Doppelgebot der Liebe zur Richtschnur seiner Lebensführung macht. Die vornehmste Aufgabe christlicher Lehre besteht jedoch darin, die konsensstiftende *Wahrheit* zu vertreten, eine Wahrheit, die den Retter-Heiland als geschichtlichen Menschen und nicht den Götterhimmel des antiken Polytheismus verkündigt. Ferner ist christliche Wahrheit Autorität in rechtlichen und politischen Entscheidungsfindungen sowie Garant des Bürgerfriedens. Vorbildliche und aufopfernde Liebestätigkeit der Christen findet Beachtung und Anerkennung. Jedoch wird auch vermerkt, dass sich christliche Ethik nicht grundlegend von populärphilosophischen Tugendlehren der heidnischen Umwelt unterscheidet. Origenes sieht das Ziel christlicher Mission darin, die Menschen zu Weisheit, Gerechtigkeit, Klugheit und Tapferkeit zu führen – zu Tugenden also, die als platonisch-stoische Kardinaltugenden bekannt sind.[6] Kurzum: Der Aufstieg in die Reichskirche und die Übernahme öffentlicher Ämter, die definitive Abkehr von apokalyptisch-enthusiastischer Verkündigung sowie die Verschmelzung populärphilosophischer Positionen mit christlicher Ethik führt das Staatskirchentum nicht nur in die unmittelbare *Weltverantwortung*, sondern auch in eine andere Identität: Das *Christianus sum* muss unter den Bedingungen des römischen Weltreiches neu interpretiert werden.

2.2. Martin Luthers ethische Interpretation der politischen Ordnungswirklichkeit

Im Zeitalter der Reformation geht kirchliche Macht in die Verantwortung der Territorialstaaten über. Für die protestantischen Länder wird Luthers geniale Lehre von den sogenannten „zwei Regimenten" (zwei Reichen) bestimmend, die er auf dem Hintergrund von Augustins „Gottesstaat" (De civitate dei) entwickelt. In seiner Schrift „Von weltlicher Obrigkeit. Wie man ihr Gehorsam schuldig sei" (1523) versucht der Wittenberger Reformator, das Verhältnis von kirchlicher Macht und politischer Gewalt über den Menschen zu bestimmen. Vornehmlich behandelt Luther Problemaspekte einer *Ethik des Politischen*. Sie ist Frucht seiner politisch-unpolitischen Worttheologie. Maßgebend ist Luthers Erkenntnis, dass der Christ, seinem Glauben folgend, Untertan des Fürsten sein soll, aber auch politische, also weltliche Aufgaben wahrzunehmen hat.[7] Da freilich kein Mensch von Natur aus Christ ist, sondern Sünder, der Böses im Schilde führt, braucht der Mensch nicht nur Gesetze, sondern auch Orientierungskräfte zur ethischen Einschätzung seines politischen Handelns.[8] Um die Folgen des Sünderseins in

6 Vgl. K.-D. Schmidt, Grundriss der Kirchengeschichte, 80f.
7 Mit Bezug auf Röm 13,1–7; vgl. 1Petr 2,13f.
8 Vgl. WA 11, 250.

Gesellschaft und Staat möglichst gering zu halten – definitiv zu tilgen ist Sünde nicht – bedarf es ferner der staatlichen Ordnungsgewalt. Die biblische Grundlage der *Zwei Regierweisen Gottes* findet sich in dem bekannten Jesuswort: „Gebt dem Kaiser, was dem Kaiser gehört, und Gott, was Gott gehört!" (Mk 12,17) Kaiser und Gott, Politik und Religion, stehen sich gegenüber. Die Gottesbeziehung des Menschen kann sich nicht in politischen Kategorien verwirklichen. „Deshalb hat Gott zwei Regimente angeordnet: das geistliche, welches durch den heiligen Geist Christen und fromme Leute macht unter Christus, und das weltliche, welches den Unchristen und Bösen wehrt, dass sie gegen ihren Willen äußerlich Frieden halten und still sein müssen."[9]

Weltperson und Christperson

Gott wirkt also zweifach in der Geschichte: durch das weltliche und das geistliche Regiment. In der Welt regiert er mit Hilfe weltlicher Mächte (Obrigkeiten), führt das *Schwert* zur Aufrechterhaltung von Recht und Frieden, schützt die Untertanen notfalls unter Einsatz staatlicher Gewaltmittel und hält so die *sündige Welt* in Schach. Im geistlichen Regiment bestimmt Gottes Liebe das Tun des Menschen, der alles von Gott und nichts von sich selbst zu erwarten hat. Gott führt diese Welt zu ihrem Ziel: seinem Reich am Ende aller Zeit. Beide Regimente, in denen der Mensch als *Weltperson* und als *Christperson* handelt, sind einander zugeordnet: Das weltliche steht im Dienst des geistlichen, darf aber nicht mit ihm identifiziert werden. Dies besagt: Handelt der Christ in eigener Sache, also für sich selbst, als Christperson, so ist er bereit, Unrecht zu erleiden, dem Bösen nicht zu widerstehen; wird er jedoch als Weltperson tätig in Politik und Gesellschaft, muss er um der Nächstenliebe willen dem Bösen entgegentreten und dem Recht zum Sieg verhelfen. „Bei Tische" bringt Luther diesen Gedanken schlüssig auf den Punkt. Fragt ein Tischgast: Ob er, Luther, das Recht der Notwehr auch für sich selbst beanspruche, wenn ihn Räuber überfielen. „Ja, ganz gewiss! Da wollte ich Fürst sein und das Schwert führen, weil sonst niemand um mich wäre, der mich schützen könnte – und wollte totschlagen, so viel ich könnte, und danach das heilige Sakrament nehmen und wollte ein gut Werk getan haben. Wenn man mich aber angriffe als einen Prediger um des Evangeliums willen, so wollte ich mit gefalteten Händen sagen: Mein Herr Christus, hier bin ich, ich habe dich gepredigt; ist's nun Zeit, so befehl ich meinen Geist in deine Hände – und wollte so sterben."[10]

Es ist also Christen nicht erlaubt, aus dieser realen Welt zu flüchten, sondern sich in ihr zu bewähren und standzuhalten. Obgleich Christen an das Evangelium gebunden sind und dem Wort Christi folgen, so dass sie für sich selbst Unrecht leiden und dem Übel nicht widerstehen (Mt 5,38), gebietet ihnen ihr Glaube, an der Ordnung der Welt um des Mitmenschen willen mitzuwirken. Wenn es

9 WA 11, 251.
10 WA TR, 1815.

dem Nächsten nützt, können Christen weltliche Berufe ergreifen: „Richter, ordnender, ja strafender Hausherr oder politischer Machtträger sein."[11] In Luthers Dialektik zeigt sich die Ambivalenz des menschlichen Handelns: um der Liebe zum Nächsten willen kann es nötig sein, Gewalt einzusetzen. So fügt sich nun, meint der Reformator, beides zusammen, dass der Christ sich in der Welt bewährt, Übel und Unrecht von anderen fernhält, für sich selbst aber Übel und Unrecht erleidet, also den Übeltaten widersteht und zugleich nicht widersteht.[12]

Anders gewendet: In der Zwei-Reiche-Lehre reflektiert Luther die *Grundspannung christlichen Lebens:* Christen leben als Bürger zweier Welten zwischen Himmel und Erde, zwischen christlichem Glauben und politischem Handeln, zwischen der Zusage göttlicher Erlösung in einer noch nicht erlösten Welt. Diese wechselvolle, nicht aufzulösende, sondern auszuhaltende Spannung, gleichsam Bürger zweier Welten bis ans Ende der Welt zu sein, ist entscheidendes Charakteristikum christlicher Glaubensexistenz. Im Mittelpunkt steht die Liebe schlechthin, „die das jeweils Vernünftige tut und im Unrechtleiden wie im Unrechtwehren gemäß den beiden Regierweisen Gottes der Welt gerecht wird."[13]

Jedoch wird allzu leicht übersehen, dass Luthers Zwei-Reiche-Lehre wie schon Augustins Lehre von den „duae civitates" oder jene „Zwei-Schwerter-Theorie" des Mittelalters letztlich Folge einer tiefen *theologischen Verlegenheit* ist. Die Staatsbindung der Kirche im vierten Jahrhundert sowie die Umschmelzung apokalyptisch-enthusiastischer Verkündigung in eine *Ethik der Verantwortung* für Staat und Gesellschaft zeigen ein schwerwiegendes Defizit christlicher Glaubensverkündigung auf: die gleichsam preisgegebene urchristliche Endzeithoffnung. Entschieden greift Luther den Ausnahmegedanken eschatologischer Hoffnung auf und bringt zum Klingen, was wesentlich verstummt war: die Zukunftshoffnung der Gottesherrschaft. Im Grunde hängt daran sein theologisches Sinnen und Trachten. Von äußerer und innerer Not bedrückt, von Sündhaftigkeit gequält, sind wir nur Gäste auf dieser Erde. Mit vielen Christen teilt Luther das religiöse Bewusstsein seiner Zeit und glaubt an den *jüngsten Tag*, der nicht mehr fern ist. Mit Blick auf die Erlösung von Sünde, Tod und ewiger Verdammnis erwartet er Gottes Herrschaft noch zu seinen Lebzeiten.

Zwei-Reiche-Lehre und das Problem des Krieges

Innerhalb der Zwei-Reiche-Lehre reflektiert Luther das Problem des *Krieges.* In Gottes weltlichem Reich gehört Krieg zu den Ordnungsmächten des Staates, ebenso wie das Amt des Richters oder das der Polizei. Die Aufgabe des Staates, für Recht und Frieden zu sorgen, erstreckt sich demnach nicht nur nach innen. Vielmehr trägt die gottgewollte Obrigkeit auch die Verantwortung seiner Untertanen nach außen. Die Wahrung und Wiederherstellung von Recht und Frieden

---

11 FREY, Die Ethik des Protestantismus, 32.
12 Vgl. WA 11, 255–257.
13 EBELING, Art. Luther II, 510.

vor dem Hintergrund von Gottes Schöpfungsordnung hat nach Luther die Bedeutung eines *besonderen Gottesdienstes*. Schlüsselgedanke ist die Pflicht der weltlichen Obrigkeit zu Schutz, Beistand und Hilfe gegenüber ihren Untertanen. „Soll man denn das dulden, dass auf diese Weise [sc. des Krieges, v.d.St.] jedermanns Weib und Kind, Leib und Gut so der Gefahr und Schande preisgegeben wird?"[14]

Luther rechnet mit einer tiefgründigen und bleibenden *Macht des Bösen*. Geschichte und Gegenwart des Menschen bestätigen seine Anthropologie. „Denn die Bösen sind immer in der Überzahl gegenüber den Rechtschaffenen. Wollte man sich darum das Wagnis zutrauen, ein ganzes Land oder die Welt mit dem Evangelium zu regieren, so ist das ebenso, als wenn ein Hirte Wölfe, Löwen, Adler und Schafe in einem Stall zusammentäte und jegliches frei neben dem anderen laufen ließe und sagte: ‚Da weidet euch, seid rechtschaffen und friedlich untereinander; der Stall steht offen, Weide habt ihr genug, Hunde und Prügel braucht ihr nicht zu fürchten.' Da würden die Schafe wohl Frieden halten und sich friedlich so weiden und regieren lassen – aber sie würden nicht lange leben, und kein Tier würde vor dem anderen erhalten bleiben."[15]

Folglich dürfen Christen nicht zulassen, dass der Schwache unter die Räder des Stärkeren gerät. Dem Nächsten sollten sie weder Schaden zufügen noch Leid antun, wie Luther das fünfte Gebot „du sollst nicht töten!" erklärt. Sie sollten ihm helfen und ihn fördern in allen Leibesnöten. Dem Geist der Bergpredigt folgend, soll der Christ für sich selbst Unrechtshandlungen hinnehmen, aber aus Nächstenliebe das *Schwert* einsetzen. Nur die Verantwortung für den Nächsten verpflichtet Christen, sich an der Schwertgewalt des Staates zur Wahrung des Friedens zu beteiligen. Luther spitzt diesen Gedanken zu, indem er ausführt:" Die Gewalt ist von Natur aus derart, dass man Gott damit dienen kann."[16] Verantwortung aus Liebe gegenüber dem Nächsten verlangt die jeweils angemessene Gegenwehr (Notwehr). Werden jedoch Schutz, Beistand und Hilfe versagt, macht der sich Christ, als Untertan des Herrschers, zum *Komplizen des Bösen*. Daher soll Krieg „nicht bloß Krieg, sondern auch pflichtgemäßer Schutz und Notwehr heißen können."[17] Krieg hat in einer heillosen Welt, in der das Gute nur *gepanzert* leben könne, ausschließlich als Verteidigungskrieg seine Berechtigung – wer jedoch Krieg anfange, sei von vornherein im Unrecht.

Luther schließt also aus, Krieg als Mittel zu betrachten, dessen sich der Mensch zur Befriedigung seiner Bedürfnisse und Begehrlichkeiten frei bedienen könne. Gewaltanwendung darf niemals Instrument menschlicher Herrschaftsgelüste sein. Ein aus Lust und Eroberung begonnener Krieg ist des Teufels. Die zeitgeschichtliche Konkretion dieser Gedanken erkennen wir in Luthers Äußerungen zum Krieg gegen die Türken (1529). Luther appelliert – wie häufig in

---

14 WA 19, 636.
15 WA 11, 252.
16 WA 11, 257.
17 WA 19, 648.

Konflikt- und Gewaltfragen – an das rechte Gewissen seiner Mitmenschen. Man muss wissen, „dass der Angriff der Türken reiner Frevel und Räuberei" ist. Denn der Türke „streitet nicht aus Not oder um sein Land durch Frieden zu schützen, wie eine ordentliche Obrigkeit tut, sondern er sucht andre Länder zu rauben und ihnen Schaden zu tun, die ihm doch nichts tun oder getan haben, wie ein Seeräuber oder Straßenräuber."[18] Der Türke führt einen Angriffskrieg; bereits dadurch ist er verurteilt.

Kurzes Resümee

Luther bringt seine Grundgedanken zur *politischen Ethik* in der so genannten Zwei-Reiche-Lehre zur Sprache: dem weltlichen und geistlichen Reich. Im weltlichen Reich, also dem Alltag aller Untertanen der Obrigkeit, müssen Gesetz und staatliche Gewalt für Ordnung sorgen, im geistlichen Reich leben alle Rechtgläubigen „in Christus und unter Christus." In der sachgemäßen Unterscheidung der beiden Reiche schafft Luther den Bedingungsrahmen des Friedensauftrages der Kirchen und Christen. Indem er das Liebesgebot der Bergpredigt (Mt 5–7) und das Gewaltmonopol des Staates (Röm 13,1–7) zusammen denkt, stellt er Staat und Kirche in ein neues Ordnungsgefüge. Er wehrt damit einer Verweltlichung der Kirche und einer Verkirchlichung der Welt. Das ungeteilte Liebesgebot wird tief greifend modifiziert. Hierbei dürfen die rationalen Motive nicht zu gering eingeschätzt werden. Luther versteht *ratio* nicht allein als Prinzip der Vernunft. Vielmehr denkt er sie als Kategorie der Nutzanweisung zum Wohle des gesellschaftlichen Ganzen. Vernünftigerweise ist sogar die Anwendung von Gewalt im weltlichen Regiment geboten und von der Nächstenliebe zu verantworten, sofern sie dem Frieden und dem Wohle aller dient. Mithin müssen in einer konflikthaften Welt Recht und Frieden verteidigt werden. Gegenüber einem Aggressor wäre es geradezu vernunftwidrig, lediglich auf diplomatischem Wege reagieren zu wollen. Entschlossenes Handeln signalisiert die Bereitschaft, die anvertrauten Güter unter Umständen mit Gewalt zu verteidigen. Insofern können Schutz und Verteidigung staatlicher Ordnungen als *Werk der Liebe Gottes* ausgelegt werden. Helmut Thielicke fasst bündig zusammen: „Im Medium des Politischen erfährt die Gestalt der Liebe eine Art Brechung. Sie ist nicht mehr in einem unmittelbaren und ungebrochenen Sinne Gutes tun und Gutes wünschen, sondern sie gewinnt insofern eine dunkle Kehrseite, als ich die Liebe nur noch in gleichzeitiger und unter Umständen gewaltsamer ‚Auseinandersetzung' mit denjenigen Mächten üben kann, die meinen Nächsten bedrohen."[19]

18 WA 30, 116.
19 Theologische Ethik, Bd. II/2, 565.

2.3. Der Christ als Bürger des freiheitlich-demokratischen Rechtsstaates

Das „Wohl" des Staates und das „Heil" der Kirche

Das gegenwärtige Verhältnis von Staat und Kirche beginnt mit der Trennung beider im Jahre 1919.[20] Die protestantische Kirche lebt weiterhin *im* Staat und nicht neben ihm. Trennung von Staat und Kirche sowie Religionsfreiheit werden als Grunddaten ihrer Verhältnisbestimmung verstanden. Mit dem Schlagwort der Trennung ist nicht alles erklärt. Religionsneutralität des Staates bedeutet nicht *Wertneutralität* in der Tradition abendländisch-christlicher Verantwortung für die Bürger des Gemeinwesens. Mannigfache Verbindungen und Verpflichtungen bleiben erhalten und charakterisieren das Staat-Kirche-Verhältnis: „Die Möglichkeit für die Kirchen, sich im öffentlichen Recht anzusiedeln, die Beibehaltung des Religionsunterrichts in öffentlichen Schulen, die Theologischen Fakultäten im Rahmen der staatlichen Universitäten [...] sind vom Verfassungsgeber ebenso verfügt wie die Trennung."[21] Es geht jedoch um mehr als um rechtliche Trennung und praktische Gleichbehandlung. Auf der Ebene des abendländisch-christlichen Ethos bilden Staat und Kirche weiterhin eine *Verantwortungsgemeinschaft*: Der Staat sorgt für das Wohl seiner Bürger, die Kirche für ihr Heil – um es auf den kürzesten Nenner zu bringen. Das bedeutet: „Staat und Gesellschaft sind nicht nach Bereichen oder Sachgebieten getrennt, sondern in vielfältiger Weise miteinander verflochten [...]. Die staatliche Planung, Normierung, Kontrolle und Subvention umfasst mit der Wohlfahrtspflege, den Krankenhäusern, Kindergärten und Altersheimen auch den Bereich, auf dem ein Schwerpunkt der kirchlichen Tätigkeit liegt [...]. Schon aus diesem Grunde stehen Staat und Gesellschaft nicht beziehungslos nebeneinander, wie es die Theorie einer strikten Trennung von Staat und Kirche wahrhaben möchte."[22]

Rechtliches und verantwortungsethisches Miteinander schließt kritischen Umgang, etwa bei Verletzung der Freiheitsrechte, nicht aus. Diese Tatsache veranschaulicht besonders das gegen den totalitären Staat formulierte Bekenntnis von Barmen (1934): „Jesus Christus, wie er uns in der Heiligen Schrift bezeugt wird, ist das eine Wort Gottes, das wir zu hören, dem wir im Leben und im Sterben zu vertrauen und zu gehorchen haben. Wir verwerfen die falsche Lehre, als könne und müsse die Kirche als Quelle ihrer Verkündigung außer und neben diesem einen Worte Gottes auch noch andere Ereignisse und Mächte, Gestalten und Wahrheiten als Gottes Offenbarung anerkennen."[23] Auf der Grundlage der reformatorischen Zwei-Reiche-Lehre[24] wird das politische Leben der Christen

---

20 Art. 137 Abs. 1 WRV.
21 v. CAMPENHAUSEN, Staat und Kirche 51.
22 v. CAMPENHAUSEN, Staat und Kirche, 62.
23 Aus der ersten These der Barmer Theologischen Erklärung.
24 Vgl. dazu meine Ausführungen S. 148–153.

unter Gottes Anspruch gestellt. Da Christen um die erlösungsbedürftige, heillose Welt wissen, haben Staat und Kirche ihren Ort in der noch nicht erlösten Welt. In der fünften These bekommt der Staat, was ihm gebührt: Das Machtmonopol zur Sicherung von Recht und Frieden. Zurückgegriffen wird hier auf die Tradition, nach der der Staat eine Ordnungsaufgabe wahrzunehmen hat. Hinter jeder Ordnung muss eine Macht stehen, die sie erhält beziehungsweise wieder herstellt. „Ohne Macht", erklärt der Berliner Theologe Richard Schröder, „verstanden als Einfluss auf Entscheidungen, kann unter Menschen überhaupt nicht gehandelt werden. Es ist schlechterdings absurd, Macht zu verteufeln und Machtlosigkeit zu loben."[25] Begründet wird das den Staat verpflichtende Machtmonopol mit der Fehlbarkeit des Menschen: „Die Theologie der Reformatoren hat in der Entstehungszeit des modernen Staates dessen Friedensfunktion hervorgehoben und nachdrücklich betont, dass der Staat mit der ihm von Gott verliehenen Autorität unter sündigen Menschen, die zur Bosheit neigen, ein Mindestmaß an Ordnung wahren soll."[26]

Mit der ihm verliehenen Autorität hat der freiheitlich-demokratische Rechtsstaat „Recht zu schützen, Frieden zu wahren, dem Bösen zu wehren und das Gute zu fördern."[27] Christen haben hier eine besondere Verantwortung: Sie bestimmen und prägen nach dem Maß menschlicher Vernunft und Erkenntnisfähigkeit das demokratische Leben mit. Sie schaffen und erhalten das christliche Menschenbild und sind beauftragt, im Rahmen ihrer ethischen Verantwortung in Erziehung, Bildung und Ausbildung für die geistigen und geistlichen Grundlagen des Zusammenlebens zu sorgen. Darüber hinaus beantwortet die Kirche Fragen nach dem Lebensgrund und der Lebenssinngebung. Sie weiß aber auch aus leidvoller geschichtlicher Erfahrung, dass staatliche Ordnungen in Gewaltherrschaft abgleiten können, und die Macht des Staates ihrer eigenen Pervertierbarkeit zum Opfer fallen kann. Der Staat des Kaisers Nero ist nicht der Staat Friedrich des Großen; die faschistische Militärdiktatur ist das Gegenteil eines freiheitlichen, demokratischen Rechtsstaates.

Staat und Kirche – eine Verantwortungsgemeinschaft

Die Väter des Grundgesetzes haben die Verantwortung *für* Menschen in den Zusammenhang der Verantwortung *vor* Gott gestellt: „Im Bewusstsein seiner Verantwortung vor Gott und den Menschen […] hat das Deutsche Volk […] dieses Grundgesetz der Bundesrepublik Deutschland beschlossen."[28] Daher gewährleistet der demokratische Rechtsstaat die Freiheit des Glaubens, des Gewissens, des Bekenntnisses sowie die ungestörte religiöse Betätigung. (Art. 4GG) Die Kirche nimmt den Staat des Grundgesetzes voll an und gibt ihm, was er braucht: die *kri-*

---

25 Der Himmel lässt sich nicht auf die Erde holen, 21.
26 Evangelische Kirche und freiheitliche Demokratie, 15.
27 Evangelische Kirche und freiheitliche Demokratie, 15.
28 Präambel Grundgesetz.

tische Solidarität der Christen im eigenen Interesse, im Interesse des Nächsten und der Gemeinschaft. Christenmenschen nehmen nicht nur am demokratischen Leben teil, sondern prägen auch das politische Zusammenleben und sind *mitverantwortlich* für sein Gelingen. Jedoch sei „die Sache des christlichen Glaubens nicht Politik", differenziert Gerhard Ebeling zu Recht. „Wohl aber schärft der christliche Glaube die Mitverantwortung für Politik. Seine Wahrheit erfüllt sich nicht im politischen Handeln. Doch auch in ihm hat sich der christliche Glaube zu bewähren."[29] Daher haben Christen im demokratischen Pluralismus nicht nur eine wichtige Stimme; sie sollten auch Integrationskraft ersten Ranges sein. Sie sind in ihrem Denken und Handeln von Gott beansprucht und müssen sich vor ihm verantworten. Denn die Welt ist der Ort, wo danach gefragt wird, was dem Nächsten dient oder schadet. Hier haben Christen sich zu bewähren.

Bereits Luthers Freund und Mitstreiter Philipp Melanchthon rechtfertigt auf dem Reichstag zu Augsburg (1530) die protestantische Position vor Kaiser und Reich: „das Evangelium stößt diese Welt mit ihren staatlichen und gesellschaftlichen Ordnungen nicht um, sondern fordert, weil Gott es will, sie zu erhalten und innerhalb dieser Ordnungen Liebe zu üben, ein jeder an seinem Ort."[30] Unter Anerkennung des staatlichen Gewaltmonopols stehen Christen in weltlicher Verantwortung und üben Gehorsam gegenüber der weltlichen Obrigkeit, die ihrerseits Gottes Ordnung zu schützen und zu erhalten hat. Das an dieser Stelle häufig traktierte Recht des Staates zum Kriegführen spielt nur insofern eine Rolle, als gefragt werden muss, ob zur Abwehr des Bösen Mittel des Bösen eingesetzt werden dürfen, um größtes Unheil, etwa einen Genozid, abzuwenden. Zwar ist Gewaltanwendung auch hier rechtswidrig. Als Notwehr und Schutz der Bevölkerung (Nothilfe) kann sie zur Abwehr von Aggression und Gewalt in rechtlich und politisch besonders definierten Situationen als Ultima-Ratio-Handeln gerechtfertigt sein. Dieses letzte Mittel des Staates bedeutet keine Missachtung des Rechts auf das Leben eines Täters/Aggressors, sondern erhält seine Berechtigung aus der Pflicht, das Leben der Gemeinschaft zu schützen. Ansonsten ist die mittelalterliche Formel vom *gerechten Krieg* theologisch und konfliktethisch verbraucht.

Da Christen an der Macht des demokratischen Staates partizipieren und die Durchsetzung des Rechts mitverantworten, können sie weder als pazifistische Schwärmer noch als Politrevolutionäre leben, sondern als kompromissfähige Christenmenschen. Ihr reflektierter Glaube verpflichtet sie, den Mitmenschen nicht mit so genannten letzten Wahrheiten eines besseren Christseins zu diskreditieren. „Weder die Berufung auf das christliche Gewissen noch die Berufung auf den Glauben kann einen Sonderstatus begründen, der zur bevorzugten Berücksichtigung einer politischen Überzeugung führen müsste."[31] Christliche Friedensverpflichtung darf nicht zulassen, dass der Friedenswille des Andersden-

---

29 EBELING, Wort und Glaube III, 593.
30 Die Augsburgische Konfession, Art. 16.
31 Evangelische Kirche und freiheitliche Demokratie, 23.

kenden permanent in Frage gestellt und diffamiert wird. Weil kein ernstzuneh-
mender Mensch den Königsweg zum Frieden weiß, bekennt christlicher Glaube
sich zu aller Vorläufigkeit der unterschiedlichen, oft angstbesetzten und risikorei-
chen Friedenswege. „Kein Christ wird deshalb an die Kirche das Ansinnen stellen, seinen eigenen Weg zum Frieden, so überzeugend er ihm erscheinen mag,
zum verbindlichen Weg aller Christen zu machen [...] Es gibt nicht Friedensfreunde und Friedensfeinde, sondern nur unterschiedliche Ängste und verschiedene Wege in diesen Ängsten."[32] Vor Gott stehend weiß der Christ um alles *Vorletzte*, das sein Handeln bestimmt.

Das hier deutlich werdende Verhältnis von Staat und Kirche wird am klarsten
mit dem Begriff *Verantwortungsgemeinschaft* [33] beschrieben – wobei zwischen
dem geistlichen Mandat der Kirche und dem weltlichen Auftrag des Staates unterschieden werden muss. So notwendig es ist, Reich Gottes und Reich der Welt
zu unterscheiden, so unerlässlich tragen Christen Verantwortung für Gottes ganze Schöpfung. Die von kirchlichen Entscheidungsträgern nicht selten erhobene
Kritik einer zu großen Staatsnähe der Kirche hinsichtlich der demokratisch legitimierten Waffenträger (Soldaten, Polizisten, Grenzschützer) trifft so lange nicht
zu, wie die Kirche das Evangelium der Rechtfertigung des Sünders vor Gott uneingeschränkt verkündigen und „Gottes kräftigen Anspruch auf unser ganzes Leben"[34] nachdrücklich zur Sprache bringen kann.

Der Staat wird Freiheit und Menschenwürde wahren, Gerechtigkeit und Frieden fördern und die Ordnung des politischen Zusammenlebens garantieren. Die
Kirche wird sagen müssen, dass der Wille Gottes den Menschen in ihren Verhältnissen gilt. Sie kann ihre Glaubenserfahrungen aus Geschichte und Gegenwart
nur anbieten, aber nicht mit staatlicher Macht durchsetzen. Verkündigung und
pastorale Begleitung gelten allen Bürgern des politischen Gemeinwesens. Die
Volkskirche ist der Ort, an dem Kirche diese Aufgaben wahrnimmt. Volkskirche
ist Kirche für jedermann: Sie hält sich für jeden bereit und ist für jeden erreichbar. Eine Kirche für wenige verfehlt ihren Sendungsauftrag. Daher darf Kirche
sich keiner gesellschaftlichen Wirklichkeit und politischen Realität entziehen –

---

32 SCHMITHALS, Zum Friedensauftrag der Kirche und der Christen, 33.
33 Der Verantwortungsbegriff hat in der Demokratie-Denkschrift einen hohen Stellenwert.
   Nicht weniger als sechs Mal begegnet er zu Beginn des Hauptteils: „Den demokratischen
   Staat begreifen wir als Angebot und Aufgabe für die politische *Verantwortung* aller Bürger
   und so auch für evangelische Christen." Sodann wird gefolgert: „Als in besondere *Verantwortung* gestellte Glieder der Kirche treten wir dafür ein, unsere demokratische Staatsform
   als ein Angebot an die politische *Verantwortung* anzunehmen." In einem weiteren Schritt
   wird zurückverwiesen auf die Präambel des Grundgesetzes. Dort heißt es u.a., „dass das
   deutsche Volk das Grundgesetz im Bewusstsein seiner *Verantwortung* vor Gott und den
   Menschen beschlossen habe." Diese vor Gott und den Menschen wahrgenommene *Verantwortung* gelte innerhalb der Verfassungsordnung. Ferner wird auf die „besondere Art und
   Weise, in der die menschliche *Verantwortung* für das Politische im freiheitlichen demokratischen Rechtsstaat Gestalt annimmt" verwiesen. (alle Zitate S. 12)
34 BURGSMÜLLER/WETH, Die Barmer Theologische Erklärung, 35.

andernfalls gerät sie in eine Ghetto-Existenz. Das an Kontinuität und Korrektur, an Dialog und Distanz orientierte Arrangement *mit* und das Engagement *in* diesem demokratischen Rechtsstaat kennzeichnen verantwortliches Christsein in unserer Zeit. „Als Christen wie als Kirche", so die Verfasser der Demokratie-Denkschrift, „vertrauen wir darauf, dass unsere Mitverantwortung und unsere Mitwirkung in der Demokratie begleitet ist vom Segen des Herrn, der seine Welt und die Menschen in ihr nicht allein lässt."[35]

35 Evangelische Kirche und freiheitliche Demokratie, 47.

3. Woran glaubt, wer nicht glaubt?

3.1. Gott außerhalb von Theologie und Kirche

Die bisherigen Ausführungen setzten unausgesprochen den Soldaten als Christenmenschen voraus. Ihn berufsethisch und seelsorglich zu begleiten, ist Aufgabe der Militärgeistlichen. Ob Soldaten nun ihr Christsein praktizieren, in kirchlicher Halbdistanz oder nur nominell ihrem Glauben verbunden sind – der werthaltige und Orientierung gebende christliche Glaube bestimmt aufs Ganze gesehen das Ethos ihrer Lebenswirklichkeit. Diese Voraussetzung ist zutreffend, jedoch nicht durchgängig richtig. In den von Militärpfarrern beider Konfessionen gehaltenen Unterrichten, Seminaren und Konventen wird häufig die Bitte nach mehr ökumenischen Veranstaltungen (Andachten, Gottesdiensten, Konferenzen, u.a.m.) laut. Gespräche darüber ergeben, dass in diesen Bitten nicht ein Bedürfnis nach mehr Ökumene und kirchenchristlichem Glauben deutlich wird, sondern sich ein allgemeines *religiöses Grundbedürfnis* ausspricht: „Wir glauben ja doch alle an einen Gott", heißt es wiederkehrend. Weiter greifend wird gefolgert: Gott könne man auch im Lebensalltag begegnen und das Gebet bedürfe keines bestimmten Ortes. Wozu Kirche, Glaubensdogmatik und Verkündigung? – fragen Soldaten provokant. Wo liegen nun die Gründe derartiger Fragen und kritischer Glaubenseinstellungen? Gibt es Glauben, der nicht in den verfassten Kirchen beheimatet ist?

Soldaten wie zivile Bürger unserer Gesellschaft leben in einer säkularen Welt. In weiten Kreisen unserer Gesellschaft werden die christlichen Kirchen zunehmend als bedeutungslos erkannt. Geistliche Auszehrung christlicher Gemeinden, Finanznöte und Kirchenaustritte nach jeder Steuererhöhung sowie stiller Abschied von christlichen Traditionen und Werten sprechen ihre eigene Sprache. Selbst in der Pfarrerschaft sucht man Lebenshilfe beim Therapeuten und nicht in der Seelsorge. Diese Tendenz spiegelt nicht Ablehnung und Feindschaft gegen Glaube und Religion, sondern totale Gleichgültigkeit gegenüber traditionellem Kirchenchristentum. Und dennoch: Die christliche Religion steht in der europäischen Christenheit nicht zur Disposition. Wer christliche Lehre und Verkündigung gering achtet und seine Sinnsuche auf dem esoterischen Markt zu befriedigen sucht, wird nicht zugleich auf abendländisch-christliche Kultur im lebenspraktischen Alltag verzichten. Christliches Ethos, griechische Philosophie und römisches Recht durchdringen und prägen intentional nach wie vor das abendländische, christliche Europa. Und Gott als moralisches Konstitutivum führen immer noch viele Zeitgenossen im Munde. Denn Menschen besitzen jene religiöse conditio der Bindung an ein tragendes *religiöses* Ethos, das Lebenserfahrungen, vor allem an ihren unverfügbaren (kontingenten) Eckdaten, sinnstiftend beantwortet. Die Funktion dieser wirksamen religiösen Kräfte scheint deutlich zu sein: Religion und Glaube sind nicht Eigentum der Kirchen und Theologen allein.

Gottesformel

Die Bürger in Uniform spiegeln im Rahmen gesamtgesellschaftlicher Betrachtung des gegenwärtigen Kirchenchristentums einen repräsentativen Ausschnitt wider. Soldatinnen und Soldaten, die kritisch und aufgeklärt ihre Lebensentwürfe erstellen, beteiligen sich an vielfältigen Sinnkonstruktionen. Sie suchen jene übereinstimmende Formel, die fundamental Sinn stiftet und Leben trägt. Auffallend ist der wiederkehrende formelhafte Gebrauch des Namens *Gott*. Bei vielen so genannten herausragenden Anlässen in Politik und öffentlichem Leben wird Gott formelhaft um Segen, Hilfe und Beistand angerufen. Die Bundeskanzler Helmut Kohl und Helmut Schmidt sind dafür beredte Beispiele. „Im kranken Wald hofft Kohl auf Gottes Segen" – ist Schlagzeile der Münchener „Abendzeitung" vom 30. Mai 1985. Der Bundeskanzler hatte anlässlich eines Besuches bei einem Waldbauern ins Gästebuch geschrieben: „Ich hoffe sehr, dass in dem Unglück dennoch eine Chance für Ihre Zukunft erwachsen möge. Gottes Segen. Helmut Kohl." Auch in seiner Neujahrsansprache für das Jahr 1986 erbittet der Kanzler am Schluss: „Gott segne unser deutsches Vaterland." Dass Altbundeskanzler Helmut Schmidt in der Hamburger Michaelis-Kirche predigt und Kanzler Kohl nach einem Gottesdienst zum 40. Jahrestag der deutschen Kapitulation am 8. Mai 1985 den Wunsch nach mehr Religion in der Politik äußert, ist ebenso Indiz einer bestimmten Religiosität unserer Gesellschaft wie die Bitte des Deutschen Fußballbundes an seine Nationalspieler, die Nationalhymne vor Länderspielen mitzusingen. Ansprachen zu nationalen Gedenktagen und Kranzniederlegungen erreichen den Bürger des säkularen Staates auf einer religiösen, sinnstiftenden Ebene. Und gerade in dem Augenblick, als die Affären um Parteispenden Mitte der neunziger Jahre in unserem Lande hohe Wellen schlagen, fragen sich verantwortlich denkende Politiker: Welche Moral liegt unserem Gemeinwesen zugrunde? Fühlen sich die Mächtigen in unserer Republik noch sittlichen Grundsätzen verpflichtet oder entscheiden sie jeweils nach privaten beziehungsweise parteipolitischen Interessen? Ferner sprechen Symbole und Riten im säkularen Staat das religiöse Bewusstsein der Bürger an: Kreuze als Ordensmotiv staatlicher Auszeichnungen und Ehrungen (Bundesverdienstkreuz); Kreuze in staatlichen Schulen und auf militärischem Gerät (Panzern, Kampfjets) der Bundeswehr; Kreuze schmücken interne Verbandsabzeichen verschiedener militärischer Dienststellen. Kurzum: Das Symbol des Kreuzes sowie Vereidigungen unter Nennung des Gottesnamens schaffen neben dem feierlichen militärischen Zeremoniell *Großer Zapfenstreich* mit der Formel „Helm ab zum Gebet!" eine quasi religiöse Verankerung der Zivilgesellschaft im Allgemeinen und des Soldatenberufs im Besonderen.

Fragen nach Normen und Grundwerten des Zusammenlebens sowie dem moralischen Gehalt unserer politischen Kultur entspringen offenbar nicht nur einem kirchenchristlichen, sondern einem allgemeinen religiösen Bedürfnis. Die häufige Anrufung *Gottes* als eines *religiös-moralischen Regulativs* im politischen Leben führt anscheinend zum Konsens auf gesamtgesellschaftlicher Ebene. Die Gottesformel scheint dort den (multikulturellen) Gesellschaftsprozess zu lenken, wo kirchenchristliche Steuerungen nicht (mehr) überzeugen oder versagen. Wird nun im Kontext von Politik und Öffentlichkeit menschliches Zusammenleben mit Hilfe der Gottesformel fundamental zum Ausdruck gebracht, so steht sie für Bürgerfrieden und inneren *Zusammenhalt* einer aufgeklärten Gesellschaft. Ihre Bindungskraft ist umso größer, je mehr Übereinstimmung in den nicht staatskirchlich verfassten Gesellschaften erzielt werden kann. Diese das Gemeinschaftsleben regelnde Funktion der Religion hat Tradition. Schon Jean Jacques Rousseau (1712–1778) fragt in seinem berühmt gewordenen „Gesellschaftsvertrag" (le contrat social, 1762): Was hält eigentlich eine Gesellschaft im Inneren zusammen? Mit welchen Mitteln bindet der Staat seine Bürger an sich? Welche Kräfte müssen wirken, damit neben der Summe von Einzelinteressen ein Gesamtinteresse entsteht, das die Bürger dauerhaft verbindet? In seiner Antwort darauf entwickelt Rousseau als erster die Grundidee einer Zivilreligion (religion civile).

Geschichtliche Aspekte einer Bürgerreligion/Zivilreligion

Rousseau glaubt, ein moralisches Minimum an Bindungskräften für das Zusammenleben der Bürger und zur Erhaltung des Bürgerfriedens herausarbeiten zu müssen. Lediglich drei Prämissen bestimmen seine Religion: die Existenz Gottes, die Unsterblichkeit der Seele und das Jüngste Gericht. Aus seinen zivilreligiösen Überlegungen kondensiert Rousseau ein so genanntes bürgerliches Glaubensbekenntnis als Verständigungsformel und Zusammenhalt der Gesellschaft. Menschen können, so Rousseaus Zugeständnis, ihre eigenen religiösen Überzeugungen pflegen. Es liegt ihm daran, Bedingungen für das Wohlergehen der Bürger zu institutionalisieren, d.h. politische und moralische Orientierungen zu ermöglichen, Konfessionsauseinandersetzungen zu überwinden und Bürgerfrieden zu wahren. Diese Verständigungsformel schreibt ein gesellschaftliches Minimum an gemeinsamen Überzeugungen neben partikularen Interessen und Ansprüchen des einzelnen fest. Präzisierend führt er aus: „Die Bekenntnisse der bürgerlichen Religion müssen einfach, gering an Zahl und klar ausgedrückt sein, ohne Erklärungen und Erläuterungen: Die Existenz der allmächtigen, allwissenden, wohltätigen, vorausschauenden und sorgenden Gottheit; das zukünftige Leben, das Glück der Gerechten und die Bestrafung der Bösen sowie die Heiligkeit des Gesellschaftsvertrages und der Gesetze – das sind die positiven Bekenntnisse."[1] Es gibt nur einen negativen Satz: Keinerlei Duldung der Intoleranz. Im Gottesbezug sieht Rousseau ein *religiöses Integral*, das gesellschaftliche Ordnung gewährleisten und Lebenssinn stiften wirken soll – wobei nach idealtypischer Vorstellung die Guten belohnt und die Bösen bestraft werden. Im Sinne der Aufklärung will er dabei Toleranz üben, Intoleranz hingegen ausschließen.

Die Anfänge einer Bürgerreligion, die sich neben der institutionalisierten christlichen Religion kulturell und politisch zu etablieren beginnt, liegen der Sache nach bereits im 4. Jahrhundert n.Chr. Wie oben ausgeführt, erkennen die römischen Kaiser Konstantin und Theodosius nicht nur die zerstreuten und verfolgten christlichen Minderheiten in ihrem Staat an, sondern letzterer erhebt diese Minderheits- und Katakombenkirche der frühen Christen zur allein berechtigten Religion des römischen Reiches. Er verbindet auf solche Weise römische Kultur mit christlicher Ethik, Lehre und Verkündigung. Die christliche Reich-Gottes-Idee wird von Gott auf den Kaiser übertragen.[2] Der Kaiser seinerseits beabsichtigt eine *religiöse Verankerung seiner Staatspolitik*. Damit beginnt ein kirchengeschichtlich ungemein folgenreicher Prozess. Nach dem bekannten Wort des Kirchenvaters Augustin wollen in diesem Miteinander von kirchlichem Anspruch und staatlicher Wirklichkeit die Christen das politische Geschehen nicht anbeten, sondern pflügen. Die vornehmste Aufgabe des jungen Staatschristentums besteht darin, den römischen Staat in seinem kulturellen, moralischen Engagement *mitzuprägen,* aber auch die daraus resultierende Verpflichtung, ihn in seinen politischen, sozialen Verflechtungen nach innen und außen *mitzutragen.* Wo aber christlicher Glaube sich unter die Herrschaft der politischen Gesetze dieser Welt begibt und auf Dauer einrichtet, erfährt er zwangsläufig eine Wandlung: Von nun an bricht sich die Botschaft Jesu und der Urgemeinden vom nahen Hereinbrechen des Reiches Gottes in den Gesetzen dieser Welt. Konkret: *Christliche Kirche und römischer Staat gehen eine Gemeinschaft* ein, deren Weg für kommende Jahrhunderte vorgezeichnet ist. Und wie immer diese Kirche sich als in Differenz zum heidnischen Staat stehend erfahren mag: Hier muss sie erstmals zu politischer Wirklichkeit und weltlicher Kultur Stellung beziehen.

Unter gesellschaftlichem Aspekt betrachtet, dominiert die Konsens stiftende *christliche Wahrheit* in allen Lebensbereichen der Bürger des werdenden christlichen Einheitsstaates. Christliche Wahrheit ist Autorität in staatsrechtlichen und politischen Entscheidungsfindungen sowie Garant des Bürgerfriedens – jedoch nicht selten Legitimationsinstrument expansiver Bestrebungen und kriegerischer Handlungen des jeweiligen *christlichen* Herrschers. Das ändert sich grundlegend durch die Reformation Luthers, Zwinglis und Calvins. In der Folge wird die als

---

1 ROUSSEAU, Schriften, 330f.
2 Im fünften nachchristlichen Jahrhundert verfällt Westrom; dadurch wächst die Autorität des Papstes, bes. unter Leo I. (440-461), so dass die Reichsidee auf den Papst übertragen wird und er das Reich Gottes auf Erden vertritt. Vgl. hierzu bes. MOLTMANN, Politische Theologie, 80f.

unteilbar geltende *Wahrheit zum Kernproblem* der Konfessionen. Luthertum, Katholizismus, Calvinismus und Anglikanismus erheben jeweils den Wahrheitsanspruch für sich, so dass verschiedene, sich widersprechende Wahrheiten miteinander konkurrieren. Konsequenz und Härte der Auseinandersetzungen zeigen eine Wahrheit, um derentwillen das ehemals gemeinsam Christliche nicht nur einer nachdrücklichen Erosion erliegt, sondern Verfolgung, Krieg, Morden und Brennen *religiöses* Gebot sind. (Dreißigjähriger Krieg) Bürgerlicher Friede auf der Basis religiöser, konfessioneller Begründung ist undenkbar. Denn dieser Friede wird nur erreicht unter *einer* Wahrheit, von der sich die Bürger ergriffen wissen zum Wohle aller. Weil jede Konfession nun mit eigenem Wahrheitsanspruch auftritt, verliert die Religion in den konfessionellen Territorialstaaten, vorwiegend in der Zeit der Aufklärung, Zug um Zug ihre gesellschaftsbindende, staatserhaltende Bedeutung.

Obgleich der englische Staatstheoretiker Thomas Hobbes (1588–1679) mit seinem programmatischen Satz: Auctoritas, non veritas facit legem (Autorität, nicht Wahrheit macht das Gesetz), die religiöse Wahrheit eliminieren und allein der *Autorität* des bürgerlichen Staates Geltung verschaffen will, um auf diese Weise den Bürgerfrieden zu erhalten, beginnt sich in der säkularen Aufklärung des 18. Jahrhunderts die Einsicht durchzusetzen, dass es für die Wahrheit des christlichen Einheitsstaates keinen Weg zurück geben kann. Aber ebenso wenig ist der bürgerliche Staat in der Lage, sich innerweltlich selbst zu gründen. Aufgeklärtes Denken sucht die Verbindung von *Religiosität und Glauben* an eine vernünftig zu ordnende Welt und anerkennt ferner eine Grundbefindlichkeit des Menschen: seine metaphysische Neugier sowie seine natürliche Religiosität, also Bindung an eine Gottheit, während er sich mit kirchlichen Dogmen und Bekenntnissen weitgehend nicht identifiziert. Lediglich im Bereich subjektiver Lebenssinngebung behält konfessionelles Christentum eine gewisse Bedeutung. Der Bürger des aufgeklärten Nationalstaates ist gehalten, sein individuelles Denken und Handeln auf der Glaubensgrundlage *seiner* Kirche mit kollektiver Orientierung und Verantwortung im autoritär-staatlichen Bereich zu verbinden.

In diesem Zusammenhang fällt auf, dass die aus den Zehn Geboten abgeleiteten christlichen Primärtugenden zunehmend in den Hintergrund treten; bürgerliche Sekundärtugenden wie Fleiß und Anstand, Pflichterfüllung und Ordnungsliebe, Pünktlichkeit und Zuverlässigkeit ihre Stelle einnehmen. Je weiter der Prozess der Entkonfessionalisierung der Religion fortschreitet, desto mehr differenziert sich das Phänomen Religion aus und mündet schließlich in eine entkerygmatisierte *säkulare* Religion, die ihrerseits sich als Kulturreligion (Bürgerreligion) neben den Kirchen verselbständigt. Anders gewendet: Wir haben es mit einer Religionsform zu tun, die nach Abzug der konfessionell-strittigen Wahrheit und nach aufklärerischer, rationaler Durchdringung der christlichen Lehre als *Vernunftreligion* auf christlicher Basis übrig bleibt. Bürgerliche Vernunftreligion und kirchliche Offenbarungsreligion gewinnen zunehmend an Eigenständigkeit – unbeschadet aller Verpflichtungen und Verflechtungen, zu denen sich christliche Kirchen und Nationalstaaten bekennen.

Dass die Kirchen weiterhin *im* Staat stehen und nicht *neben* ihm, veranschaulicht das aus der Reformation erwachsene landesherrliche Kirchenregiment. Der Landesherr, zugleich oberster Herr der Kirche (summus episcopus), nimmt nicht nur alle Rechte in kirchlichen Angelegenheiten wahr, sondern setzt auch sein weltliches Regiment mit der gottgewollten politischen Ordnung gleich. Das heißt: Die *Systemreligion* des christlichen Staates bildet mit der Bürgerreligion eine Einheit; in ihr fallen christliche Lebensanschauung und zivilreligiöse Weltanschauung zusammen. – So ist er uns erhalten: der Weltanschauungsstaat in seinen christlichen, monarchischen, diktatorischen und demokratischen Verfassungen.

Einen lehrreichen Aspekt zivilreligiösen Glaubens liefert der Nationalsozialismus. Zur Gestaltung ihrer politischen Mission beriefen sich die Naziführer durchgehend auf Gott oder die „Vorsehung". Den Atheismus lehnten sie für sich ab. Zu Protestantismus, Katholizismus oder anderen Religionsgemeinschaften wollten sie sich nicht bekennen. Weil sie sich aber nicht als glaubenslos oder ungläubig bezeichnen lassen wollten, führte das Reichsinnenministerium 1936 den Begriff „gottgläubig" ein. Viele Nationalsozialisten (Offiziere der Wehrmacht eingeschlossen) bekannten sich zu dieser Formel. Sie trifft den zivilreligiösen Gedanken eines Glaubens außerhalb der christlichen Kirchen recht genau. Dennoch stimmten Kirchenmitgliedschaft und offizielles Glaubensbekenntnis bei den NS-Hierarchen nicht überein. Sie blieben im Privatleben Mitglieder ihrer Kirche: Hitler und Göbbels römisch-katholisch, Göring und Speer protestantisch.[3]

3.2. Die zivilreligiöse Dimension unserer Gesellschaft

Diese skizzenhafte geschichtliche Herleitung war geboten, um aus heutiger Sicht das Phänomen Bürgerreligion verstehen und einordnen zu können. Das gegenwärtige Erscheinungsbild einer „Religion des Bürgers" wird Ende der 60er Jahre durch den Aufsatz des amerikanischen Religionssoziologen Robert N. Bellah „Civil Religion in America" (1970) angeregt. Dass gerade in den USA das Phänomen Zivilreligion/Bürgerreligion besonderes Interesse findet, hängt mit der strikten Trennung von Staat und Kirche sowie der eigenartigen Verbindung einer Vielzahl von Immigranten-Religionen (protestantische Denominationen, diffuse religiöse Gemeinschaften) und Politik zusammen. Ohne die Zusammenhänge im einzelnen darzulegen, müssen wir Bellahs Denkansatz aufgreifen: „Jede Gesellschaft bedarf zu ihrem inneren Bestand einer religiösen Dimension oder einer bestimmten Ideologie, die in und unter und neben den Kirchen und Religionen existiert und ziemlich deutlich von diesen unterschieden ist."[4] Prägend ist die Er-

---

3 Vgl. zum einzelnen Hausmann, Der Führer zahlt Kirchensteuer, 42.
4 Bellah, Civil Religion in America, 169.

kenntnis, dass der Selbstbegründungsanspruch des säkularen Staates aus einer von ihm gesetzten Rechtsautorität, wie Hobbes sie postulierte, faktisch nicht durchsetzbar ist. Politische Herrschaft aus einem Rechtssystem oder einer philosophischen Ethik begründen zu wollen, scheitert am Werterelativismus der Gesellschaft. Diskursive Argumente schaffen keine dauerhafte, stabile Grundorientierung des aufgeklärten Menschen. Allein aus dem Diesseitigen lässt sich weder die Existenz des Staates sinnstiftend deuten noch die Sinnfrage des Menschen definitiv beantworten. Die säkulare Ordnung des liberalen Rechtsstaates bedarf einer *sinngebenden Instanz*, die jeder menschlichen Setzung und Willkür voraus ist. Denn der Staat beruht nach dem bekannten Diktum des Staatsrechtlers Ernst Wolfgang Böckenförde auf Voraussetzungen, die er selbst nicht garantieren kann: Menschenwürde, Selbstverantwortung, öffentliche Moral, Staatsethik.

Obgleich die Begriffe *Zivilreligion, Bürgerreligion* in der zeitgenössischen Philosophie inhaltlichen Bedeutungsgleichklang besitzen, setzt Martin Honecker einen anderen Akzent: „Zivilreligion bezeichnet ein Geflecht von Symbolen, Ideen und Handlungsweisen, welche gesellschaftliche Institutionen legitimieren. Sie beschreibt einen Konsens über eine gemeinsame Wertorientierung. ‚Religiös' ist dieser Konsens, weil er fundiert ist in einer gemeinsamen Sinngebung und Weltsicht. ‚Zivil' ist er, weil er sich auf das öffentliche Leben bezieht [...]. Unter ‚Bürgerreligion' [...] versteht man schließlich die durchschnittlichen religiösen Überzeugungen [...]. ‚Bürgerreligion' bezeichnet die Religiosität als allgemeinmenschliche Grundgegebenheit, wie sie sich als solche in konkreten geschichtlichen Erscheinungsformen manifestiert."[5] Wenn beide Religionsformen sich auf je eigene Weise als Bindungskräfte der Gesellschaft verstehen, Sinn- und Wertorientierung geben, und, was noch aufgezeigt wird, Kontingenz bewältigen, dann sind ihre Übereinstimmungen größer als ihre Unterschiede. Zu Recht weist Wolfhart Pannenberg darauf hin, dass es sich bei der Zivilreligion nicht um eine selbständige, institutionalisierte Religion handle, „sondern um den Abglanz und Nachglanz eines biblisch begründeten Bewusstseins von der Verantwortung der Völker und Staaten vor dem Gott, der Lenker der Geschichte ist."[6] Entscheidend für zivilreligiöses Denken ist immer der Grad von *Konsensfähigkeit* und *Verbindlichkeit* bei allen Bürgern. Von daher ist Zivilreligion Bauelement des scheinbar weltanschaulich neutralen Staates sowie Integrations- und Ordnungsfaktor ersten Ranges, die ein Gemeinwesen zur Stabilisierung und Erhaltung seiner selbst benötigt – wobei eine religionslose Gesellschaft nicht denkbar ist. Hinter allen Sinnfragen abendländisch-christlicher Kultur steht die Prämisse: Der natürliche Mensch entwickelt religiöse Bedürfnisse, sucht nach seiner Identität, erhofft sich Vorbilder, Werte und Lebensziele, auf denen er sein Leben gründen kann. In der Frage nach sich selbst, seinem Lebenssinn, also nach dem, „was ihn unbedingt angeht" (P. Tillich), stellt er letztlich die Gottesfrage. Im Vertrauen auf Gott, den absoluten, sinnstiftenden Geber und Erhalter allen Lebens, erhält der Mensch

---

5 HONECKER, Evangelische Christenheit, 116f.
6 PANNENBERG, Civil Religion?, 68.

tragfähige Antworten. Die Frage nach Gott versteht sich nicht als Ausdruck seines christlichen Glaubens, seiner Kirchenmitgliedschaft, sondern seiner religiösen Kernstruktur.

Wer definiert nun diese für den Bürger und die Gesellschaft relevanten Grundorientierungen in einem aufgeklärten Staat? Fraglos finden wir Erscheinungsweisen nichtkirchlicher Religiosität auch in unserem Lande. Wie nahezu alle Gesellschaften der westlichen Welt leben wir aus Traditionen, die in ihrer abendländisch-christlichen Prägung aus einer tiefen Wechselbeziehung von Staatsphilosophie und christlicher Ethik, von Politik, Recht und Religion erwachsen sind. Aus dieser multiplen Quelle speist sich der zivilreligiöse Diskurs. Jedoch ist gegenwärtig festzustellen, dass zwar der verantwortlich an der demokratischen Willens- und Meinungsbildung mitwirkende Christ noch weitgehend nach Wertvorgaben seines Glaubens und kirchlicher Lehre handelt, aber in vielfach gebrochener Form. Bei genauer Betrachtung kann man in seiner gesellschaftspolitischen Existenz eher eine Nähe zum so genannten bürgerlichen Glaubensbekenntnis eines Rousseau als zum Ethos der christlichen Religion erkennen.

Es ist der *gesellschaftspolitische* Anspruch der Religion, der sich vielfältig im Ordnungssystem unseres Gemeinwesens ausdrückt. Etwa der Gebrauch des Gottesnamens in der Präambel des Grundgesetzes der Bundesrepublik Deutschland. Sie spricht von der „Verantwortung vor Gott und den Menschen", die alle Bürger übernehmen sollen. Die Landesverfassungen verfahren ähnlich: in der Rheinland-Pfälzischen Verfassung wird auf Gott als „Ursprung des Rechts und Schöpfer aller menschlichen Gemeinschaft" Bezug genommen. Artikel 7 der Landesverfassung Nordrhein-Westfalens weist auf die „Ehrfurcht vor Gott, Achtung vor der Würde des Menschen [...] als vornehmstes Ziel der Erziehung" hin. Daneben finden wir im Spannungsfeld von Politik, Religion und öffentlichem Leben Symbole, Riten, Feiern und Verlautbarungen, die das Phänomen Zivilreligion in unserer Gesellschaft deutlich werden lassen: die öffentliche Vereidigung von Soldaten und Politikern, den Beamteneid mit der Schlussformel „so wahr mir Gott helfe", die Nationalhymne und nationale Gedenktage (17. Juni, 20. Juli, Volkstrauertag) sowie die Ostermärsche als *Kreuzzüge* für Frieden und die Erhaltung der Schöpfung. Auch in der Grundwertediskussion der Parteien, im Erziehungs- und Bildungswesen vermittelt sich die zivilreligiöse Dimension unserer Gesellschaft.

Im gesellschaftlichen Ganzen steht der Gottesnamen für die *Grundidee eines sittlichen Gebotes,* das Identität befördert und gleichsam Basis wertorientierten Zusammenlebens und politischen Handelns ist. Zu dieser Grundlegung bedarf es jedoch der Generalisierung und Formalisierung des Gottesnamens, so dass er geradezu beliebig viele Möglichkeiten subjektiver Deutungen zulässt. Aus den Anfängen unserer Republik gibt Carlo Schmid in seinen „Erinnerungen" ein instruktives Beispiel: „Die meisten Bewohner der Bundesrepublik werden unter diesem Gott, den die Präambel nennt, den Gott verstehen, dessen Gebote ihnen die religiöse Unterweisung im Elternhaus und in der Schule sowie ihr Leben in den Kirchen unseres Landes nahe gebracht haben. Für viele wird er identisch sein mit dem Herrn des ‚Stirb und Werde' unseres Schicksals. Für andere wird er der Weltbaumeister sein [...], andere wiederum werden jenen Gott in allem finden, was dieser Welt eigen ist [...], und es gibt, wie das Beispiel des Materialisten Ernst Bloch zeigt, jenes Göttliche auch für den Marxisten, den die Erfahrung gelehrt hat, dass der Mensch nicht vom Brot allein lebt."[7] Ein überzeugendes Beispiel zivilreligiösen Denkens hat Anfang der neunziger Jahre die Gemeinsame Verfassungskommission von Bundestag und Bundesrat im Rahmen der Reform des Grundgesetzes gegeben. Während die Kritiker ausführten, die in der Präambel festgeschriebene Formel „Verantwortung vor Gott" zu streichen, weil es unangemessen sei, in dieser Allgemeinheit von Gott zu reden, entgegneten die Befürworter: der Gottesbezug erinnere die Menschen daran, dass sie nicht allmächtig und insofern nicht letzte Instanz seien.

Auf diese Weise wird Gott nicht nur für alle Bürger konsensfähig, sondern mit Hilfe dieses Namens kann auch das alle Bürger Angehende in unserem Gemeinwesen verbindlich formuliert werden. Daraus folgt: Wo der Staat durch seine Entscheidungsträger und Repräsentanten in Politik und Gesellschaft auf den Gottesnamen, religiöse Begriffe, Formeln und Formen zurückgreift, schafft er eine Legitimationsstruktur. Aus ihr werden Wertvorstellungen und Verhaltenskodizes entwickelt, die ihrerseits festlegen, was als moralischer Grundsatz in Verbindung mit politischen Leitgedanken gelten soll. Denn ein politisch-liberales Gemeinwesen – so die zivilreligiöse Erkenntnis – kann auf Dauer nur bestehen, wenn Denktraditionen, Verhaltensmuster und Moralvorstellungen *religiös verankert* sind. Mithin hat Religion in der Politik eine *legitimierende und integrierende* Funktion. Dies ist insofern von grundlegender Bedeutung, als der erklärtermaßen weltanschaulich neutrale Staat eine Legitimation *von außen* braucht. Von dort erhält irdisches Wirken eine transzendierende Perspektive – und es ist nur noch ein kleiner Schritt, den Staat „als in letzter Instanz religiös legitimiert"[8] erscheinen zu lassen. Wenn aus der Sicht des Staates Zivilreligion letztlich die Einsicht vermittelt, dass ein Gesellschaftsethos mit transzendentem Bezugspunkt vorgegeben werden muss, um alle öffentlichen Handlungen dauerhaft zu regeln, stellt sich aus der individuellen Sicht des Bürgers die Frage nach dem Umgang mit Unverfügbarem, konkret: Wie gelingt einer Gesellschaft, „Nichtregelbares" zu regeln, das weder aus meinem Erfahrungshorizont zu erheben, noch zu prognostizieren ist? Wer oder was gibt Menschen Halt angesichts der Verwerfungen und Abgründe des Lebens?

7   C. Schmid, Erinnerungen, 371f.
8   Lübbe, Die Religion der Bürger, 127.

3.3. Der Umgang mit dem Unverfügbaren

Der nach dem Sinn seines Lebens fragende Mensch formuliert mit der möglichen Antwort stets einen nicht näher auflösbaren und erklärbaren Rest an *Sinnungewissheit*: das Unverfügbare, Kontingente, kurz, das Zufällige seines Daseins. Es handelt sich hierbei um das Nichtnotwendige im Sinne der Kausalität, das zwar erfahren wird, sich jedoch rationaler Folgerichtigkeit und Gesetzmäßigkeit entzieht. Aus dem Zusammenhang dessen, was Menschen im praktischen Leben denken und tun, lassen sich das Sinnganze der Welt und die Lebenswirklichkeit des einzelnen nicht hinreichend erklären. Und dennoch: Wir müssen mit dieser Wirklichkeit rechnen, sie anerkennen und zu bewältigen trachten. Genau dort, wo wir das Zufällige und Unverfügbare unseres Daseins annehmen, ihm *Sinn* verleihen, sind wir auf dem Wege, es zu bewältigen, und zwar als Entlastung, Tröstung, Entschuldigung. Wenn wir von Sinngebung kontingenten Geschehens sprechen, befinden wir uns in der religiösen Kernstruktur des Menschen. Denn das Zufällige, Unverfügbare, Angsterzeugende ist in letzter Instanz bei Gott aufgehoben. Sein Wille ist es, lebens- und handlungssinnstiftend zu wirken. „Religiöse Sinngebung verwandelt die unbestimmbare in eine bestimmbare Welt, in der System und Umwelt der Gesellschaft in sinnvollen Beziehungen zueinander stehen können", deutet Niklas Luhmann das zivilreligiöse Phänomen.[9]

Freilich wird das Unverfügbare dadurch nicht verfüg- oder berechenbar. In Verbindung mit dem *Gottesnamen wird Unverfügbares angenommen, erklärt und somit bewältigt*. Es bekommt einen *Sinn*. Insbesondere Grenzsituationen sind beispielgebend: Bedrohung, Gefahr, Konflikt und Krieg rücken die Frage nach dem Sinn dieser Ereignisse an die erste Stelle. Gemeinsam anerkannte Werte sowie höchste Güter des Lebens, die für das Wohl und Weiterleben des Ganzen stehen, werden unter Mobilisierung aller Kräfte und Einsatz des Lebens verteidigt. Die Bereitschaft dazu setzt ein besonderes Selbstverständnis des Menschen in der Krise voraus, in der *Religiosität und Staatsbewusstsein* eine enge Verbindung eingehen. Wenn in dieser Situation der Bürger (als Polizist, Soldat, Grenzschützer) unseres Gemeinwesens fragt, was zu tun ist, um Leben zu erhalten und Dasein, auch in seiner Kontingenz, zu bewältigen, sieht er sich letztlich an Gott gewiesen, wobei jene personale Beziehung zum Gott der Christen nicht zwingend ist. Gott wird zwar mit einer metaphysischen Kraft, dem Absoluten, verbunden, jedoch nicht als Schöpfer und *Erster Beweger*, sondern als Quelle und Fundament von Moral und Grundwerten des Lebens. Gott wird bedingungslos als Existenz erhaltend beansprucht. Denn der Mensch darf a priori niemals bedeutungslos werden, vor allem nicht auf der Grenze von Leben und Tod.

Es sei, so hören wir Alltagsrede und lesen in Todesanzeigen, der *unerforschbare Ratschluss* Gottes, diesen liebenswerten und geschätzten Menschen jetzt abzuberufen. Warum dieser Mensch, warum jetzt? Solche bohrende Sprache verrät: Zivilreligiöser Glaube sucht Antwort auf das kontingente Geschehen des *sinnlo-*

---

9 LUHMANN, Funktion der Religion, 40.

sen Todes eines Menschen. Gottes Ratschluss jedoch ist den Menschen verborgen! Gott hat so und jetzt entschieden. Seine Entscheidung entzieht sich jeder menschlichen Erklärung oder Bewertung. Die Gottesformel in ihrer totalen Verallgemeinerung bewältigt das Unverfügbare. Zivilreligiöse Antwort auf den Tod eines Menschen schließt andere Antworten im Sinnhorizont des Lebens nicht aus. Der *zivilreligiöse* Mensch sieht sich angewiesen auf die *funktionell* charakterisierte Religion als lebenstragende Bedingung seines Verhaltens zum Unverfügbaren, das sich schlechterdings jeder Beeinflussung entzieht. Anders gewendet: Nicht christliche Glaubensinhalte (etwa Jesu Leiden und Sterben im Horizont menschlichen Ablebens), sondern Vertrauen in numinose Bindungskräfte transzendentaler Prägung bewältigen das Unverfügbare, stiften Sinn, geben Lebensstabilität und letztlich Geborgenheit.

Zivilreligion und aufgeklärter Bürger?

Wir haben die Funktionalität der Religion, ihren Wert und ihre Sinnhaftigkeit für die Gesellschaft herausgestellt. Sowohl dem demokratischen Rechtsstaat als auch dem aufgeklärten Bürger muss um seiner Selbsterhaltung willen in einer komplexen, nicht beherrschbaren Welt an einem möglichst hohen Grad von *Daseinsbewältigung unter Einschluss des Unverfügbaren* gelegen sein. Dies wird auf beiden Existenzebenen durch den vielfältigen Gebrauch der Konsensvokabel Gott erreicht – selbst wenn sie im allgemeinen Bewusstsein lediglich als Formel nachvollzogen wird. Die Vielfalt der im Umlauf befindlichen Gottesvorstellungen ist unzweifelhaft ein Indiz für den zivilreligiösen Gebrauch des Gottesnamens in Verlautbarungen, Gesetzen, gesellschafts- und kulturpolitischen Reden.

Zivilreligion ist weder kirchlich noch konfessionell gebunden oder in einer Institution zu Hause. Zivilreligiöses Leben pflegt keine Gottesverehrung in Liturgie und Kultus. Symbolhandlungen und Riten des politischen und kulturellen Lebens charakterisieren die zivilreligiöse Gesellschaft. Zivilreligiöser Glaube bewältigt die Kontingenzen des Daseins und bildet mit Hilfe der Gottesformel den *Kitt* der Gesellschaft. Am ehesten wird man Zivilreligion als eine Art *Philosophie des religiösen Bewusstseins* bezeichnen können, das die Gottesformel als absolute Bindungskraft in die Mitte seines Denkens und Handelns stellt. Daraus ergeben sich zwei Fragen:

– *Wie viel* Zivilreligion braucht der aufgeklärte Bürger? Zivilreligion als funktionelle Religion definiert, ist das Freiheit und Ordnung gewährleistende religiöse *Band* zwischen aufgeklärtem Bürger und liberalem Verfassungsstaat. Indem sie religiösen und politischen Pluralismus toleriert und fördert, verhindert sie politischen Totalitarismus. Das ist weitaus mehr als der ihr nachgesagte blasse Minimalkonsens religiöser Gemeinsamkeit zur Erhaltung des politischen und freiheitlichen Gemeinwesens. Zivilreligion wird für den aufgeklärten Bürger in dem Maße Bedeutung haben, wie sie ihm Sinnfragen beantwortet, Werthaltungen vermittelt, Sicherheit gewährleistet, Existenzängste nimmt und Übereinstimmungen schafft.

– Was sagen nun kirchliche Lehre und Verkündigung dazu? Konfessionelles Christentum steht der Zivilreligion nicht gegenüber, sondern befindet sich auf einer anderen Ebene der Gottesbeziehung. Die Kirchen besitzen wie keine andere öffentliche gesellschaftliche Institution eine Botschaft: *Gottes Wort des Alten und Neuen Testaments*. Mithin haben sie in jeder Zeit den sinnbedürftigen Menschen neu und nachdrücklich Gottes Wort verbindlich zuzusagen und ihnen in allen Lebens- und Sinnkrisen überzeugende Orientierung anzubieten.[10] Sie verfehlen ihren Auftrag, wenn sie lückenbüßerisch Gottes Wort überwiegend im gesellschaftlichen Kontext rezitieren und auf diese Weise glauben, die aufgeklärte Gesellschaft zusammenhalten zu können. Kirchliche Verkündigung wird gut daran tun, sich stets erneut ihres christlichen *Glaubens- und Wertevorrats* zu erinnern, an denen auch zivilreligiöser Glaube partizipiert. Ferner weiß christliche Lehre nicht nur von Irrtum, Schuld und Vergebung, sondern auch vom Schöpfer- und Erlösergott. Sie kennt auch das Mahner- und Wächteramt des Propheten. Der Prophet wacht darüber, dass die Weltoffenheit der Christenmenschen erhalten bleibt; er mahnt sie, ihre Aufgabe der Gerechtigkeit und der unbedingten Verbundenheit des Menschen mit dem Menschen zu erfüllen. Für den christlichen Glauben gilt, die Wahrheit der Frohen Botschaft, der Gnade und Gerechtigkeit Gottes nachdrücklich abzuheben von individueller, fragmentarischer Sinnfindung zivilreligiöser Prägung – die jedoch auf subtile Weise das Ganze des Lebens zu durchdringen trachtet.

10 Der Althistoriker M. Meier, Das andere Zeitalter Justinians. Kontingenzerfahrung und Kontingenzbewältigung im sechsten Jahrhundert (2003), hat in seiner Umfangreichen Studie überzeugend dargelegt, dass bereits Kaiser Justinian zur Überwindung der Hilflosigkeit, Angst, Not und anderer Unheilserfahrungen in der Bevölkerung den christlichen Glauben als Allheilmittel der Kontingenzbewältigung in den Dienst seines Denkens und Handelns stellte. Was war geschehen? Während einer großen Pestepidemie (541/542) im oströmischen Reich wurde gerüchteweise verbreitet, dass die Pest verschwinde, wenn alle tönernen Gefäße aus den Fenstern geworfen würden. Der Lärm zerspringender Scherben schlüge die Pest in die Flucht. Diese Episode ist insofern von Belang, als der Kaiser der verwirrten mentalen Verfassung seiner glaubensschwachen Untertanen durch die „Kontingenzbewältigungspraxis" (Meier) des christlichen Glaubens aufhilft.

4. Mit der Macht des Bösen rechnen

4.1. Christliche Verantwortung zwischen Krieg und Frieden

Die bisherigen anthropologischen, biblischen und historischen Expositionen entfalten das berufsethische geistliche Fundament der Kirche unter den Soldaten. Auch die zivilreligiöse Dimension unserer Gesellschaft hat zu Recht ihren Stellenwert erhalten. Die nun folgenden Ausführungen sollen schrittweise in die berufsethische Praxis des Soldaten führen, wobei zunächst Fragen grenzwertigen Handelns in Verbindung mit der Gewissensfrage als Ort ethischer Entscheidung besondere Aufmerksamkeit beanspruchen.

Was in der westlichen Welt der siebziger und achtziger Jahre lange verdrängt und für unwahrscheinlich gehalten wird, tritt nun offen zutage: Regional begrenzte Kriege und kollektive, todbringende Gewaltausbrüche sind nicht nur möglich, sondern werden bereits mit aller Härte und Grausamkeit ausgetragen. Sie machen die Welt unruhiger als zuvor. Am 9. November 1989 „ging eine weltpolitische Epoche zu Ende, die das öffentliche Bewusstsein, aber auch die meisten Experten für in Stein gemeißelt hielten: Der Ost-West-Konflikt, die bipolare Konfrontation zweier säkularer Ideologien mit universalem Anspruch, zweier grundlegend unterschiedlicher Auffassungen über das, was der Mensch ist, will und kann, zweier Weltbilder [...] und ihrer jeweiligen Gefolgschaften."[1] Die Bipolarität der Vereinigten Staaten von Amerika und der Sowjetunion löst sich auf, die Staatsideologie der östlichen Weltmacht bricht zusammen und ihre erzwungene Gefolgschaft wittert Morgenluft: Ethnisches Identitätsbewusstsein und nationale Interessen erwachen und suchen im „Horizont realer Möglichkeiten" (H. Müller) ihren schnellen Weg in die Freiheit und Unabhängigkeit. Segregationen an den Rändern der ehemaligen Sowjetunion und auf dem Balkan treten offen zutage. Weltpolitische Umbrüche setzen lange unterdrückte (aggressive) Energien des Menschen frei – meistens unter Hinnahme von politischen, sozialen und kulturellen Reibungsverlusten. Krisen, Konflikte und Kriege sind die Folgen. Jedoch nicht nur Freiheit und Unabhängigkeit wollen errungen, bisweilen auch erkämpft sein; im Zuge konflikthafter und kriegerischer Auseinandersetzungen schlägt auch die Stunde der Diktatoren, Despoten, Expandeure, Marodeure,

---

1 H. MÜLLER, Amerika schlägt zurück, 11.

Kriegstreiber. Die Vielfalt der Konfliktgründe und Gewaltmotive bestätigt das ambivalente Bild vom Menschen entscheidend.

Gewalttat nicht nur bei Kain und Abel

Die Unmenschlichkeit von Konflikt, Gewalt, Terror und Krieg, so haben wir nachgewiesen, speist sich letztlich aus den Quellen widersprüchlichen menschlichen Verhaltens. Konstruktive wie destruktive Kräfte gehören zum Menschsein des Menschen. Er ist nicht so geschaffen, dass er mit seinesgleichen in dauerndem Frieden leben könnte – wie schon biblisch evident belegt. Die Kain-Abel-Geschichte, wie oben skizziert, belegt: Kains Rivalenaggression bringt Abel den Tod. Der erste von Adam und Eva gezeugte Mensch begeht Rechtsbruch durch Brudermord! Kain ist Täter, Abel das Opfer. Es könnte ebenso umgekehrt sein. Kain ist nicht singulärer Fall, sondern *Symbol für die universale Situation des Menschen*. Schon hier tritt Leben in seine interindividuelle Polarität: In der ambivalenten Bestimmung des Ich entspricht dem Guten das Böse. In Kain erkennen wir den Menschen in den Möglichkeiten des Menschseins. In kaum überbietbarer Klarheit stellt Paulus das Unordnung schaffende destruktive menschliche Potential heraus. Im Römerbrief (7,19) spricht der Apostel die Wirklichkeit menschlichen Seins an: Die eine Wahrheit über den Menschen lässt uns eine doppelte Erfahrung machen: Der Mensch ist Mensch in seinen Widersprüchen. Nur so ist er Mensch!

Der globalpolitische Alltag lehrt: Ethnische und kulturelle Spannungen gehen einher mit fundamentalistischen religiösen Auseinandersetzungen, Machtansprüchen und Expansionsbestrebungen. Diktatoren, Warlords, Stammeskrieger und parastaatliche Aggressoren schüren nationale Egoismen und Separationsbestrebungen. Sie geben vor, die Gesellschaft in eine freie, unabhängige Zukunft zu führen. In Wahrheit stellen sie ausnahmslos ihr Gewaltpotential in den Dienst persönlichen Machtstrebens, der Habgier und des Rechtsbruchs. Sie beuten Ressourcen aus, erweitern gewaltsam ihren politischen Einfluss, verjagen und töten die angestammte Bevölkerung. Die in den neunziger Jahren geführten Kriege u.a. auf dem Balkan, im Kaukasus, in Afrika und Afghanistan spiegeln jene Gemengelage dieser kriminellen Gewaltakteure.

Handeln in politischen Konflikten

In der internationalen Staatengemeinschaft erscheint das aggressive Böse im Gewand bedrückender Realität. Mithin muss christlich-ethischer Realismus sich verpflichten, die Konfliktszenarien der Rechtsbrecher und Kriegstreiber in der Völkerwelt aufzuzeigen und Maßnahmen zur Minimierung menschlichen Ambivalenzverhaltens zu ergreifen – wissend um die bleibenden destruktiv-zerstörerischen Kräfte. Ausgehend von der geschichtlichen Tatsache, dass Verbrechen gegen internationales Recht stets von Menschen, nicht von abstrakten Instanzen begangen werden und bis heute ein widerspruchsfreier Mensch nicht zu erken-

nen ist, müssen wir immer mit der Verwirklichung seiner lebensnegierenden
Kräfte rechnen. Weil die Friedensfrage die Überlebensfrage schlechthin ist, wird
die Schaffung, Erhaltung und Wiederherstellung internationalen Friedens auf
der Basis internationalen politischen Rechts vordringliche Aufgabe sein. Dies
verlangt von den christlichen Kirchen nachdrückliche, weltweite Unterstützung
demokratischer Bewegungen. Solche politischen Systeme bieten am ehesten Ge-
währ, dass Menschen- und Völkerrechte eingehalten werden. Und – ebenso bedeutsam – Demokratie begrenzt und beherrscht Macht. Konkret geht es darum,
in den Ländern der so genannten zweiten und dritten Welt verantwortlich handelnde, demokratische Regierungen und funktionierende Verwaltungen sowie
Erziehungs- und Ausbildungseinrichtungen zu entwickeln. Die Entwicklungspolitik der christlichen Kirchen und der politischen Öffentlichkeit unseres Landes
geht ineffiziente Entwicklungswege. Zukunftsfähige Entwicklungspolitik muss
sich von Verteilungs-, Umverteilungs- und Entschuldungsprozessen definitiv
verabschieden. Finanzielle, materielle und ideelle Hilfen sind ausschließlich und
langfristig in Erziehung, Bildung und Ausbildung, also in die politische und gesellschaftliche Infrastruktur zu investieren. Der Sozialwissenschaftler Karl Otto
Hondrich bestätigt: „Umverteilung und milde Gaben von Seiten der Wohlhabenden lösen das Problem nicht. Sie lassen bei den Empfängern den Motor eigen-
ständiger Entwicklung nicht anspringen. Eher vergrößern sie noch die Diskre-
panz zwischen dynamischen und desolaten, abhängigen Gesellschaften."[2] Was
bewirken die gegenwärtig favorisierten Entschuldungsprogramme und Schul-
denerlasse der so genannten Dritte-Welt-Länder? Sie statten jene entschuldeten
Länder mit neuer Solvenz aus und ermöglichen sofortige Kapitalneuaufnahme
auf dem Weltmarkt. Unmittelbare Neuverschuldung mit steigender Tendenz ist
die Folge. Die mit dem Schuldenerlass beabsichtigte progressive soziale und wirtschaftliche Besserstellung wird im Rahmen einer Hilfe zur Selbsthilfe konterkariert. Entwicklungshilfe und Entschuldungen bedürfen der strikten *Bindung an
Reformen* – ansonsten werden Finanzhilfen ad infinitum erbracht werden müssen.

Ferner sollten Menschen- und Völkerrechte mit sozialer Gerechtigkeit in einer
gerechteren, adaptiven Weltwirtschaftsordnung korrespondieren. Christen setzen dabei auf eine unbestreitbare Verbindungslinie von rechtsstaatlicher Demokratie, politisch-sozialer Sicherheit, internationalem Frieden und einer allgemein
anerkannten Rechtsautorität. Eine Sicherheitsordnung kann nur eine Ordnung
politischer und sozialer Gerechtigkeit sein, die ihrerseits eine Friedensordnung
freisetzt. Daraus folgt: Das stete Ringen um ein Mehr an Frieden, Freiheit, Recht
und Gerechtigkeit auf der Grundlage internationalen Einvernehmens gehört zu
den zentralen Pflichten christlich-ethischen Handelns. Denn jede echte und, von
Fall zu Fall, robuste Friedensinitiative verringert den Ausbruch von Aggression
und Gewalttat und reduziert somit das Risiko von Konflikt und Krieg. Daher

---

2   HONDRICH, Weltmoral, Weltgewalt, 7.

sind die von Christen initiierten vertrauensbildenden politischen Maßnahmen zwar wünschenswert und oft das Mittel der Wahl, aber nicht hinreichend Erfolg versprechend, wenn es globalpolitisch darum geht, mit Hilfe durchsetzungsfähiger Institutionen auf der Ebene der Charta der Vereinten Nationen Frieden zu erhalten, wiederherzustellen und fortzuentwickeln.

4.2. Menschenrechte und Charta der Vereinten Nationen

Im Konfliktfall muss Recht durchgesetzt werden – lautet einer der zentralen Sätze evangelischer Friedensverantwortung der EKD-Studie *Schritte auf dem Weg des Friedens (1994)*. Im Umgang mit Aggression und Gewalt erinnert evangelisches Friedensengagement an das Fundament seiner Botschaft, namentlich an die friedensstiftende Kraft biblischer Rechtssatzungen und Jesu Friedensgebote, sodann an die kriegsreduzierende Macht der Vereinten Nationen. „Die evangelische Friedensethik", so ihre Fortschreibung aus dem Jahre 2001, „orientiert sich grundlegend am Tötungsverbot des Dekalogs und am Gebot der Feindesliebe, wie Jesus sie in der Bergpredigt verkündigt hat. Sie stimmt darum mit dem umfassenden Gewaltverbot von Art. 2 (4) der Charta der Vereinten Nationen überein. Mit diesem Gewaltverbot werden Krieg, Gewaltanwendung und Gewaltandrohung in den internationalen Beziehungen geächtet. Zulässig bleiben nur die individuelle oder kollektive Selbstverteidigung [...] sowie die – auch gewaltsame – Abwehr von Aggressionen, Friedensbrüchen und Friedensbedrohungen durch die Vereinten Nationen selbst."[3]

Im Mittelpunkt der *Charta der Vereinten Nationen* vom 26. Juni 1945 steht der Gedanke kollektiver, internationaler Friedenssicherung, um „künftige Geschlechter vor der Geißel des Krieges zu bewahren."[4] Die Charta versteht sich als Hüterin des Weltfriedens und der *Allgemeinen Menschenrechte*, die am 10. Dezember 1948 von der Generalversammlung der Vereinten Nationen angenommen und proklamiert wurden. Insofern sind sie unumstrittene, weltweit anerkannte Autorität in Fragen einer Staats- und Gesellschaftsordnung. Zum Schutze seines Lebens, Rechts, seiner Freiheit, Sicherheit, Würde hat jeder Mensch Anspruch auf diese Rechte. Die Menschenrechte werden von einem Menschenbild abgeleitet, das „im Humanum als dem allen Menschen Gemeinsamen" gründet.[5] Sie teilen den säkularen Charakter der Charta der Vereinten Nationen und spielen primär im Zusammenhang *politischer Ordnung* eine Rolle. Die Rechte des Menschen sollen nicht nur geschützt werden, sondern auch zur Entfaltung und Förderung seines Lebens in Sicherheit und Freiheit dienen.

Die Bundesrepublik Deutschland hat 1973 ihre Unterschrift ohne Vorbehalte

---

3 Friedensethik in der Bewährung, 75.
4 Charta der Vereinten Nationen, Präambel, in: Pulte (Hg.), Menschenrechte, 25.
5 Honecker, Evangelische Christenheit, 18; vgl. auch Ders., Wege evangelischer Ethik, 258ff.

unter die Charta der Vereinten Nationen gesetzt. Willy Brandt, damaliger Bundeskanzler, erklärte dazu, die Bundesrepublik sei bereit, im Rahmen der Möglichkeiten weltpolitische Mitverantwortung zu übernehmen. „Alle Mitglieder", sagt die Charta, „legen ihre internationalen Streitigkeiten durch friedliche Mittel so bei, dass der Weltfriede, die internationale Sicherheit und die Gerechtigkeit nicht gefährdet werden." (Art. 2, Abs. 3) Damit wird keinem Staat mehr ein Recht zum Krieg zugebilligt, einschließlich des Verbotes eines Angriffskrieges. Nun verkennt die Charta nicht jene Tendenz globalpolitischer Mächte, die immer wieder der Versuchung erliegen, eigene Interessen mit Gewaltanwendung durchzusetzen. Dagegen werden zwei Sanktionsmaßnahmen als Empfehlungen gestellt, die gegen Rechtsbrecher und Kriegstreiber beschlossen werden können: Artikel 41 und 42 sprechen sich sowohl für friedliche als auch für militärische Sanktionen aus; wobei die militärischen erst greifen, wenn friedlichen Bemühungen und Interventionen um einen tragfähigen Ausgleich kein Erfolg beschieden ist. Sofern der UN-Sicherheitsrat erkennt, dass die „vorgesehenen Maßnahmen sich als unzulänglich erwiesen haben, kann er mit Luft-, See- oder Landstreitkräften die zur Wahrung oder Wiederherstellung des Weltfriedens und der internationalen Sicherheit erforderlichen Maßnahmen durchführen." (Art. 42)

Obwohl die Menschenrechte durch die *Herrschaft des Rechts* zu schützen sind, waren der nationalen und internationalen *Durchsetzung* der Menschenrechte sowie der Weltfriedenssicherung und Kriegsverhütung bislang nur geringe Erfolge beschieden gewesen. Die alltägliche Erfahrung lehrt, dass „die Bedeutung der Menschenrechte für ein friedliches Zusammenleben als auch die Bereitschaft, sie uneingeschränkt anzuerkennen und zu verwirklichen, unterentwickelt sind" – stellt der Staatsrechtler Hans-Peter Schneider fest.[6] An der Pluralität religiöser, ideologischer, politischer, wirtschaftlicher und kultureller Anschauungen scheitert bis auf weiteres die universale Durchsetzung der Rechte des Menschen. Anders gewendet: Die Anthropologien der Kulturen, Religionen und Ideologien sind nicht hinreichend kommensurabel. Ethiken und Wertekanones besitzen keine gemeinsame Basis und Praxis. Sie werden immerzu unterschiedlich bis gegensätzlich ausgelegt. Hinzu kommt, dass der moralisch-appellative Anspruch der Allgemeinen Erklärung der Menschenrechte nicht jene notwendige Rechtsqualität ersetzt, nach der zu handeln zwingend geboten ist. Inwieweit die Menschenrechte überhaupt Rechtsqualität besitzen oder eher als sittliche Forderungen respektive ethisches Ideal zu verstehen sind, kann hier nicht im Einzelnen erörtert werden.

Rechtliche Defizite der Menschenrechte sind insofern zu beklagen, als die Generalversammlung bedeutsame Fragen der *Menschenrechtsbrüche* nicht klärt. Der uneingeschränkten Aufklärung der Rechtsbrüche steht die Souveränität des einzelnen Staates entgegen. Wie ist dennoch zu handeln, wenn Menschenrechte bedroht sind, verletzt oder gebrochen werden? Da dem Regelwerk die rechtsver-

---

6 SCHNEIDER, Vom Rechte, das mit uns geboren ist, 10.

bindliche Kraft, Sanktion, fehlt, leidet es traditionell an Ineffektivität. Daran än-
dert auch die Wiener Erklärung der „Weltkonferenz über Menschenrechte" vom
Juni 1993 zur wirksamen Durchsetzbarkeit der Menschenrechte nur wenig.
Verstöße gegen die Rechte des Menschen wie Diskriminierung, Unterdrückung,
Verfolgung, Schikane, Folter und andere Grausamkeiten gehören in vielen Län-
dern noch immer zum politischen und gesellschaftlichen Alltag. Zweckmäßiger-
weise sehen die Vertreter der Weltkonferenz aus 171 Nationen die Stärkung der
Verbindlichkeit dieser Rechte, wenn sie im „Einklang mit den Zielsetzungen und
Grundsätzen der Satzung der Vereinten Nationen und im Einklang mit dem Völ-
kerrecht erfolgen."[7] Das Ersehnte ist auch hier – der pazifistischen Konflik-
tlösung vergleichbar – größer als das Realisierbare. Wie soll auf internationaler
Ebene Recht durchgesetzt werden, wenn Gewaltanwendung verworfen wird?
Vordringlich wird man sich auf ein „gemeinsames Ideal" (Präambel) zur Humanisierung der Weltgesellschaft verständigen können und die Befolgung der
Rechtsmoral anmahnen. Daher sind den Menschenrechten ein hohes Maß an
universaler Orientierung und *moralischer* Verbindlichkeit nicht abzusprechen.
Dieser Logik folgend, geht der Jurist Schneider „davon aus, dass die Menschen
überall auf der Welt das gleiche Interesse daran haben, zu leben und zu überleben, und ihnen demgemäß gleiche oder ähnliche Grundbedürfnisse zu eigen
sind [...]."[8] Daher müsse aus mehreren Gründen am universellen Geltungsan-
spruch der Menschenrechte festgehalten werden. Die Menschenrechte zu beschwören, bedeutet nicht, sie zu praktizieren. Menschenrechtsbrüche sind nicht
nur reaktiv, also *nach* Rechtsbruch, zu beklagen, sondern auch *präventiv* gegen
Rechtsbrecher zu markieren. Menschenrechtsverletzungen zu *antizipieren*, wird
zunehmend Aufgabe der freien Völkergemeinschaft werden. Die dadurch notwendige Fortschreibung der universalen Rechte der Menschlichkeit wird unverzichtbar sein. Das kann im Einzelfall die Aufhebung der Staatssouveränität zur
Folge haben. Die Gemeinschaft der freien Völker sollte sich *zuvorkommendem*
(präemptivem), *vorbeugendem (präventivem)* Handeln nicht verschließen.[9]
Durch diese Maßnahmen könnte die Strafbarkeit bei Menschenrechtsverletzungen, Friedensbrüchen und Angriffshandlungen im Rahmen des Völkerrechtsbruchs nach *vorne verlegt* werden. Das verpflichtet die Gremien der Vereinten
Nationen, unverzichtbare Foren des Meinungsaustausches, der öffentlichen Anklage von Missständen vor der Weltöffentlichkeit und des Anstoßes zu effektive-
rer internationaler Zusammenarbeit zu bleiben.[10]
   Die Konsequenz der UN-Charta lautet: Wer Angriffskriege rechtlich verbieten
will, muss auf der Basis einer internationalen Rechtsordnung Maßnahmen ergreifen, die das Verbot effizient *durchsetzen*. Eine generelle Kriegsverhinderung
oder Kriegsüberwindung, wie sie von pazifistischen Bewegungen immerzu ge-

---

7 Wiener Erklärung, Erster Teil, Abschnitt 7.
8 Schneider, Vom Rechte, das mit uns geboren ist,10.
9 Vgl. zum Einzelnen diese Arbeit, S. 153–155.
10 Vgl. Loest, Von der Würde des Menschen, 129.

fordert wird, kann zwar als Zielprojektion christlich-humanen Handelns angestrebt und im Rahmen utopischen Denkens als „Traum von der wahren und gerechten Lebensordnung" (M. Horkheimer) postuliert werden; sie dürfte jedoch aus Gründen weltweiten politischen, ökonomischen und ideologischen Konfliktpotentials auf absehbare Zeit eine unerfüllbare Hoffnung bleiben. Hier sind Christen weltweit in die Pflicht genommen; denn sie wissen: *Unrecht zuzulassen ist Unrecht, das Christen nicht zulassen dürfen.* Die Friedensverantwortung der Christen muss Fragen internationaler Gerechtigkeit sowie der Durchsetzung von individuellen, vorstaatlichen Menschen- und Völkerrechten in Verbindung mit der Suche nach Kriegsursachen aufgreifen und in einen politischen Dialog führen. Wer Frieden will, muss Kriegsursachen erforschen und Gewalt in nuce demaskieren. Keinem Aggressor und Rechtsbrecher darf die Garantie gefahrlosen Erfolgs gegeben werden. Dies wird um so eher gelingen, als internationales Rechtsbewusstsein wächst, Verletzungen der Menschenrechte aufmerksamer registriert werden und das Weltgewissen sensibler auf Ansätze menschenverachtender Aktivitäten reagiert. Offensichtlich verfolgt der Sicherheitsrat gegenwärtig die Tendenz, massive Menschenrechtsverletzungen als Rechtsbruch und Friedensbedrohung nach Kapitel VII der Charta der Vereinten Nationen[11] zu qualifizieren und militärische Interventionen zu legitimieren.

Daher sollten verantwortlich handelnde christliche Entscheidungsträger und Leitungsgremien ihre Mitwirkung in sicherheits-, rechts- und friedenspolitischen Fragen nicht verweigern – im äußersten Falle unter Billigung des Einsatzes militärischer Mittel. Sie sind gehalten, demokratisch ausgewiesene Staaten kritisch-solidarisch zu begleiten und in den Fragen internationaler militärischer Friedenssicherung Mitverantwortung zu übernehmen. Sie sollten konfliktfähig sein, wenn es darum geht, verletzte Integritäten und gebrochene Ordnungsstrukturen von Wertegemeinschaften wieder in Geltung zu setzen: Wer sich vom Konflikt befreien will, braucht oftmals den Konflikt! Jeder Versuch, diesen scheinbaren Widerspruch aufzulösen, schreibt ihn fort.

In diesem Zusammenhang kommt eine stets wiederkehrende Grundfrage christlichen Friedenszeugnisses in den Blick: Soll der Friedensdienst der Kirchen zeichen- und bekenntnishaft im Bezeugen eines ganz anderen Friedens geschehen: des Gottesfriedens, der am Ende aller Tage jeder Vorläufigkeit und Unvollkommenheit entbehrt, oder ist nicht auch der Christ verpflichtet, sich an der Suche nach dem geringstmöglichen Übel zu beteiligen, wenn das reine Ideal nicht zu verwirklichen ist? Die abendländisch-christlichen Kirchen sind den letzteren Weg gegangen. Sie haben stets eine Aufgabe darin gesehen, sich gesellschaftlichen und globalpolitischen Konflikten zu öffnen.

---

11 Vgl. bes. Art. 40–42 der Charta der Vereinten Nationen.

4.3. Kein Königsweg im Konflikt

Der oben diskutierte Sachverhalt findet seine politische und militärische Konkretion im weltweiten Einsatz deutscher Soldaten. Diese Einsätze verdienen nicht nur vermehrte Aufmerksamkeit, sondern auch differenzierte Analysen zum schwierigen Verhältnis von christlicher Friedensethik und militärischer Gewaltanwendung. In den christlichen Kirchen besteht Einigkeit darüber, dass die in der Geschichte des Christentums hinreichend fehlgedeutete und missbrauchte Lehre vom so genannten gerechten Krieg nicht mehr argumentativ vertreten werden kann. Jedoch erlaubt christliche Friedensethik die im Prinzip verwerflichen, aber als Grenzfall gebotenen bewaffneten Interventionen als *äußerstes Mittel*, wenn politische Friedensstrategien zur Krisen- und Konfliktbewältigung erfolglos geblieben sind. Die oben erwähnte EKD-Studie „Schritte auf dem Weg des Friedens" sowie der Hirtenbrief der Deutschen Bischöfe „Gerechter Friede" (2000) lassen militärische Einsätze unter der Voraussetzung gelten, dass sie die Zivilbevölkerung schonen, Leben und Lebensgrundlagen Unbeteiligter erhalten, Zerstörungen sich ausschließlich gegen Waffensysteme und militärisch relevante Einrichtungen des Gegners richten. Obgleich die kirchlichen Verlautbarungen überzeugende friedens- und rechtsethische Zielperspektiven enthalten, bleibt zu fragen, ob die unbedingten ethischen Forderungen in Konfliktsituationen auch hinsichtlich ihrer *Erfüllbarkeit* zureichend bedacht werden.

Überlegungen zur Konfliktethik, verstanden als Konkretisierung und Zuspitzung verantwortungsethischen Handelns, reflektieren im Unterschied zum gängigen ethischen Diskurs den *Grenzfall*, d.h. den Dienst des Waffenträgers im Einsatzfall. Die *Grenzsituation* versteht sich demnach als Ort soldatischen Handelns unter Waffeneinsatz. Diesem ethischen Denken eignet wesenhaft, dass es Dilemmasituationen aufzeigt. Denn auf der Grenze erlebt der Mensch als Soldat jenen Augenblick, der über Leid, Verwundung, Schuld und Tod entscheidet. Gängige Wertorientierungen werden namentlich im Grenzfall fragwürdig oder liegen in totalem Widerstreit. Einem Gewitter gleich, stoßen ethische Kraftfelder guten und/oder bösen Handelns gegeneinander. Befriedigende Antworten nach der Devise *tue das Gute und meide das Böse* werden unmöglich. Das gilt umso mehr, als ethische Vorentscheidungen der zukünftig auftretenden Konflikte nur richtungweisend – im Sinne einer Orientierungshilfe – nicht jedoch definitiv getroffen werden können. Dies erklärt sich aus der Grenzsituation. Daher stellt sich der verantwortlich handelnde Soldat als Christ dem *Anspruch des Augenblicks* und hofft, trotz aller ethischen Fragwürdigkeit seines Tuns, im Namen Gottes die Konfliktsituation durch *notwendendes* Handeln schlechthin bestehen zu können. Das *Gute* im *Bösen* steht für Schutz und Verteidigung der Schwachen, für Deeskalation in Konflikt und Krieg. Solchermaßen muss der Waffenträger zwangsläufig im Bereich des Unrechts handeln. Selbst der Nichthandelnde handelt. Und indem er nicht handelt, lässt er dem Unrecht freien Lauf, statt ihm zu widerstehen.

Haben wir, so ist selbstkritisch einzuwenden und weiterzudenken, rechtlich und friedensethisch die Pflicht, Widerstand gegen das Böse in seinen bestiali-

schen Spielarten unter Einsatz von Waffen und des Lebens zu leisten? Oder ergeben wir uns dem gewalttätigen, kriegerischen Vernichtungshandeln unter Preis-
gabe der Verantwortung für Leben und Recht des Mitmenschen, der sich selbst
nicht schützen und/oder verteidigen kann? Diese elementaren verantwortungsethischen Überlegungen werden uns auch in Zukunft nicht loslassen.

Wo immer Militär als Folge politischen Scheiterns eingesetzt wird, kommt es
zu ethischen Grenzverletzungen. Konfliktethik korrespondiert mit verantwor-
tungsethischem Handeln auf der Grenze des *politisch* und *militärisch* Machba-
ren. Hier erhält der ethische Diskurs seine eigentliche *Brisanz*. Konfliktethische
Überlegungen gehen vom empirischen Befund aus und rechnen mit konkreten
Unrechtssituationen: mit Verletzungen von Menschen- und Völkerrechten, mit
Diktatoren, Despoten, Fanatikern, Ausbeutern, Unterdrückern und Kriegstreibern. Konfliktethische Überlegungen wissen von der Möglichkeit einer totalen
Verkehrung des Guten, der Ordnungen und Normen von Wertegemeinschaften.
Sie wollen angesichts weltpolitischer Spannungen, ethnischer und religiöser Irritationen, verbunden mit wachsender terroristischer Gewaltbereitschaft, Frieden
auch in Konflikten wagen. Daher muss sich konfliktethisches Denken in Zerreiß-
proben und Grenzsituationen bewähren. Auf der Grenze menschlichen Handelns muss Ethik eine Antwort auf die Frage finden: Was soll ich jetzt, in dieser
schier ausweglosen, lebensbedrohenden Situation tun? Indem sie Auskunft gibt,
nimmt sie den Soldaten als Christen in die Pflicht, sein Handeln als Konfliktbewältigung zu verantworten. So verstandene Verantwortung ist gemäß der ethischen Forderung des christlichen Glaubens unbedingt und universal. Sie fragt, in
welchem Maße der Not leidende, geschundene Mensch auf Beistand, Hilfe und
Schutz seiner Rechtssicherheit sowie der Erhaltung seiner Lebensgrundlagen angewiesen ist. In der praktischen Verantwortung für den anderen erhält der
Schutzgedanke seinen verpflichtenden Charakter. Begrenzt wird verantwortliches Handeln im Konfliktfall einerseits durch gewissenhaftes, rationales Abwä-
gen im Rahmen eines klar definierten rechtlichen und politischen Auftrages, andererseits durch das psychische und physische Vermögen des Handelnden und
nicht zuletzt durch das Gebot, Gott mehr zu gehorchen als den Menschen. (Apg
5,29)

Es darf theologisch nicht unterschlagen werden, dass menschliche Grenzsituationen eingebettet sind in die Fragwürdigkeit der *gefallenen Welt*. Was heißt das?
Der guten Schöpfung Gottes entspricht die böse Tat des Menschen. Weil letztlich
nicht erkennbar, tut sich hier eine nicht zu behebende Spannung auf. Gott ist
Schöpfer des Menschen und Stifter der Weltordnung. Seine Schöpfung versteht
er als Gabe und Aufgabe an den Menschen. Jedoch der Mensch dieser Welt
versteht als Gottes Geschöpf genau dagegen und düpiert somit den Schöpfer
aufs Nachhaltigste. Das ist Folge des Bruchs der Gemeinschaft mit Gott. Die
menschliche Freiheit drückt sich immer auch als menschliche Widersprüchlichkeit aus. Des Menschen Autonomiestreben und seine Allmachtfantasien beflügeln ihn unablässig zur Negation seiner Endlichkeit. Dennoch, sagt christlicher
Glaube: *Gott sitzt im Regimente* – aber sein Walten in der Geschichte ist uns ver-

borgen. Entschlüsselung und Erklärung des Konflikthaft-Bösen in der Welt als von Gott herbeigeführt oder von ihm geduldet sind uns verwehrt. Unsicherheiten des Lebens, letzte Risiken, Bedrohungen und Gefahren bilden die Wirklichkeit des Daseins. Dieser Vorbehalt bestimmt und begrenzt christlichen Glauben.

4.4. Die Grenzsituation – Ort soldatischen Handelns

Bewaffnete Interventionen und militärische Invasionen sind unter politischen, rechtlichen und ethischen Gesichtspunkten stets grenzwertig. Wo militärischer Einsatz geboten ist, können seine Folgen nicht definitiv prognostiziert werden. Denn auf der Grenze wird der ethische Normalfall definitiv fragwürdig. Dieser Fragwürdigkeit hat christliche Ethik sich zu stellen. Mit der Formel: *Handle gut, und wenn du nicht gut handelst, dann handelst du böse*, werden wir der weltpolitischen, multipolaren Realität und ihren zentrifugalen Kräften nicht mehr gerecht. Da nun traditionelle Wertvorstellungen und Rechtsauffassungen im Widerstreit liegen, trägt Handeln auf der Grenze extremen Wagnischarakter: Befriedigende Antworten so genannter Reißbrettethiken und unumstrittene Handlungsoptionen werden obsolet. Auf der Grenze menschlichen Lebens, wo zwischen *Selbsterhaltung* und *Selbstaufopferung* entschieden werden muss, sind ethische Reflexionen zwar unabdingbar; vorweggenommene Entscheidungen anstehender Handlungsvollzüge jedoch wegen ihrer Unvereinbarkeit mit der Situation so gut wie nicht möglich. Die Ethik sei nicht in der Lage, meint Wolfgang Trillhaas, für die schwersten Entscheidungen, etwa in Grenzsituationen, allgemeine Theorien bereitzuhalten. Man könne nicht grenzwertige Situationen vorausberechnen und gleichsam auf Vorrat die sittlichen Gesetze darauf anwendbar machen.[12]

Die Folgen militärischer Einsätze sind selbst bei größtmöglicher sorgfältiger Prüfung sowie strategischer und operativer Umsicht nicht definitiv bestimmbar. Der im Grenzfall Handelnde weiß, dass es so genannte *chirurgische Angriffe* unter gänzlicher Schonung der Zivilbevölkerung auf ausschließlich militärische Ziele des Gegners und dessen Einrichtungen nicht geben kann. Auch modernste Waffentechnik erreicht nicht jene wünschenswerte Präzision, die jegliche Kollateralschäden verhindern könnte. In bürgerkriegsnahen und terroristischen Konflikten potenzieren sich die Probleme des Schutzes der Zivilbevölkerung. Denn der Gegner steht nicht auf freiem Felde, sondern verschanzt sich weithin in der Zivilbevölkerung und in deren Einrichtungen. Noch schwerer auffindbar und zu bekämpfen sind die Initiatoren globaler terroristischer Gewalt. Insofern sind opferlose Gewalteinsätze, ethisch und rechtlich *saubere* Lösungen militärisch illusionär. Wenngleich die rechtsethische Methode des Abgleichens von Übeln verschiedenen Schweregrades nicht unumstritten ist, kommt der auf der Grenze

---

12 Vgl. TRILLHAAS, Ethik, 556.

Handelnde nicht umhin, „nach dem Maß menschlicher Einsicht und menschlichen Vermögens" (Barmen V) verantwortungsethisch zu handeln.

In Kants „Kritik der reinen Vernunft" (1781) finden wir einen aufschlussreichen Vergleich der Unmöglichkeit, in grenzwertigen Situationen das definitiv Richtige zu tun. Ein Arzt muss einen Kranken behandeln. Er kennt weder dessen Krankheit, noch kann er sie zutreffend einschätzen. Weil der Kranke auf jeden Fall eine Behandlung erwartet, verlässt sich der Arzt auf seinen „pragmatischen Glauben", diagnostiziert „Schwindsucht", und entscheidet sich für eine Therapie. Ein anderer Arzt würde vielleicht das Krankheitsbild angemessener erfassen – wer weiß. Seine hypothetische Gewissheit, das vermeintlich Richtige tun zu können, macht den Arzt handlungsfähig. Dabei nimmt er ein zweifaches Wagnis in Kauf: Zum einen behandelt er, ohne zu wissen, ob seine Diagnose definitiv richtig ist; zum anderen entbehren die Folgen seiner Behandlung einer klaren Eindeutigkeit. Er handelt zwar in verantwortungsvoller, heilender Absicht, dennoch befindet er sich auf unsicherem Boden seiner medizinischen Heilkunst – Fehldeutungen eingeschlossen.[13]

Notwehr-Gewalt contra Angriffs-Gewalt

Da wir uns in der Beurteilung militärischer Interventionen sowie der Verhältnismäßigkeit ihrer Mittel, Folgen und Einsatzdauer auf vergleichbar unsicherem Terrain vertretbaren Handelns bewegen, bleibt nur eine Lösung im *Komparativ des Übels*: Zu prüfen ist, welche militärische Handlung das vermeintlich geringstmögliche Übel in Kauf zu nehmen gezwungen ist, um größtmögliches Übel zu verhindern. Anders gewendet: In einem ethischen Dilemma fügt legitime, deeskalierende militärische Notwehr-Gewalt als Reaktion auf illegitime, exzessive Angriffs-Gewalt eines Kriegstreibers oder Terroristen unschuldigen Menschen Schaden zu, um (weiteren) Schaden von unschuldigen Menschen fern zu halten. Dabei geht deeskalierendes militärisches Handeln ohne Hass jene Selbstverpflichtung ein, die nicht mehr Schaden anrichtet als sie verhütet. Die Tötung von Zivilpersonen im Krieg – so Dietrich Bonhoeffer in seiner vielzitierten „Ethik" – sei, sofern nicht beabsichtigt, als „unglückliche Folge einer militärisch notwendigen Maßnahme"[14] hinzunehmen. Gezwungenermaßen bewegen wir uns im Bereich von Übelhandlungen, die nach dem *Grundsatz der Verhältnismäßigkeit von Gewalteinsatz und humanitärer Verpflichtung* konfliktethisch gerechtfertigt und rechtsethisch verantwortet werden müssen. Darf man als Christ für ein Arrangement mit dem Bösen plädieren? Gewaltverzicht würde im Zusammenhang letzter denkbarer politischer Handlungsmöglichkeiten quasi der Bedürfnisbefriedigung des Aggressors entgegenkommen und dem Rechtsbrecher alle Chancen der Vernichtung eröffnen. Was denken und tun Christen eigentlich, wenn das Schutzbedürfnis der Verfolgten und Vertriebenen, der Vergewaltigten und Gefol-

---

13 Vgl. Kritik der reinen Vernunft, in: HEIDEMANN (Hg.), 832.
14 BONHOEFFER, Ethik, 170.

terten zum Himmel schreit? Stellt sich hier nicht die Frage, ob es in der Völkergemeinschaft Situationen gibt, die keine andere Möglichkeit mehr offen lassen als die Androhung und schließlich die Anwendung militärischer Gewalt? Wo Leiden konkret wird, endet alle friedensbewegte Abstraktion. Und das gängige pazifistische Argument, Gewalt löse kein Problem, ist so lange unrichtig, wie nicht erkannt wird, dass derjenige Opfer einer Gewalttat werden kann, der zu angemessener Gegenwehr und Bändigung faktischer Gewalt nicht in der Lage ist.

Zwei Augenzeugen mögen als Beleg bestialischer Menschenrechtsverletzungen in Bosnien-Herzegowina dienen: „An einem Tag Ende Juli 1992 sahen wir durch die halboffene Tür der Halle, dass die Leute etwa 150 Menschen gebracht hatten. In diese Halle warfen sie Tränengas. Als die ersten von ihnen erstickten, öffneten sie die Hallentür und empfingen die Fliehenden mit Maschinengewehrsalven. Die Feuerstöße rissen den Menschen ganze Körperteile ab [...] So wurden mehr als hundert Menschen getötet. Zehn Leute aus der Gruppe verschonten sie, damit diese die herumliegenden menschlichen Körperteile einsammeln und auf Lastwagen laden sollten. Davon kehrten sie dann auch nicht mehr zurück. Solche Massentötungen geschahen täglich." Ein zweiter Zeuge: „Am ersten Tag warfen sie 15 Kinder, von den allerkleinsten bis zu fünfjährigen, in den Ofen. Die Mütter drückten sie an sich und widersetzten sich. Die den größten Widerstand leisteten, töteten sie sofort [...] Wenn sie ein Kind in den Ofen steckten, schlossen sie die Überwölbung, so dass die Kinder nicht brannten, sondern gebraten wurden. Die Kinder schrieen zuerst, dann schwiegen sie."[15]

Gleichwohl bleibt unbestritten, dass legitimierte militärische Gewalt gegen Völkermord auf der Basis eines UN-Mandats nicht unmittelbar zum Frieden führt. Der Endzweck einer militärischen Intervention liegt zwar in der Wiederherstellung des Friedens, jedoch lässt er sich nicht militärisch erzwingen, sondern nur politisch aushandeln. Legitimierte Gegengewalt im Rahmen bewaffneter Intervention ist eine *erste* Maßnahme, damit Rechtsbruch, Terror und Krieg gestoppt und die Menschen vor weiteren, eskalierenden Kriegshandlungen oder Terroranschlägen geschützt werden. Die reaktionsmittelbare politische Maßnahme heißt dann: Ethisch gebotene Nothilfe zu organisieren, Rechtsordnung und Rechtsbefolgung wiederherzustellen, Gewalttäter zu bestrafen sowie die Rückkehr des kriegszerstörten Landes in die Gemeinschaft der freien Völker zu betreiben. Die Wiederherstellung des Friedens bedarf also zwingend einer Doppelstrategie von militärischem und politischem Engagement.

Die militärische Sicherung des Friedens ist als ultima ratio das Mittel der politischen Vernunft, wenn Aggressoren, Rechtsbrecher, Ausbeuter und Unterdrücker über vernünftige politische Verhandlungen nicht zu steuern sind und zivile Sanktionen ausgeschlagen oder missachtet wurden. Militärisches Eingreifen zu

---

15 Zitiert nach der Rede des Bundestagsabgeordneten STEFAN SCHWARZ am 10. Dezember 1992 im Deutschen Bundestag; Protokollauszug der 128. Sitzung.

unterlassen, hieße nicht nur, den Opfern von Gewalt und Krieg Schutz zu verweigern, sondern vor allem, Rechtsbrechern das Feld internationalen Rechtsbruchs und des Völkermordes zu überlassen. „Oder sollte Gott etwa gesagt haben: Du sollst das Volk nicht schützen? Du sollst deinen Nächsten dem Feinde preisgeben? Nein, das alles hat er nicht gesagt."[16] Da das Leben des Menschen in Frieden und Freiheit jedoch höchstes Gut ist und bleiben wird, verlangt die Frage, wie einem internationalen Rechtsbrecher adäquat zu begegnen ist, vor jeglichem militärischen Eingriff stets eine bündige politische Antwort. Die militärische Option kann jeweils nur die letzte sein. Dass Krieg jedoch nicht logischerweise zum Frieden führt, ist eine Binsenweisheit. Diese Tatsache nötigt alle politisch Verantwortlichen, eine schnelle Beendigung kriegerischer Handlungen anzustreben, um erneut politischen Lösungen Raum zu verschaffen. Beklagenswerterweise ist Helmut Thielicke im Recht: „In der gefallenen Welt gibt es [...] nur Frieden durch Drohung mit Unfrieden. Darum ist der Friede der Welt ein Friede der Angst."[17] Diese sicherheitspolitische Erkenntnis beruht auf einer Kräftebalance, deren Ziel es ist, auf alle Beteiligten abschreckend zu wirken.

Das Problem der Gewaltanwendung bei Menschen- und Völkerrechtsverletzungen wird im gegenwärtigen Protestantismus kontrovers diskutiert. Die physische Abwehr (Notwehr) eines gewaltsam und rechtswidrig Angegriffenen ist erlaubt. Gilt das nicht folgerichtig auch für internationale Menschen- und Völkerrechtskonventionen auf kollektivethischer Ebene? Ist nicht um des Menschen, seines Lebens und Rechts, seiner Würde und Freiheit willen gewaltsame Abwehr eines Kriegstreibers/Aggressors statthaft? „Dieses Recht zur Notwehr", folgert die EKD-Studie „Gewalt und Gewaltanwendung in der Gesellschaft" (1973), „beruht auf allgemeinen ethischen Erwägungen, die, auch wenn sie eine alte Tradition hinter sich haben, aus der Sicht des christlichen Glaubens nicht unproblematisch sind. Sowohl das Gebot der Feindesliebe in der Bergpredigt wie Jesu Aufruf zum Friedenstiften und seine Ablehnung von Gewaltausübung stellen den Christen vor die Frage eines prinzipiellen Gewaltverzichts."[18] Es befindet sich jedoch im konfliktethischen Irrtum, wer annimmt, auf der Grenze menschlicher Existenz – das ist die Notwehr- respektive Nothilfesituation – das ethisch Gute durch prinzipiellen Gewaltverzicht verwirklichen zu können. Selbst der vermeintlich Nicht-Engagierte, der sich verweigert, handelt insofern, als er sich seiner Verantwortung, dem schwachen Nächsten beizustehen, versagt! Gelegentlich wird die Auffassung vertreten, als Christ müsse man auf die Durchsetzung eigenen Rechts verzichten. Nach evangelischem Glauben, der sich auf Martin Luther beruft, habe man eher Leiden und Martyrium auf sich zu nehmen, als eigenes Recht durchzusetzen. Individualethisch ist diese Haltung zu respektieren, kollektivethisch greift sie nicht: Christen können zwar auf das eigene Recht verzichten, nicht aber auf das anderen zustehende Recht. Christen können Leiden

16 BONHOEFFER, Kirche und Völkerwelt (1934), 216.
17 THIELICKE, Theologische Ethik, Bd. II/2, 573.
18 Gewalt und Gewaltanwendung in der Gesellschaft, 13.

selbst ertragen, nicht jedoch anderen Leid aufbürden. Christen leben ihre Liebe zum Nächsten dadurch, dass sie dessen Recht schützen – und nicht, indem sie es in falsch verstandener Christlichkeit verkommen lassen. (H.M. Müller). Nichtschützen, Nichtbeistehen, Nichthelfen, Nichttreten heißt immer auch: Nichtlieben! Aus der Liebe zum schwachen Nächsten sind Christen jedoch nie und nirgends entlassen.

Kurzes Resümee

Konfliktethik legt überzeugend dar: Saubere ethische Lösungen gibt es nicht, sondern ein nach dem Maß menschlicher Vernunft und Erkenntnisfähigkeit vollzogenes Handeln, das geringstmögliche Übel in Kauf zu nehmen. Dennoch stehen nicht die Vernichtung des Rechtsbrechers, die physische Eliminierung des Feindes oder die Unterwerfung fremder Armeen im Vordergrund, sondern die *Wiederherstellung internationalen Rechtsfriedens*, die Bewahrung von Ordnungen und Werten der Völkergemeinschaft. Solchermaßen blockt Konfliktethik rechtsbrecherisches Tun, zeigt dem Rechtsbrecher die Erfolglosigkeit seines Handelns auf und ruft ihn zum Guten, seinem besseren Selbst, zurück. Konfliktethik weiß um die rechtlich und moralisch „gebrochene" Welt, die der Mensch zu verantworten hat. Dennoch investiert sie Empathie in den fehlbaren, irrationalen, widersprüchlichen Menschen und setzt ihre Hoffnung auf eine andere Ausrichtung seines künftigen Lebens. Dazu gibt unsere Glaubensbotschaft Mut, Kraft und Phantasie.

Es bleibt unverzichtbare Aussage christlicher Ethik, Krieg als Fortsetzung der Politik mit anderen Mitteln zu ächten. Christliche Botschaft verkündet: Krieg widerspricht dem Willen Gottes. Diese Maxime ist im Bewusstsein jedes Christen wach zu halten. „Und wie immer man auch über die Möglichkeit denken mag, Kriege ‚abzuschaffen', den Zustand der Welt zu ändern und die Chancen des politischen Friedens zu vermehren, so hat auf jeden Fall die christliche Ethik eine nähere Beziehung zum Frieden als zum Kriege."[19] Da Christenmenschen nicht nur gutgläubig, sondern auch Realisten sein sollten, werden sie sich von dem Trugschluss verabschieden, menschliches Leben sei stets mit Recht, Frieden, Freiheit und Sicherheit zu realisieren. In einer Welt widerstreitender politischer, rechtlicher und ethischer Prinzipien müssen Christen sich oft mit dem kleinsten gemeinsamen Nenner zufrieden geben. Diese Einsicht läuft auf eine Minimalethik hinaus – sie aber hat den Vorteil der Realitätsnähe für sich.

Christen können sich die Welt, in der sie leben, nicht aussuchen. Ethisch fundierte Erkenntnisse und Überzeugungen zu proklamieren und an die Friedensverantwortung zu appellieren, bedeutet nur die Hälfte des Konfliktlösungsweges. Konkrete Herausforderungen zu bestehen, bedarf entschiedener, politischer Durchsetzungskräfte. Denn mit der Macht des Bösen haben wir immer zu rech-

19 Trillhaas, Ethik, 503.

nen, sofern wir nicht selbst zur bösen Tat neigen. Keine noch so überzeugende Ethik oder christliche Praxis kann Heil und konfliktfreies Zusammenleben bewirken. Nach aller geschichtlichen Erfahrung bleibt die dauernde Verhütung von Konflikten, Gewalttaten und Kriegen Utopie. Ein Mehr an Frieden und Gerechtigkeit bedeutet ein Weniger an Gewalttat und Krieg. Das ist erreichbar und sollte Aufgabe christlicher Verantwortung sein. An Gottes endzeitlichem Frieden verkündigend festzuhalten, dazu ermutigt uns das Evangelium, und zugleich mit den Widersprüchen irdischer Existenz zu leben – ist christliches Gebot verantwortlicher Konfliktethik.

5. Vom Grund der Entscheidung – das Gewissen

5.1. Subjektive Willkür oder ethische Verbindlichkeit?

Wer über die Grundbefindlichkeit des Menschen, seine Konflikte, seine Kriege und seine Grenzerfahrungen nachdenkt, kommt nicht umhin, die anthropologische Dimension des Gewissens zu diskutieren. Gewissen ist letzter Bezugspunkt des handelnden Menschen. Sowohl die Allgemeine Erklärung der Menschenrechte (Art. 1) als auch das Grundgesetz der Bundesrepublik Deutschland (Art. 4) erklären die Freiheit des Gewissens für „unverletzlich". Gewissensfreiheit gehört als Recht des Menschen zum Grundbestand der Freiheitsrechte des Individuums. Der Gewissensfreiheit korrespondiert die Gewissensverantwortung. Dieser Doppelcharakter des Gewissens verpflichtet den mündigen Menschen, seine Gewissensverantwortung wahrzunehmen[1]. Politisch brisant und Jahrzehnte umstritten ist seit Gründung der Bundeswehr (1955) die Gewissensfreiheit und Gewissensverantwortung der Wehrpflichtigen. Denn „niemand darf gegen sein Gewissen zum Kriegsdienst mit der Waffe gezwungen werden." (Art. 4,3 GG) In der evangelischen Kirche hat es wiederholt über die Unverletzlichkeit des Gewissens erhebliche Auseinandersetzungen gegeben. Im Mittelpunkt standen *Militärsteuerverweigerung aus Gewissensgründen* und die Kontroversen um das *Kirchenasyl*. Die EKD-Studie „Gewissensentscheidung und Rechtsordnung" (1997) nahm diesen Streit auf und präzisierte den Gewissenbegriff vor dem Hintergrund christlichen Glaubens und staatlicher Rechtsordnung.

Gewissen als Bestimmtheit des Menschen

Das Handeln in den Wechselfällen des Alltags wird normalerweise bestimmt von Recht und Moral, Tugenden und Werten, Gewohnheit und Sitte. Sie geben Wegweisung, Orientierung und Hilfen für eine christlich-humane Lebensführung. Vom Gewissen wird man nicht reden, so lange Handeln problemlos verläuft. Das Gewissen meldet sich erst, wenn Handeln die ethische Normalität verlässt: wenn also zwischen dem, was *ist*, und dem, was sein *soll*, ein unaufhebbarer Widerspruch entsteht. Der Konfliktfall, nicht der Normalfall geht das Gewissen an. Wo

---

1 Vgl. KRESS, Art. Gewissen, 619.

Widersprüche und Konflikte sich auftun, wird das Gewissen reichlich bemüht. Wir reden in diesem Fall von dem so genannten schlechten Gewissen oder kritischen Gewissen, von Gewissensnot oder gar vom Aufstand des Gewissens. Dabei haben wir Ereignisse vor Augen, die über das Alltägliche und Normale hinausgehen. Man bleibt einen Augenblick lang stehen und sucht in einem Prozess der Entscheidungsfindung nach neuer Orientierung für eigenes Verhalten und Handeln. Doch was ist das: Gewissen?

Der Mensch erweist sich dadurch als sittliches Wesen, dass er Gewissen hat, besser: dass er Gewissen *ist*. Es gibt keinen Teil des Menschen, der als das „Gewissen" definiert werden könnte. Gerhard Ebeling hat überzeugend dargelegt: Gewissen sei Manifestation des Menschseins und damit Inbegriff verantwortbarer Existenz. Der Mensch ist Gewissen, sofern er sich als Mensch begreift.[2] Gewissen kann stumm, taub oder verkümmert sein, aber nicht tot. Verlust des Gewissens bedeutet zugleich Verlust des Menschseins. Tiere haben kein Gewissen. Wer sich auf sein Gewissen beruft, steht in der Verantwortung. Und wer in der Verantwortung steht, hat zunächst ein Bewusstsein von dem, was gut ist oder böse, falsch oder richtig, lobenswert oder verwerflich. Er kennt den *Anspruch des Sollens* und des *So-Seins*. Er weiß um die Widersprüchlichkeit menschlichen Verhaltens und Handelns. Er hat verinnerlicht, dass Gutes und Böses, Güte und Grausamkeit stets Tür an Tür wohnen und Hass ebenso erfolgreich ist wie Liebe. Er steht in einer Spannung oder in einem Konflikt angesichts der Komplexität verschiedener bis gegensätzlicher Normen und Wertsetzungen. Der Gewissenskonflikt ist daher immer ein Normen- beziehungsweise Wertekonflikt.

In der Geschichte des Christentums wurde der Gewissensbegriff des Apostels Paulus bedeutsam. Gewissen (griechisch syneidesis, lateinisch conscientia) begegnet uns in der paulinischen Briefliteratur sowie in den Pastoralbriefen, dem Hebräerbrief und 1. Petrusbrief.[3] Gewissen wird im Sinne von Bewusstsein gebraucht. Eigenartigerweise kennt die hebräische Sprache das Wort Gewissen nicht. Als Äquivalent gebraucht das Alte Testament das Wort „Herz". (z.B. Dtn 6,6; 1Sam 24,6; Ps 51,12) Die Sprachwurzel von syneidesis respektive conscientia bedeutet *Wissen in Beziehung, Wissen in Zusammenhängen* oder schlicht: *Mitwissen*. Es ist das Wissen des Menschen um sein eigenes Verhalten, das an einer ethischen Forderung, die er nicht selbst willkürlich gesetzt hat, gemessen werden muss. Daher verstehen Christen das Gewissen als *Stimme Gottes*, die im Glauben vernommen wird. Ein Bild aus dem Alten Testament bestätigt die Gewissensautorität der vox dei: „Gott, der Herr, rief den Menschen an und sprach zu ihm: ‚Wo bist du, Adam?' Er antwortete: ‚Deine Stimme hörte ich im Garten; ich fürchtete mich, denn ich bin nackt, darum verstecke ich mich.'" (Gen 3,9f) In der neutestamentlichen Tradition gesteht Paulus allen Menschen, einschließlich der Heiden, Gewissen zu. „So sind diese, die das Gesetz nicht haben, sich selbst ein Gesetz, da sie ja zu erkennen geben, dass das Werk des Gesetzes in ihre Her-

---

2 Vgl. Ebeling, Wort und Glaube I, 429.
3 Zum Einzelnen Honecker, Zur theologischen Bedeutung des Gewissens, 64ff.

zen geschrieben ist." (Röm 2,15) Er warnt die Korinther davor, sich über den Anspruch ihres Gewissens hinwegzusetzen: „Alles ist erlaubt, aber nicht alles dient
zum Guten. Alles ist erlaubt, aber nicht alles baut auf. Niemand suche das Seine,
sondern was dem anderen dient." (1Kor 10,23f; vgl. auch 10,28f) Ferner: Wer das
Gewissen des anderen Menschen verletzt, begeht eine „Sünde in Christus" (1Kor
8,12). In dem bekannten Römerbriefkapitel über die *Obrigkeit* mahnt Paulus die
Untertanen zur Unterwerfung, aber nicht allein „aus Furcht vor der Strafe Gottes, sondern vor allem um des Gewissens willen." (Röm 13,5) Gewissen ist nach
Paulus jene anthropologische Instanz, in der sich die Spannung des Menschen als
Geschöpf Gottes und als Sünder entscheidend auftut.

Gewissen und Gewissheit

In der Folge will Martin Luther im Gewissen einen Ort der Auseinandersetzung
des sich selbst behauptenden Menschen vor Gott erkennen. Gewissen ist nicht
seelischer Bezugspunkt, sondern das so genannte angefochtene (herausgeforder-
te) Gewissen des Sünders vor Gott, das durch Christus getröstet und aufgerichtet
wird. Frei von autonomen Satzungen des Menschen und selbst gewollter Verfü-
gungsgewalt gründet sich das Gewissen auf die Gewissheit des Glaubens an Jesus
Christus. Hier liegen die unauflöslichen und grundlegenden Vorgaben für gewis-
senhafte Handlungsoptionen. Wir haben es also nicht mit subjektiver Willkür
oder autonomer Selbstbestimmung des Menschen zu tun, sondern mit grundge-
legter ethischer Verbindlichkeit. Aufschlussreich ist Luthers Gewissensstufung in
seinem „Sermon von dreierlei gutem Leben, das Gewissen zu unterrichten"
(1521). In drei konzentrischen Kreisen erstellt er eine Rangfolge der Orientierung an Normen und Werten für das Leben: Kirchhof, Kirche und Chor. Luther
legt Wert darauf, dass diese Rangfolge nicht vermischt wird. Der Chor bildet den
innersten Kern, das Allerheiligste, quasi das Zentrum des Gewissens. Von äußer-
licher Gewissenhaftigkeit auf dem weiten Feld der rituellen Gebote und Werke
führt er den Menschen vom „Kirchhof" in die „Kirche", also in den mittleren
Kreis, zu den so genannten Vulgärtugenden, die als sittliche Kräfte das Gewissen
speisen: Geduld, Friedfertigkeit, Treue, Liebe, Demut, Sanftmut, Barmherzigkeit
u.a. Gott aber gibt sich damit nicht zufrieden. Er fordert nicht nur gewissenhaft
gute Werke der Christen; er will vielmehr, dass sie nicht aus Furcht vor Strafe,
sondern aus innerer Glaubensüberzeugung freiwillig vollbracht werden. Um diesen Weg gehen zu können, muss der Schritt ins Allerheiligste getan werden –
denn die wahrhaft guten Werke entstehen aus den Früchten des Glaubens. Dennoch ist der Reformator realistisch genug, das Gewissen des fehlbaren Christenmenschen nicht zu überfordern; es bleibt angewiesen auf weltliche Strafinstan-
zen.[4]
Bekannt geworden ist Luthers Bekenntnis vor Kaiser und Reich in Worms:

---

4 Vgl. WA 7, 795ff.

„Da Eure Majestät und Eure Herrlichkeiten eine schlichte Antwort von mir er-
heischen, so will ich solche ohne Hörner und Zähne geben. Wenn ich nicht
durch Zeugnisse der Schrift und klare Vernunftgründe überzeugt werde – denn
weder Papst noch Konzilien glaube ich, da sie sich öfter geirrt und sich selbst widersprochen haben – so bin ich durch die Stellen der Heiligen Schrift … überwunden in meinem Gewissen und gefangen in dem Worte Gottes [...]."[5] Es sei
nicht geraten, wider das Gewissen zu handeln. Ob nun historisch erwiesen oder
zeitgenössisch gut nachempfunden: Hier stehe ich, ich kann nichts anders! ist
grundlegendes Zeugnis christlichen Glaubensgehorsams geworden. Insofern gehen wir nicht fehl, das Gewissen des einzelnen Menschen mit Gottes Stimme
gleichzusetzen, der Luther einen nicht überbietbaren Grad *unbedingter Verbindlichkeit* zuspricht. Wenn Gott spricht, soll der Mensch hören! Gottes Heilshan-
deln hilft der menschlichen Entscheidungsschwäche auf. Der Reformator hatte
guten Grund, eine derartige Verbindlichkeit christlichen Glaubens zu fordern.
Beklagt er doch während seiner Visitationen 1528/29 erhebliche Defizite im Umgang mit der christlichen Lehre: Besonders die Menschen auf den Dörfern „wissen nichts, beten nichts, glauben nichts und betreiben nichts anderes als den
Missbrauch der evangelischen Freiheit."[6]

Gewissen ist also eine abhängige Größe und stets *gebundenes* Gewissen. Es
versteht sich geradezu als *Garant von Bindung.* Gewissen kann nicht aus sich
selbst heraus zwischen gut oder böse, richtig oder falsch, verwerflich oder lobenswert unterscheiden. Aus diesem Grunde bedarf es einer Orientierung an
Werten, Normen, Ordnungen, an Recht und Gerechtigkeit – und es ist zugleich
deren Träger. Gewissen schafft also nicht Werte und Normen des Handelns, sondern antwortet auf den Anspruch Gottes und verwirklicht seine Gebote. Daher
ist eine Gewissensentscheidung stets reflexiv; sie führt den Menschen zu sich
selbst und über sich selbst hinaus. Insofern fragt er: Was gebietet Gottes Wort im
Kontext meines praktischen, vernünftigen Sollens und Könnens? Idealerweise
findet in der Gewissensentscheidung eine Verschmelzung von Offenbarung und
Vernunft statt. Zu beachten ist, dass die Gewissensentscheidung nicht sagt, was
zu tun oder zu lassen ist, sondern unser Tun und Lassen am Ethos christlicher
Überlieferungen misst. Daher gründet sich Gewissen auf einer Botschaft, einem
Glauben, die Entscheidungshilfe anbieten, aber nicht selbst entscheiden. Solchermaßen bleibt die Entscheidungsfreiheit des mündigen Menschen prinzipiell
erhalten. Anders gesagt: Gewissen ist gleichsam *Grundsatznorm meines Bewusstseins,* sofern ich meiner Selbst und der Welt, in der ich lebe, bewusst bin. Das
Gewissen meldet sich als *Ruf* beziehungsweise *Impuls* gegenüber dem, was
abendländisch-christliches Ethos vernünftigerweise als Wahrheit meiner Exis-

---

5 WA 7, 838f.
6 Die Augsburgische Konfession, [6]1967, 501. Die römisch-katholische Kirche setzt einen anderen Akzent. Indem sie das Gewissen an das Lehramt bindet, wird der Christ durch die
   Lehre der kirchlichen Autorität geleitet – eine Erklärung, warum in den Moraltheologien in
   der Regel die Gewissensproblematik ausgespart bleibt.

tenz gebietet. Versteht sich jedoch der Mensch als autonome Instanz, verlässt er sein tragendes Fundament und verliert sich im ethischen Chaos der Weltwill-kürlichkeit. Bestimmend ist also der Leitgedanke, dass der Mensch als sittliches Wesen Orientierungskräfte zur ethischen Einschätzung seiner Urteilsfindung und seines Handels braucht.

5.2. Gewissen und Verantwortungshandeln

„Verantwortung ist ein Relationsbegriff"[7] – führt Honecker aus. Konkret bedeu-tet das: Wer (der handelnde Mensch) ist für was (Gegenstand, Sachverhalt) gegenüber wem (Gott) und für wen (Menschen) verantwortlich?[8] Nur der in Verantwortung Stehende kann Verantwortung wahrnehmen. Trifft die verant-wortungsethische Maxime auch für die Gesinnungsethik zu? Der von Max We-ber konstruierte Gegensatz von Verantwortungsethik und Gesinnungsethik führt nach Honecker zu einer fragwürdigen Alternative. Seine Leitfrage lautet: „Aus welcher Gesinnung heraus nehmen wir welche Verantwortung wahr? Auch eine Gesinnungsethik müsse nämlich die faktischen Konsequenzen und die vor-hersehbaren Folgen eines Handeln zumindest mit bedenken."[9] Diese Erkenntnis Honeckers trifft nur fallweise zu. Der reine Gesinnungsethiker delegiert die Ver-antwortung seines (folgenreichen) Tuns normalerweise an Gott, der in seiner Weltzugewandtheit die Verantwortung des Menschen übernimmt. Daraus erge-ben sich Konsequenzen: Wo der verantwortungsethisch gebundene Mensch vor Gott und den Menschen handelt, wird er *rechenschaftspflichtig*. Im Zentrum sei-nes Handelns steht nicht mehr die Frage nach dem „summum bonum", dem *höchsten Gut(en)* hinsichtlich der ethischen Tat, sondern nach der *Verantwort-lichkeit* des gewissenhaft handelnden Menschen. Wer etwa als Waffenträger im Bereich von Übeltaten (Gewalt, Terror, Krieg) zu handeln gehalten ist, wird nicht von *guten* Taten sprechen können, wenn Menschen verwundet werden oder zu Tode kommen, sondern von der Hinnahme des geringsten Übels unter der Vor-aussetzung, dass das ethisch wahrhaft Gute im Grenzfall nicht erreichbar er-scheint. Auch eine geringe Übeltat kann ethisch nicht gut geheißen werden. Aber sie sollte hinsichtlich der Not- oder Gegenwehr als unabwendbar und insofern als *Not wendend* hingenommen werden. Die Praxis guten moralischen Handelns geht in Grenz- und Extremfällen nicht auf; dennoch vollzieht sie sich im Medi-um der Verantwortung. Der Mensch im Gewissenskonflikt findet zur Verantwor-tungswahrnehmung „nach dem Maß menschlicher Einsicht und menschlichen Vermögens" (Barmen V), also durch vernünftiges, nachvollziehbares und ge-meinschaftsverpflichtendes Handeln – wissend um die Kontingenzen und Im-ponderabilien aller Lebenswirklichkeit.

---

7 HONECKER, Wege evangelischer Ethik, 235.
8 HONECKER, Wege evangelischer Ethik, 235.
9 HONECKER, Wege evangelischer Ethik, 236.

Konstitutiv für gewissenhaftes, verantwortliches Handeln ist der Glaube des sich als sittliches Wesen verstehenden Menschen. Der Glaube vermittelt sich durch religiöse und kulturelle Sozialisation des Einzelnen in Erziehung, Bildung und Ausbildung[10] und steht in der Traditionslinie abendländischen, christlichen Denkens. Gewissen muss geweckt und ausgebildet, wach gehalten und geschärft werden. Das so genannte schlechte Gewissen ist gut, weil es den Menschen in die Lage versetzt, seiner Verantwortungs- und Rechenschaftspflicht nachzukommen. Er muss nämlich die *Gründe* seiner Gewissensüberzeugung darlegen und für andere rational nachvollziehbar machen können – andernfalls handelt es sich nicht um echte Gewissensentscheidungen, sondern um persönliche Willkür, reine Innerlichkeit oder eigensinnige Borniertheit.

Das in diesem Zusammenhang oft zitierte Beispiel „Wehrdienstverweigerung aus Gewissensgründen" steht immer in der Gefahr, die willkürliche, isolierte Entscheidung des einzelnen zu überschätzen. „Es gibt jedoch keine Entscheidung, die andere nicht mit betrifft."[11] Stets sind persönliche Verantwortung und Gemeinschaftsbindung als Einheit zu betrachten. Wahrhaftiges, gewissenhaftes Verhalten darf nicht nur dem Verweigerer zugesprochen werden, sondern muss auch für andere gelten. Ferner sind mögliche Konsequenzen einer Wehrlosigkeit zu bedenken. Hier entsteht ein echter Gewissenskonflikt: Einerseits respektiert der Rechtsstaat die Freiheit der Gewissensüberzeugung, den Wehrdienst zu verweigern; andererseits kann er das ihm legitim zukommende Machtmonopol zum Schutze des Staatsvolkes vor Gewalteinwirkungen von außen nur durch Verteidigungsfähigkeit gewährleisten. Daraus folgt: Die Willensmehrheit der Bevölkerung unseres Landes und die Freiheitsrechte des Einzelnen, d.h. seine sittliche und die politische Existenz, liegen in einer nicht auflösbaren Spannung. Deshalb plädiert die evangelische Kirche für den Fortfall eines besonderen Prüfungsverfahrens; denn es könne kaum geklärt werden, ob die Gewissensentscheidung des Verweigerers von Sachargumenten getragen sei.[12] Dazu hat das Bundesverfassungsgericht 1978 festgestellt, dass die „Definitionsmacht" für eine Gewissensentscheidung stets bei dem liegt, der sich auf das Gewissen beruft, also beim Wehrdienstverweigerer, nicht aber beim Staat respektive der Prüfungsbehörde. Der Verweigerer muss den Beweis seiner Gewissensnot erbringen und sie, gestützt auf moralische Gründe oder Sachargumente, nachvollziehbar darlegen. Die häufig strapazierte *Autonomie des Gewissens*, die sich a priori keiner Überprüfbarkeit stellen könne, überzeugt nicht. Konkret drängt sich die Frage auf, ob die *Verweigerung einer Rechtspflicht* durch Inanspruchnahme des Gewissens überhaupt justitiabel ist; ob die subjektiv begründete Einstellung zu Recht und Ethos objektiv überzeugt und von anderen nachvollzogen werden kann. Ferner: Welche objektiv anerkannten Kriterien dienen der Unterscheidung von so genannten echten und unechten Gewissensnöten? Mithin kann die Gewissensent-

---

10 Vgl. Gewissensentscheidung und Rechtsordnung, 16.
11 Der Friedensdienst der Christen, 53.
12 Vgl. Der Friedensdienst der Christen, 56.

scheidung keine willkürliche, frei schwebende Größe sein, die je nach Fall und Situation individuelle oder egoistische Gründe befriedigt. Auch die personale Betroffenheit, verstanden als affektiven Gewissensruf angesichts einer konflikthaften Situation, reicht allein nicht aus, um zu angemessenem, *ethischem Urteil* und solchermaßen zu gewissenhaftem, verantwortbarem Handeln zu gelangen. Zu Recht folgert Thielicke, dass die von Christen erhobene Forderung der Wehrdienstverweigerung als Gewissenspflicht illegitim sei, da sie die „Unbedingtheit ‚für mich' in eine Unbedingtheit ‚für alle' verwandelt."[13]

Handelt der Mensch aufgrund von Gewissensentscheidungen, dann fragt er nach dem, was unter den Gegebenheiten gesellschaftlicher Wirklichkeit ethisch wünschenswert oder verwerflich, was als die relativ beste oder die am wenigsten schlechte Handlungsweise zu erkennen ist. Sodann versucht er unter Abwägung der ihm zugänglichen Argumente eine neue Zuordnung der verschiedenen Interessen und Sachverhalte, so dass in freier Entscheidung eine neue Handlungsorientierung beziehungsweise ein Kompromiss erfolgen kann. Das jedoch gelingt nur ausnahmsweise. Eher meidet der im Rahmen letzter Verbindlichkeit Handelnde den Kompromiss, weil er um den Verlust seiner vom Gewissen getragenen Identität fürchtet und nicht geneigt ist, wider seine Gewissensentscheidung tätig zu werden. M.a.W.: Der Gewissensimpuls als Ort letztinstanzlicher, verbindlicher Entscheidung des Menschen artikuliert sich als ein inneres Ja oder Nein und liegt insofern jenseits des Kompromisses. Hier erfährt die Gewissenproblematik ihre ethische Brisanz: Wenn Gottes gültiges Gebot strikt zu erfüllen ist, wird es dann nicht zur Fessel, weil es dem Gewissen Entscheidungsspielraum nimmt? Es wird insofern nicht wortgetreu binden, als das historisch Bedingte und spezifisch Situative seiner Botschaft über sich hinausweist in den Bereich sittlicher Normen und Grundwerte menschlichen Lebens überhaupt. Die *intentionale* Orientierung an sittlichen Normen und Grundwerten versetzt Christenmenschen in die Lage, Konsequenzen für ihr Handeln zu ziehen. Dadurch verliert die allein historische Bindung sittlicher Normen ihre Gültigkeit. Ein Handeln aus dieser Erkenntnis gibt dem Gewissen jenen Entscheidungsspielraum, den es benötigt, um der Verantwortung für Gottes Schöpfung und die Welt der Menschen gerecht werden zu können. – Der Ruf des Gewissens, so können wir festhalten, meldet sich stets dort, wo unaufhebbare Differenzen, Widersprüche und Konflikte in letztverbindlichem Handeln die personale Identität in Frage stellen.

Das Kollektiv ist keine Gewissensinstanz

Gewissensüberzeugungen sind stets Überzeugungen *einzelner* Menschen. Hingegen argumentiert Dietz Lange im Anschluss an Heinz-Dietrich Wendland: „Das eigentlich relevante ethische Subjekt sei […] die soziale Gruppe." Denn der Ein-

---

13 THIELICKE, Theologische Ethik, Bd. II/2, 653.

zelne werde in seiner Entscheidungsfindung der Kompliziertheit gegenwärtigen Lebens nicht mehr gerecht.[14] Diese Sichtweise scheint zu überzeugen, birgt jedoch Entscheidungsrisiken. Beansprucht das Kollektiv Autonomie, wird der Einzelne sich im Kollektiv *verstecken* respektive unterordnen und so seine Identität als ethisches Subjekt in Frage stellen oder verlieren. Naheliegenderweise besteht die Gefahr, dass der Einzelne nicht nur im Kollektiv aufgeht, sondern für Kollektivinteressen missbraucht wird: „Wenn ‚Recht ist, was dem Volke nützt‘ oder was zur klassenlosen Gesellschaft führt, dann heiligt der Zweck die Mittel. Daraus ergibt sich, dass diese Form kollektiver Individualität ethisch nicht vertretbar ist", resümiert Lange gegen Wendland und Ernst Wolf. Wer sich klarmache, welchen Schwankungen Mehrheitsmeinungen unterworfen seien, dürfe berechtigt skeptisch sein.[15] Es geht also nicht an, die Mehrheitsmeinung des Kollektivs zum Maßstab ethisch guten oder schlechten Handelns des Einzelnen zu machen. Fraglos steht der Einzelne in der Kontinuität von Normen, Werten und Verhaltenskodizes abendländisch-christlicher Glaubens- und Rechtstraditionen, die ihn zu verantwortlichen Entscheidungen befähigen – Irrtum, Versagen und Schuldigwerden stets eingeschlossen.

Ein treuer Diener seines Königs wolle er sein, aber Gottes Diener zuerst – lautet die Maxime des englischen Lordkanzlers Thomas Morus. Er tut alles, um dem König zu Diensten zu sein und Konflikte zu vermeiden bis zu dem Augenblick, wo er etwas unterschreiben soll, was er als strenger Katholik mit seinem Gewissen schlechterdings nicht vereinbaren kann: die antipäpstliche Politik des Königs. Der so Handelnde verlässt die Linie normkonformen Verhaltens, also der Königstreue, weil er dem Anspruch der Norm nicht mehr überzeugten Gewissens folgen kann. Als Diener Gottes orientiert er sich legitimer Weise in letzter Instanz am „Nomos" Gottes, wobei er sich auf Apostelgeschichte 5,29 beruft: „Man muss Gott mehr gehorchen als den Menschen." Nicht Staatsräson bestimmt sein Handeln, sondern die individuelle Gewissensentscheidung. In diesem Zusammenhang stehen die Gewissensqualen Graf v. Stauffenbergs und anderer Widerstandskämpfer des 20. Juli 1944: Wir haben uns vor Gott und unserem Gewissen geprüft, es müsse geschehen, denn dieser Mann (Hitler) sei das Böse an sich.

Politische Gremien, Gemeinden, Kirchen und andere Einrichtungen des öffentlichen Lebens können mithin keinen Anspruch darauf erheben, im Namen eines *allgemeinen Gewissens* zu handeln. Das *Kollektiv ist keine Gewissensinstanz.* „Das Grundrecht der Gewissensfreiheit ist ein individuelles Freiheitsrecht; es kann nur vom Einzelnen für sich persönlich in Anspruch genommen werden."[16] Denn es entspricht allgemeiner Erfahrung, dass andere Glieder dieser Gemeinschaften

---

14 Lange, Ethik, 351f u. Anm. 75 u. 76.
15 Lange, Ethik, 353f.
16 Gewissensentscheidung und Rechtsordnung, 23; vgl. Honecker, Wege evangelischer Ethik, 241f.

mit gleichem Recht zu anderen Gewissensüberzeugungen kommen können. Gewissensbedingtes Handeln wird also vom *Einzelnen* verantwortet und in seinen Konsequenzen getragen. Es ist weder delegierbar noch austauschbar. Dass gewissenhaftes Handeln Einzelner Wirkungen auf kollektive Verantwortungswahrnehmung haben kann, steht außer Zweifel.

5.3. *Gewissen im Konfliktfall*

So einfach und eindeutig kann jedoch nicht immer eine Handlungsorientierung gefunden werden. In *Konfliktsituationen* stehen sich ausschließende Handlungen gegenüber: einerseits das berechtigte Streben nach einer gewaltfreien Sicherung der Rechts-, Friedens- und Freiheitsordnung und andererseits die ebenfalls begründete Einsicht in die Inhumanität moderner Kriegsführung zur Wiederherstellung dieser (Rechts-)Ordnungen. In *Extremsituationen* wird die Frage noch komplizierter: Es geht hier, wie oben dargelegt, nicht mehr um das relativ Gute oder Böse, sondern nur noch um die Wahl, zwischen zwei oder mehreren Übeln zu entscheiden. In schwierigen Situationen des Soldaten im Einsatzfall erhält die Gewissensproblematik ihre äußerste Brisanz. Im Unterschied zum gängigen ethischen Diskurs bedenkt gewissenhaftes, verantwortliches Handeln den *Grenzfall* menschlicher Lebenswirklichkeit. Dabei geht es um die Grenze des ethisch Mach- und Verantwortbaren. In der personalen Verantwortung für den anderen erhält der *Schutz- und Verteidigungsgedanke* – vor dem Hintergrund von Konflikt und Krieg – seinen verpflichtenden Charakter. Zu fragen ist: In welchem Maße bedarf der schwache, unterdrückte, verfolgte, terrorisierte und vergewaltigte Mensch des Beistandes, der Hilfe, des Schutzes und der Verteidigung seiner Rechtssicherheit sowie der Erhaltung seines Lebens? Hier bekommt der Schlüsselgedanke christlicher Ethik, namentlich der *des Bruders Hüter* zu sein, seine zentrale Bedeutung.

Zugespitzt stellt sich Verantwortungswahrnehmung im Konfliktfall als ethisches Dilemma dar: Wo nach Ausbruch gewalttätiger Konflikte gewaltfreie Befriedungsmaßnamen ihr Ziel der Gewaltbeendigung verfehlt haben, kann offenbar nur noch politisch und rechtlich legitimierte Gegengewalt primäre Gewalt stoppen. „Du sollst dem Übel gewaltsam widerstehen, sonst bist du für sein Überhandnehmen verantwortlich." (M. Weber) Gegengewalt kann jedoch einzig als *Notwehr* gegenüber primärer Aggression und *Nothilfe* gegenüber dem Schutzbedürftigen ethisch gerechtfertigt werden. Denn Christen dürfen nicht zulassen, dass der Schwache unter die Räder des Starken gerät. Wer sich aber *nur* den Gewaltopfern zuwendet, lässt den Ursache-Folge-Zusammenhang außer Acht und greift konfliktethisch zu kurz: Toleranz gegenüber der Intoleranz, also den Aggressoren, Terroristen und Kriegstreibern, führt gleichsam zur Komplizenschaft. Gegengewalt fügt Menschen Schaden zu, um Schaden von anderen fern zu halten. Daher mahnt schon Martin Luther den Christen, für sich selbst zwar Leid und Unrecht zu ertragen, aber für den Nächsten aus Nächstenliebe das Schwert zu gebrauchen. Denn die christliche Pflicht zur Nächstenliebe kann nur noch in (gewaltsamer) Abwehr jener Mächte verwirklicht werden, die den schwachen Nächsten bedrohen beziehungsweise töten. Gegen den ethischen Normalfall formuliert: Es gibt Situationen, in denen es um der *Liebe* zum Menschen willen des Einsatzes von Gewalt bedarf, weil sie sich für die Opfer von Gewalt einsetzt und insofern nicht nur das Recht, sondern das Leben schützt und verteidigt – fasst Helmut Thielicke mit Bezug auf Martin Luther bündig zusammen.[17]

Die Bewältigung dieser scheinbar widersprüchlichen Situation verlangt die Übernahme unvermeidbarer *Schuld*. Der sich zu seiner Schuldfähigkeit Bekennende ist gezwungen, im Rahmen des politisch Machbaren gewissenhaft zwischen konkurrierenden Werten, Normen und Rechtsvorstellungen abzuwägen und sodann ein vermeintlich kleineres Übel hinzunehmen, etwa den Tod von Menschen, um ein vermeintlich größeres, etwa den Völkermord, abzuwenden. Unnötig festzustellen, dass das Gewissen des so Handelnden aufs schwerste geprüft wird.

Der Ort des Gewissens ist also nicht *leer*, sondern *besetzt*. Des Menschen „Geschichte bestimmt seine Schritte – ohne Zweifel. Und doch verantwortet er die Schritte, die er tut, die Wirkungen, die er schafft, ganz selber und keine Ausrede ist ihm erlaubt, die sein Verantwortlichsein auf seine Geschichte abschiebt."[18] Dieses Urteil verpflichtet den handlungsfreien Menschen, stets Rechenschaft über sein gewissenhaftes eigenes Tun zu geben: Handlungsmotive darzulegen, Handlungsalternativen zu prüfen, Folgen abzuschätzen.[19] Diese Erkenntnis kann in mancherlei Hinsicht lähmend wirken und als schwer erträglich empfunden werden. Ausreden, Bequemlichkeiten, Zweideutigkeiten, Unwahrhaftigkeiten – diese Räume des fintenreichen Geistes dürfen nicht geöffnet werden. Der seinem Gewissen verpflichtete Mensch als Christ weiß zwar um die ethische Irrationalität dieser von Gott noch nicht erlösten Welt. Er weiß auch um seine Irrtumsfähigkeit und sein Schuldigwerden. Der christliche Glaube nötigt ihn aber, mit seiner Schuldverfallenheit zu leben. Annehmen und tragen kann er sie nur in Anruf und Bitte um Gottes gnädige Vergebung. Mit den prägnanten Worten Dietrich Bonhoeffers formuliert: „Wer in Verantwortung Schuld auf sich nimmt – und kein Verantwortlicher kann dem entgehen –, der rechnet sich selbst und keinem anderen diese Schuld zu und steht für sie ein, verantwortet sie. Er tut es nicht in frevelndem Übermut seiner Macht, sondern in der Erkenntnis, zu dieser Freiheit genötigt und in ihr auf Gnade angewiesen zu sein."[20] Er wird dann zwar kein gutes, reines oder gar fröhliches, aber ein *getröstetes Gewissen* haben. Billiger ist christliche Gewissensexistenz im Konfliktfall nicht zu haben.

---

17 Vgl. Thielicke, Theologische Ethik, Bd. II/2, 567f.
18 Lehming, Wer sich in Adam wieder findet, 11.
19 Vgl. Honecker, Wege evangelischer Ethik, 236.
20 Bonhoeffer, Ethik, 263.

6. Pazifistische Konfliktbearbeitung

6.1. Zivile christliche Friedensdienste – neue Partner internationaler Streitkräfte?

Christlicher Pazifismus und politische Friedensaufgabe

Die nüchterne politische Analyse globalpolitischer Konfliktgründe und Gewaltmotive ist nicht die Stärke ziviler christlicher Friedensforscher und Friedensaktivisten. Ihr gesinnungsethischer Blick reicht zwar für die Wahrnehmung ideologischer, ökonomischer, ethnischer und religiöser Gegensätze sowie für die Wandlung vom Staatenkrieg zu international operierenden Terrornetzwerken. Jedoch die komplizierten Interdependenzen von Macht und Recht, Politik und Militär sowie jene anthropologischen Faktoren menschlichen Aggressionspotentials, die allen Konflikten und Kriegen zugrunde liegen, kommen nicht vor in den Visionen globalgesellschaftlicher Gewaltfreiheit. Ferner erkennt man in ihren Überlegungen eine unzureichende Trennschärfe von theologischen *Bekenntnisaussagen* und politischen *Ermessensfragen*. „Alles wird verschlungen von individueller Frömmigkeit und praktischer Eindeutigkeit", resümiert Günter Brakelmann. Enttäuscht fragt er, „ob man es noch verantworten kann, solche wenig problemorientierten Texte [sc. die zur Weltversammlung des Ökumenischen Rates der Kirchen in Korea 1990, vdSt] als theologisch verantwortbare Aussagen der Welt mitzuteilen."[1] Friedensbewegte kirchliche Gruppen sehnen sich nach einem kleinen Deutschland am Rande Europas – unsere Nachbarn aber wissen, dass wir inmitten unseres Kontinents groß sind. Gesinnungsethiker des christlichen Glaubens lieben das individuelle Glück sogenannter Nischengesellschaften – die Welt entlässt uns jedoch nicht aus internationaler Verantwortung. Friedensbewegtes Denken verträgt sich weithin mit politischer Passivität – sie entspricht aber nicht internationaler Solidarität. „Besonders in kirchlichen Kreisen", merkt Martin Honecker an, „neigt man dazu, der deutschen Politik völlig Machtabstinenz anzuempfehlen und außenpolitischen Aktivitäten prinzipiell zu widerraten. Man will deshalb nicht wahrhaben, dass Deutschland [sc. seit der Vereinigung 1990, vdSt] wieder in das Weltgeschehen hineingestellt ist

---

1 Brakelmann, Ökumene im politischen Abseits, 19f.

und pflegt den Wunschtraum, es gebe für Deutschland ein politisch und wirt-
schaftlich isoliertes Dasein."[2] Dennoch: Hans-Eckehart Bahr, emeritierter Bochumer Friedensforscher und theologischer Gewährsmann christlicher Friedensaktivisten, wünscht sich ein „ziviles Deutschland, das sehr gut für die Welt
wäre."[3] Er irrt! Unsere europäischen Nachbarn sowie unsere NATO-Bünd-
nispartner werten diese Art Friedfertigkeit nicht als fortschrittliches Humanitäts-
denken, sondern als deutschen Egoismus und Provinzialismus. Selbst Amos Oz,
Initiator der israelitischen Friedensbewegung und Friedenspreisträger des deutschen Buchhandels, erklärt in seiner Dankesrede im Februar 1991: „Wenn die
ganze Welt die Haltung der deutschen Pazifisten übernähme, wäre diese Welt
bald in den Händen von sehr, sehr üblen Leuten." Die Zuspitzung erfährt das
Problem gewaltfreien Konfliktmanagements in folgender Erkenntnis: Da Gewaltlosigkeit sich zu einem gesinnungsethischen Rigorismus bekennt, ermöglicht und begünstigt sie in geradezu verhängnisvoller Weise das Spektrum menschenverachtender Gewalttaten: Jeder Kriegstreiber erreicht seine Vertreibungs-
und Expansionsziele gegenüber gewaltfreien Friedensengagements! Das liegt an
einem kategorialen Fehler des christlichen Pazifismus: er will Wirklichkeit *besiegen* und sich auf die tatsächlichen politischen und weltökonomischen Probleme
nicht einlassen. Deshalb besitzt christlicher Pazifismus keine realisierbare politische Gestaltungskraft und bleibt solchermaßen den Nachweis der Politikfähig-
keit schuldig. Pazifistisches Denken konfrontiert die Politik mit der Forderung
des absolut Guten und hindert sie auf diese Weise daran, das möglichst Gute und
jeweils Beste unter den wechselnden Bedingungen weltpolitischer Realitäten zu
leisten. „Ein unbedingter und radikaler Pazifismus negiert die staatliche und politische Friedensaufgabe insgesamt", diagnostiziert Trutz Rendtorff, „er ist [...]
der bewusste Verzicht auf jede Verantwortung in dieser Welt und für diese Welt.
Die Glaubwürdigkeit eines unbedingten Pazifismus steht und fällt mit seiner
Konsequenz."[4]

Friedenspolitischer Wandel

Nach einem Balkan-Besuch des Ratsvorsitzenden der EKD, Bischof Wolfgang
Huber, im Jahre 1998 vollzieht sich ein friedenspolitischer Wandel in kirchlichen
Entscheidungsgremien und zivilen christlichen Friedensgruppen: Man könne
die Augen nicht davor verschließen, dass es Situationen gebe, in denen die
Präsenz von militärischer Gegengewalt nötig sei, sollten die Waffen zum Schweigen gebracht werden. Die Entwicklungen in Jugoslawien hätten viele aus der
Friedensbewegung zu einem Umdenken geführt. Ihn habe ein Besuch in Bosnien
stark beeinflusst, stellte Bischof Huber betroffen fest. Offenbar hat sich während
der bewaffneten Balkankonflikte und ihrer Beendigung durch militärisches En-

---

2 HONECKER, Evangelische Christenheit, 314.
3 BAHR, Ein ziviles Deutschland wäre gut für die Welt, 40.
4 RENDTORFF, Müssen Christen Pazifisten sein?, 139.

gagement ein tief greifender Erkenntnisgewinn zu den Fragen christlicher Friedensverantwortung eingestellt.

Da sich die Welt seit Ende des Kalten Krieges politisch wie militärisch verändert hat und jene friedenspolitischen Visionen der achtziger Jahre realistischen politischen Einschätzungen gewichen sind, wird selbstkritisch die *Reichweite* eines ausschließlich gewaltfreien Friedenseinsatzes angefragt. In einschlägigen Verlautbarungen der zivilen Friedensinitiativen werden militärische Interventionen als letztes Mittel gegen primäre Gewalt nicht mehr ausgeschlossen. Vielmehr stellt man sich die Frage, ob gewaltfrei operierende Friedensdienste als gleichberechtigte Partner internationaler Streitkräfte betrachtet werden könnten.[5] Dabei verstünden sich die Friedensdienste als gleichberechtigte Variante und zivile Komplementierung militärischer Interventionen. Wird nun in der Kooperation mit Soldaten, ist kritisch einzuwenden, nicht die friedensethische Option der Gewaltfreiheit konterkariert? Ein gleichberechtigtes Nebeneinander von zivilen und militärischen Friedenssicherungsstrategien wäre insofern kaum zukunftsweisend, als die Dynamik zu mehr gewaltfreien Konfliktschlichtungen auf der Ebene des Völkerrechts unterlaufen würde.

Kirchliche Verlautbarungen der neunziger Jahre plädieren für die Wahrnehmung weltweiter friedenspolitischer Verantwortung, militärisches Engagement eingeschlossen. Was friedensethisch und friedenspolitisch für die Staaten der Vereinten Nationen opportun sei, das gelte auch für Deutschland. Die zweifellos belastete Vergangenheit rechtfertige keine deutsche Sonderrolle. Vorrangig konzentrieren sich kirchliche Voten auf Konfliktlagen der Gegenwart und fragen, welche angemessenen Handlungsmöglichkeiten gewalteindämmend und konfliktbeendend eingebracht werden können.[6] Das schließt unter bestimmten politischen Konstellationen militärisches Engagement ein, um militante Aggression und Gewalt der Kriegstreiber zu stoppen. „Wir räumen ein, dass unser ohnmächtiges Schweigen angesichts des bisherigen Kriegsverlaufs [sc. in Ex-Jugoslawien, vdSt] dazu geführt haben kann, dass wir am Leid der Zivilbevölkerung mitschuldig geworden sind. Wir fragen, ob wir nicht im Sinne der Parteinahme für die Opfer unter den gegebenen Bedingungen für militärische Maßnahmen [...] eintreten müssen. Wir halten daher um der Glaubwürdigkeit unseres Friedenshandelns willen ein künftiges militärisches Eingreifen dann für gerechtfertigt, wenn Menschen in unerträglichem Maße schutzlos der Gewalt von Aggressoren ausgeliefert sind."[7]

Militärischer Auftrag als humanitäre Intervention

Der Auftrag des Soldaten ist es, Sicherheit zu schaffen, damit die Nichtregierungsorganisationen (NGOs) arbeiten können. Mit dieser Feststellung bringt

5 Z.B. Evangelische Kirche in Berlin-Brandenburg, 1994 u.ö.
6 Vgl. hierzu die überzeugende EKD-Studie Schritte auf dem Weg des Friedens, 31.
7 Pax-Christi, in: Publik-Forum, Nr. 16, 1995, 10.

Bjarne Hesselberg, der ehemalige dänische UN-Kommandeur in der Krajina, eine mögliche Kooperation ziviler Friedensdienste mit militärischen Einsatz-kräften auf den Punkt. Zunehmend dringen gewaltfreie Konfliktbearbeiter in Regionen der Innen- und Außenpolitik vor, die in der Verantwortung staatlicher Souveränität liegen. Sie verstehen sich als neues friedenspolitisches Instrument. Ihre Aufgabe sehen sie darin, Handlungsspielräume zu entwickeln, um Konflikte antizipierend, präventiv und gewaltfrei zu bearbeiten. Vorgegeben ist ein vielfältiges Spektrum der Einsatzmöglichkeiten: Einrichtung von Flüchtlingslagern sowie Begleitung von Flüchtlingen bei der Wiedereingliederung, Mitarbeit in Aufbauprojekten, Förderung der Friedenserziehung sowie Verhinderung von Konflikten an der politischen und gesellschaftlichen Basis.

Krisenreaktionskräfte, die im UN-Auftrag Deeskalations- und Entfeindungs-maßnahmen durchführen, sollen stabile Rahmenbedingungen für den erfolgrei-chen Einsatz ziviler Friedensinitiativen schaffen. Daher ist zu fragen, ob und wie eine erfolgreiche Kooperation von Streitkräften und zivilen Friedensdiensten möglich ist und was diese Friedensarbeit *von unten* tatsächlich bewirken kann. Da ein friedenspolitisches Gesamtkonzept für Militärs und zivile Friedensakteu-re noch nicht existiert, ist eine Verständigung über die jeweilige politische und militärische Lage des Einsatzgebietes unter besonderer Berücksichtigung der zu erreichenden Ziele unbedingt anzustreben: Militärs werden vorrangig Gewalt-eindämmung und Waffenstillstandsverhandlungen sowie die Errichtung entmi-litarisierter Zonen betreiben; zivile Friedensgruppen haben in der Folge Aufbau-, Friedens- und Versöhnungsarbeit zu leisten. Die Initiatoren der kooperierenden zivilen Friedensdienste („Aktionsgemeinschaft Dienst für den Frieden", „Forum ziviler Friedensdienst", „Bund für soziale Verteidigung" u.a.) verkennen noch vielfach die Bedeutung der zur Überwachung eines Friedensabkommens einge-setzten multinationalen Streitkräfte. Bereits die sachunangemessene Sprache ver-rät ihre Fehleinschätzung: *Gewaltförmige* Gegenmaßnahmen trügen wenig zur Lösung dieser Konflikte bei, sind Ausbilder in ziviler Konfliktbearbeitung über-zeugt. Nun ist längst erwiesen und international anerkannt, dass die im UN-Auf-trag tätigen Militärs im Rahmen humanitärer Interventionen und Peacekeeping-Missionen innerstaatliche Konflikte nicht durch gewaltförmige Gegenmaßnah-men zu lösen gedenken. Dafür besitzen die United Nations Protection Forces (UNPROFOR), Implementation Force (IFOR) und Stabilization Force (SFOR) kein Mandat. Außerdem sind die Stabilisierungstruppen nicht für Kampfaufträ-ge konzipiert. Vielmehr soll militärischer Einsatz der *Konfliktdeeskalation* dienen: Entfeindungsprozesse initiieren, verfeindete Truppen entwaffnen, aufflackernde Kriegshandlungen unterbinden, internationale Organisationen schützen und nicht zuletzt Wiederaufbauhilfe zerstörter Infrastruktur leisten, um solcherma-ßen dem politisch auszuhandelnden Frieden eine Schneise zu schlagen. Diese Operationen bedürfen des entschiedenen, robusten Handelns. Sodann wird militärisches Engagement in einer Befriedungsphase den zivilen Friedensakteu-ren Raum zur effektiven Aufbauarbeit des gesellschaftlich, politisch und infra-strukturell zerstörten Landes schaffen. Mittelfristiges Ziel muss ein funktionierendes demokratisches Gemeinwesen und die Erneuerung international verflochtener Volkswirtschaften sein.

Für die gewaltfrei operierenden Konfliktbearbeiter in nichtstaatlichem Auftrag geht es in erster Linie um friedenspraktische Primärarbeit: Versorgung und Begleitung von Flüchtlingsrückkehrern, Vermittlung von Begegnungen verfeindeter Gruppen, Abbau von Feindbildern sowie die Schaffung vertrauensbildender Maßnahmen. Dazu kommen Betreuung traumatisierter Frauen und Kinder, Beratung in Menschenrechtsfragen, Stärkung zivilgesellschaftlicher Strukturen, Wiederaufbau von Schulen, funktionierender Verwaltungen und wissenschaftlicher Infrastruktur. Schwerpunkte liegen auf der Nachbereitung von Konfliktfeldern mit dem Ziel der Konfliktprävention.

Friedenshandeln verlangt Kompetenz und Professionalität

Freiwilligkeit, Ehrenamtlichkeit und christlich-humane Motivation verdienen zwar volle Anerkennung, sind jedoch nicht hinreichend, wenn es um erfolgreiche Konfliktbearbeitung sowie Entwicklung und Förderung konkreter Friedensprojekte geht. Sprache, Kultur, Religion und Geschichte des jeweiligen Einsatzlandes sind ebenso zu studieren wie Methoden gewaltfreier Konfliktbewältigung. Ferner müssen stimmige Konzepte und einsatztaugliche Instrumente entwickelt werden. Vor allem aber kommt es darauf an, die Friedensdienste im Einsatzland zu koordinieren, „Funktionsklau" zu unterbinden und Entscheidungskompetenzen zu bündeln. Nur konzertierte Aktionen sichern effizienten und nachhaltigen Erfolg. Um das theoretisch Wünschenswerte vom praktisch Machbaren zu unterscheiden, geht eine umfassende Lagebeschreibung voraus. Dazu bedarf es ausgebildeter, berufs- und lebenserfahrener Friedensfacharbeiter und -arbeiterinnen. Ein Pilotprojekt im Umgang mit Lehren und Techniken ziviler Konfliktbearbeitung ist 1997 von der „Aktionsgemeinschaft Dienst für den Frieden" durchgeführt worden.

Seit Anfang der 90er Jahre befinden sich Gruppen von Friedensakteuren in verschiedenen Krisenregionen, vorwiegend in Bosnien-Herzegowina und im Kosovo. Dort stoßen sie nicht nur auf organisierten Ungehorsam und Unversöhnlichkeit der multiethnischen Bevölkerung; sie erleben auch Menschen, die nicht zueinander wollen und dennoch auf Dauer zusammenleben müssen. Daher werden die zivilen Friedensakteure nur erfolgreich sein, wenn ihr Engagement mit dem Willen der einheimischen Bevölkerung Hand in Hand geht. Entfeindung, Frieden und Versöhnung kehren ein, wenn sich die Völker und Ethnien auf dem Balkan zu demokratischem, zivilem Umgang mit- oder nebeneinander bereit finden.

In Gesprächen mit Soldaten und Vertretern von Friedensgruppen wird die bestehende zivil-militärische Zusammenarbeit von Streitkräften und zivilen Hilfsorganisationen im ehemaligen Jugoslawien gewürdigt und ihre Fortführung gewünscht. Über einen effizienteren Einsatz wird nachgedacht. Planungsüberlegungen sollten bereits im Heimatland angestellt werden, um sie im Einsatzland nutzbar machen zu können – wobei die Kooperation von zivilen nichtmilitärischen Organisationen und Militärs *Verständnis für das gegenseitige Friedenshandeln* voraussetzt. Im Rahmen so genannter freier Operationen müssen fließende Übergänge konzediert werden: Auch Soldaten sind beauftragt zu schlichten, zu vermitteln und zu helfen. Angestrebt wird ein *komplementärer* Einsatz von Militärs und zivilen Konfliktbearbeitern.

Gewaltfreies Friedenshandeln

Die Kriege auf dem Balkan scheinen militärisch gebannt. Jedoch bleiben die Kriegsparteien unberechenbar. Im Rahmen einer moralisch zwingenden, jedoch völkerrechtswidrigen *militarisierten Nothilfe* hatten die Truppen der Nordatlantischen Gemeinschaft (NATO) Vertreibung, Folter und Mord an der kosovo-albanischen Bevölkerung des Diktators Milosevic im Frühjahr 1999 unterbunden. Die NATO war nicht mehr bereit, schwerste militärisch gesteuerte Menschenverachtung und Kriegsgräuel widerstandslos hinzunehmen. Hunderte Dörfer im Kosovo waren bereits dem Erdboden gleichgemacht worden. Zehntausende Kosovaren flüchteten in die Nachbarstaaten: Frauen, Kinder, Kranke, Greise. Die Lage war der Anfangsphase des Bosnienkrieges vergleichbar. Die Massengräber von Srebrenica waren noch nicht exhumiert, da wurden im Kosovo die nächsten Massakrierten verscharrt. Der totale Zusammenbruch zivilen Lebens stand bevor. Nun war *Konfliktmanagement* umgehend geboten. Rückkehr- und Aufbauhilfe wurden benötigt. Pioniere multinationaler Einheiten arbeiteten Hand in Hand mit zivilen Friedensgruppen (NGOs). Vor Ort waren zivile Konfliktbearbeiter gefragt sowie nichtmilitärische Mittel zur Erstversorgung der Not leidenden Bevölkerung. Der Testfall gewaltfreien Friedensdienstes war gegeben. Im Rückblick wird man feststellen: Die zivilmilitärische Kooperation ist durchgängig als Erfolgsgeschichte zu werten.

Daraus folgt: Alles Nachdenken über zivile Konfliktbearbeitung wird nur gewinnreich sein, wenn die Gemeinschaft der freien Völker sich dazu bereit findet, auf schwerste Menschenrechtsverletzungen entschieden zu reagieren. Das schließt militärische Intervention ein – und kurzatmiges ziviles Friedenshandeln aus. Wer das Militär verdrängt, wird zum Komplizen primärer Gewalt. Eine Gewaltbeendigung wird nicht allein durch politischen Appell erreicht – er ist das von Kriegstreibern *geschätzte* Mittel! –, sondern durch weiteren politischen Druck und Frieden erzwingendes Eingreifen herbeigeführt.

Richard Holbrook, Sonderbotschafter der USA, gibt in diesem Zusammenhang ein aufschlussreiches Beispiel: Es sei der Fehler des Westens während der vergangenen Jahre gewesen, die Serben als rationale Leute zu behandeln, mit denen man argumentieren, verhandeln, Kompromisse schließen könne. Tatsächlich respektierten sie nur Gewaltanwendung oder die unzweideutige und glaubhafte Drohung, sie auch zu benutzen. Wer also erwartet, Milosevic öffne sich vernünftigen politischen Kompromissen, werde enttäuscht. Wer ethnische Vertreibung, Krieg und Vernichtung will, beschreitet keine Friedenswege. Seinem

Weltbild liegt nicht die Streitkultur politischer Argumente, sondern der Wille zu Zwang und Gewalt zugrunde: gegen die politische Opposition, gegen die Kosovo-Albaner, gegen die NATO.

Eine weitere Erkenntnis sollten gewaltfreie Friedensfreunde in ihr ethisches Repertoire aufnehmen: Auf dem Wege der Minimierung von Gewaltausbrüchen können kommunikative Konfliktlösungen unter Zugeständnissen und Kompromissen an die Kriegstreiber ausnahmsweise das Mittel der Wahl sein. Wo jedoch Gewaltherrscher ihr militärisches Potential einsetzen, wird „gewaltfreies Standhalten und Eingreifen" (Th. Ebert) der *sichere Weg in die Selbstaufgabe* bedeuten. So ist es nur logisch, dass der Tod als Preis gewaltfreien Handelns hingenommen wird: Gewaltfrei auf Gewalttäter einzuwirken, auch wenn es das Leben kosten sollte, lautet die pazifistische Devise. Nicht nur die ethisch angemessene und jedem *Nicht-Märtyrer* zugestandene Notwehr beziehungsweise Nothilfe sucht man in Konzepten ziviler Friedensdienste vergeblich, sondern auch den Pflichtgedanken christlicher Verantwortungsethik, den Vertreibungs- und Gewaltopfern stets Schutz, Beistand und Hilfe zu gewähren. Dies liegt zum einen an der verengten Wahrnehmung menschlicher Verhaltensweisen, etwa der trügerischen Hoffnung, dass Menschen letztlich Gutes tun, Frieden schließen und Versöhnung stiften.[8] Die Anthropologen unter den Christenmenschen wissen doch, dass sie sich den Zumutungen des Daseins nicht entziehen können – auch nicht durch Flucht in den *Gutmenschen*. In ihm kommt die ambivalente menschliche Wesensprägung nicht in den Blick: jene Konfliktbereitschaft und andauernde gewaltbereite Aggression, die den Zuwachs an Macht und Eigennutz durch Terror, Vertreibung und Krieg zu verwirklichen trachtet. Es ist, wie oben dargelegt, jene Wesensbestimmung des Menschen, die Leben verachtet, negiert und vernichtet.

6.2. Friedensinitiativen – nicht alternativ, sondern komplementär

Bislang schützen SFOR-Militärs (seit 2004 EUFOR) die zivilen Friedensaktivisten auf dem Balkan vor Gewalt und Tod. Wenn die Streitkräfte das Einsatzland verlassen, ist, wie Kenner der Szene versichern, auch der gewaltfreie Friedensdienst ohne jede Chance. Daher wünschen und hoffen viele Menschen auf dem Balkan, SFOR- beziehungsweise EUFOR-Truppen so lange wie möglich im Lande zu belassen. Das bedeutet: Wenn Kriegstreiber und Terroristen mittels politischer Befriedungsverhandlungen nicht zu beherrschen sind, sollte die vorrangige *Option für Gewaltfreiheit*, die zu Recht im Zentrum christlichen Friedenshan-

---

8 GARSTECKI, Bonner Theologe, hegt die „Erwartung, dass die Logik kommunikativer Konfliktaustragung langfristig auch den Aggressor überzeugt und eine Dynamik in Gang setzt, die auch für ihn und seine Interessen produktiver ist als die Fortsetzung der Gewalt." (Die Zivilisierung der Konflikte, 61)

delns steht, vernünftigerweise in eine *Option angemessener Gegenmaßnahmen* überführt werden. Andernfalls entziehen Christen sich ihrer Verantwortung für den schutzlos der Gewalt von militanten Aggressoren ausgelieferten Menschen. Daher kann sich gewaltfreie christliche Friedensverantwortung nicht *alternativ,* sondern nur *komplementär* verstehen: je nach Konfliktszenarien sind zivile *und* friedenserzwingende Einsätze gleichermaßen gefragt.

Diese verantwortungsethische Sicht folgt der friedensethischen Argumentation der evangelischen Kirche. Die mehrfach zitierten Orientierungspunkte *Schritte auf dem Weg des Friedens* überwinden das pure Gegeneinander von pazifistisch-gesinnungsethischer Position und verantwortungsethischer Konfliktwahrnehmung. Insbesondere verbinden sie die *Friedensfrage mit den Menschenrechten,* deren Schutz und Verteidigung. Wer immer Verantwortung für das Leben des Menschen trägt, muss sich fragen, was zu tun ist, wenn dieses Leben bis zur Vernichtung gefährdet ist. Die Charta der Vereinten Nationen als Rechtsautorität bildet, wie oben skizziert, den Schlüssel des Friedenshandelns westlicher Wertegemeinschaften. Die internationale Staatengemeinschaft hat nicht nur die Pflicht, Gewaltopfer zu schützen, sondern auch der Gewalt zu wehren. Auf der Ebene internationaler Rechtsdurchsetzung erkennen die Verfasser der EKD-Studie den in der Charta nicht gelösten Konflikt zwischen der Anerkennung staatlicher Souveränität einerseits und dem Schutz universaler Humanität andererseits. Die „Definition von Humanität" dürfe nicht jeder Einzelstaat jeweils für sich beanspruchen, sondern die Völkergemeinschaft habe die Pflicht, „zur Geltung und Durchsetzung der Menschenrechte beizutragen und den Opfern von Unterdrückung und Gewalt Schutz und Hilfe zuteil werden zu lassen."[9] Souveränitätsrechte der Einzelstaaten müssen in der Folge zugunsten kollektiver, regionaler Sicherheitssysteme der Vereinten Nationen abgetreten werden. In einer widersprüchlichen Welt, die den *Königsweg* zu dauerhaftem Frieden nicht kennt, verantworten Soldaten wie zivile Friedensakteure den stets brüchigen, vorläufigen Frieden auf *unterschiedliche Weise gemeinsam.* Ohne militärische Präsens und des damit verbundenen Schutzes der professionellen, gewaltfreien Konfliktbearbeitung ist ziviles Friedenshandeln erfolglos.

Unverkennbar bezieht sich die EKD-Studie auf die Nächstenliebe und Schutzbedürftigkeit aller Menschen, auf Luthers theologische Anthropologie sowie auf den Vernunftglauben der Aufklärung. Inwiefern der Mensch und seine Rechte in der Vielfalt der Kulturen und Religionen geachtet und verwirklicht oder fallweise missachtet respektive missbraucht werden, wird auch die Diskussion mit Hans Küng zeigen.

9   Schritte auf dem Weg des Friedens, 27f.

6.3. Das „Projekt Weltethos" – Fluchtpunkt christlicher Friedensethik?

Einen herausragenden friedensethischen Entwurf verdanken wir dem katholischen Theologen Hans Küng. Mit seiner Programmschrift „Projekt Weltethos" hat der Tübinger Professor weite Kreise in Theologie, Kirche und Gesellschaft erreicht und nachhaltige Resonanz erfahren. Bis in die Gegenwart hinein lebt die deutsche friedensethische Diskussion von den Thesen des Globalethikers. Sie gipfeln in der Forderung: Weltfrieden ist nur durch Religionsfrieden erreichbar. Dabei geht Küng von dem Gedanken einer europäischen kulturellen und moralischen Tradition aus, die universalisierbar ist und daher allen Menschen ethische Grundorientierung gibt. Sofern andere Traditionen im Horizont eines Weltethos nicht zu dieser Einsicht führen, müssen sie zu moralischen Überzeugungen auf dem Weg zum *Weltethos* entwickelt werden.

Im individuellen Leben des einzelnen, aber auch in „planetarischer Betrachtung" (Küng) bildet Frieden in Freiheit und Gerechtigkeit der Menschen eine tiefe Sehnsucht – eine kaum zu bestreitende Erkenntnis.

Weltweit jedoch werden ethische Grundprinzipien des Zusammenlebens und Menschenrechte mehr mit Füßen getreten als geachtet. Obwohl alle Menschen aufgerufen und viele willens sind, die lebensbejahenden, schöpferischen Kräfte zu pflegen und zu bewahren, stiften sie Konflikt, Gewalt, Krieg. Das muss offensichtlich am Menschen selbst liegen. Das Unmenschliche als Ausdruck lebensverneinender, destruktiver Kräfte speist sich letztlich immer aus den Quellen widersprüchlichen menschlichen Verhaltens. Wer den *guten* Menschen postuliert, muss auch den *bösen* kennen und in seinen ethischen Grundlegungen hinreichend berücksichtigen. Allein die Befähigung zum Guten und zum Bösen macht die ethische Bestimmung des Menschen so schwierig. Nur wer den widersprüchlichen Menschen ernst nimmt, wie oben ausgeführt[10], handelt verantwortungsvoll. Nur wer die *Vorgabe Mensch* und das ihn bestimmende Konflikt-, Aggressions- und Gewaltpotential in den Blick nimmt, wird seine Friedensfähigkeit angemessen würdigen. Wer dieses unterlässt, gerät sogleich in eine Distanz zur Wirklichkeit. In dieser Gefahr steht der Globalethiker Küng.

Der „alte" und der „neue" Mensch

Überlegungen zur Friedensverantwortung der Christen im Rahmen eines globalen Ethos kommen nicht umhin, über den nachzudenken, der eine universale ethische Verantwortung übernehmen soll: den *Menschen*. Was wissen wir von dem konkreten Menschen in den Gesellschaften unserer Welt, seiner gattungsgeschichtlichen und kulturanthropologischen Bestimmtheit? Besitzt der Mensch jene Voraussetzungen, die eine Überwindung von Konflikt, Gewalt und Krieg als reale Möglichkeit seines Verhaltens und Handelns eröffnen?

---

10 Siehe vor allem S. 37–42.

In Hans Küngs Projekt Weltethos haben derartige Fragen nur geringe Bedeutung. Obwohl Küng den Menschen als ambivalentes Wesen thematisiert, steht hinter seinen universalethischen Überlegungen unausgesprochen eine kulturanthropologisch fragwürdige Prämisse: Küng setzt auf den Menschen friedliebenden, konflikt- und gewaltnegierenden Einvernehmens, der Feindschaft überwindet, Frieden und Versöhnung stiftet und auf der Ebene eines globalen Ethos auch findet. „Der Mensch soll nicht unmenschlich, rein triebhaft ‚bestialisch', sondern menschlich-vernünftig, wahrhaft menschlich, eben human leben!"[11] Sein ökumenisches Lebenscredo zielt auf einen „elementaren Grundkonsens über Grundprämissen menschlichen Lebens und Zusammenlebens innerhalb der einen Weltgemeinschaft [...]."[12] Die in allen Religionen schon jetzt bestehenden Gemeinsamkeiten bezüglich verpflichtender Werte bildeten die ökumenische Basis für ein planetarisches Ethos. Daher proklamiert und beschwört der Globalethiker unablässig die „gemeinsame Menschlichkeit aller Menschen", das „wahrhaft Menschliche", die „Vollendung wahrer Menschlichkeit."[13] Küng erkennt anscheinend nicht, dass sich das wahrhaft Menschliche als das wahrhaft *Widersprüchliche* des Menschen definiert. Dass Mächte und Maskeraden des Bösen nicht nur das Leben der Christenmenschen, sondern Menschen aller religiösen, pseudoreligiösen und weltanschaulichen Herkunft in ihren Bann ziehen, wird zwar markiert, aber als menschliche *Grundbefindlichkeit* weder ernst genommen noch diskutiert. Die engagierte, vernunftgemäße Deutung menschlicher Ambivalenz, die sich provokativ mit dem Gut-Böse-Problem verbindet, findet in Küngs Überlegungen keinen Raum. Kaum einer der Christuszeugen weiß um die destruktiven menschlichen Verknüpfungen und das Konflikt schaffende Potential des Menschen besser Auskunft zu geben als Paulus, der Apostel: Was der nach Glauben und Vernunft handelnde Mensch nicht tun soll, das tut er.[14] Paulus legt hier den römischen Christen die prägnanteste Formel der Ambivalenz des menschlichen Seins vor. Küng dagegen nimmt den konkreten, fehlbaren Menschen in seiner kulturanthropologischen und gattungsgeschichtlichen Bestimmtheit nicht angemessen zur Kenntnis.

Ein Diskurs über das anspruchsvolle Programm Weltethos hätte vor allem die Konfliktnatur des Menschen und sein Aggressionspotential zu berücksichtigen. Im Rahmen ethischer Überlegungen in *planetarischer Verantwortung* bleibt dies das Defizit schlechthin. *Es dominiert immerzu die Tendenz, das ethisch Wünschenswerte als das ethisch Machbare zu erklären.* Damit weckt er bei Christenmenschen zwar hohe Friedenserwartungen. Gemessen an der globalreligiösen Wirklichkeit sind sie jedoch trügerisch und utopisch. Nirgendwo fragt Küng, ob

---

11 Projekt Weltethos, 119.
12 Projekt Weltethos, 118.
13 Projekt Weltethos,119; 121 (im Original Fettdruck).
14 „Denn ich tue nicht das Gute, das ich will, sondern das Böse, das ich nicht will... Ich stoße also auf das Gesetz, dass in mir das Böse vorhanden ist, obwohl ich das Gute tun will." (Röm 7,19.21)

seine universalethischen Vorstellungen, Wünsche und Forderungen gegenüber den Religionen, Kulturen, Konfessionen, Denominationen, Sekten, fundamentalistischen Bewegungen bis zu den Humanismen agnostischer oder atheistischer Prägung mit dem aus Geschichte und Gegenwart bekannten ambivalenten Menschen überhaupt zu realisieren sind. Mitmenschlichkeit im altruistischen Sinne zu postulieren („der Mensch muss […] menschlicher werden!"[15]), ist nicht nur trivial, sondern hat den Menschen auch stets überfordert. Menschsein verwirklicht sich nicht nur im Tun des Wahren, Guten und Schönen, sondern in unwahren wie in bösen und bestialischen Handlungen gleichermaßen.

Friedensethik ohne Anthropologie?

Kann eine globale Ethik des Friedens, die es unterlässt, ihre eigene Basis, die Anthropologie, zu reflektieren, den Fluchtpunkt einer universalen Ethik markieren? Liegt der Maßstab zur Beurteilung ethischer Praxis nicht in der Vermittlung eines realistischen Menschenbildes? Wenn Alexander Mitscherlich feststellt, „dass die großen Sittenlehrer und Sittenlehren der Menschheit gescheitert sind"[16], dann ist nach den Ursachen dieses Scheiterns zu fragen. Es steht zu vermuten, dass die *Prämisse Mensch* und die ihn bestimmende strukturelle Friedlosigkeit nicht hinreichend berücksichtigt wurden. Ethiken und Morallehren jedweder Provenienz werden als Steuerungsinstrumente menschlichen Verhaltens und Handelns nur dann überzeugen, wenn sie anthropologische Grunderkenntnisse aufnehmen – andernfalls sind sie wertlos.

Der Sozialethiker Günter Brakelmann hat jene für die christliche Friedensethik grundlegende anthropologische Fragestellung aufgegriffen und überzeugend dargelegt: „Will man wissen, wer der Mensch ist, sollte man nicht unter die Spekulanten gehen, unter die Reißbrettdenker, sondern sich zunächst mit dem uns bekannten empirisch-geschichtlichen Menschen befassen. Die Geschichte selbst zeigt uns überdeutlich genug, mit wem wir es zu tun haben, wenn wir über uns selbst nachdenken. Sie, die Geschichte, ist Fleisch von unserem Fleisch. Sie spiegelt wider, wer wir sind, wie wir uns radikal verspielen oder halbwegs gewinnen können. Nur keine Illusionen! Solange es diese Geschichtszeit gibt, werden wir nicht aus unseren doppelten Möglichkeiten herausspringen können. Weder die vor uns haben es geschafft, noch wir schaffen es. Es hat nicht viel Sinn[…], den ganz anderen Menschen rhetorisch zu malen, um den ganz real existierenden hinter sich lassen zu können."[17] „Es hat auch nicht viel Sinn" – Brakelmann indirekt Küng aufnehmend – „gegen geschichtlich wirksame Erfahrungen unmittelbar eine Flut von höchster Ethik und Moralität zu setzen. Der Ruf nach dem ganz anderen Menschen, mit einem ganz anderen Bewusstsein, der Schrei nach dem wahren Menschen im Menschen mag ein Indiz für das verlorene

---

15 Projekt Weltethos, 53 u.ö. (im Original Fettdruck).
16 MITSCHERLICH, Die Idee des Friedens und die menschliche Aggressivität,110.
17 BRAKELMANN, Für eine menschlichere Gesellschaft, 223.

Menschsein bedeuten, ermöglicht und verbürgt aber noch lange nicht seine Wiedergewinnung."[18]

Hans Küng fordert dagegen eine „neue Moral". Sie steht in Analogie zu dem vielfach aufgeworfenen Desiderat in Theologie und Kirche: Wir brauchen den neuen Menschen. Dann schaffen wir weltweiten Frieden auf der Basis von Versöhnung und Geschwisterlichkeit. Nun hat sich der so genannte neue Mensch stets als der alte, als das „krumme Holz" (I. Kant), entlarvt. Er hat sich oftmals gewandelt, aber besser geworden ist er nicht. Der Mensch hat der Allmacht ethischer Postulate auf Dauer nicht standgehalten. Aus Mangel an absolutem Gehorsam gegenüber Gottes Gebot – sagt christlicher Glaube – ist der Mensch seit Adam und Eva ein primärer Sünder und ein gattungsgeschichtlich bedingtes widersprüchliches Wesen geblieben. Eine begründete Hoffnung auf die Abschaffung des fehlbaren und sündigen Menschen wird sich für Christen wohl erst am jüngsten Tage erfüllen. Deshalb kann Küngs visionärer, utopischer Idee eines „Ethos für die Gesamtmenschheit"[19] kein durchschlagender oder gar universaler Erfolg beschieden sein. Wo finden wir überzeugende Gründe für die Annahme, dass globalethische Vorstellungen zu signifikanten religiösen Angleichungen oder ethischen Gemeinsamkeiten auf weltreligiöser Ebene führen? Beklagenswerter Weise scheitert sein aus akzeptablen Gründen postuliertes Weltethos am Menschen. Das Projekt Weltethos nährt hoffnungsvolle Trugbilder, die wegen ihrer suggestiven Sprache und scheinbaren Evidenz in humaner Absicht nach wie vor eine gewisse Anziehungskraft auf Christenmenschen ausüben.

Divergenzen und Differenzen zwischen Religionen

Küng vernachlässigt aber nicht nur den kulturanthropologischen Diskurs, sondern nimmt auch die religiöse Pluralität in ihrer Unterschiedenheit bis Gegensätzlichkeit nicht hinreichend ernst. Man braucht kein Theologe zu sein, um zu erkennen, dass Religionen wegen ihres Alleinvertretungsanspruchs auf Universalität in aller Regel konkurrierende Lebenssinn-Angebote lehren und verkündigen – von Behauptungen, letzte Wahrheiten zu besitzen, ganz abgesehen. „Religionen sprechen mit absoluter Autorität und sie bringen diese nicht nur mit Worten und Begriffen, Lehren und Dogmen, sondern auch mit Symbolen und Gebeten, Riten und Festen [...] zum Ausdruck", analysiert der Globalethiker Küng.[20] Statt nun die sorgfältige religionsgeschichtliche Diskussion zu suchen, räsoniert er durchgängig im wirklichkeitsfremden Konjunktiv: „Was würde es bedeuten, wenn alle Vertreter der großen Religionen aufhörten, Kriege zu schüren, und anfingen, Versöhnung und Frieden zwischen den Völkern zu fördern? Was würde [...], was wäre [...], was könnte sein [...], Religionen könnten, wenn sie wollten [...]" usw.[21] Die Kraft von Küngs insinuierenden Ausführungen steckt wesentlich in

18 BRAKELMANN, Für eine Menschlichere Gesellschaft, 226.
19 Projekt Weltethos, 14 (im Original Fettdruck).
20 Projekt Weltethos, 78.

rhetorischen Fragen und der Aneinanderreihung von geschickt platzierten Konjunktiven. Damit zieht er Christenmenschen nur vorläufig in seinen Bann.

Man wird Wolfgang Huber Recht geben, der in einem Diskussionsbeitrag zu Küngs Weltethos schreibt: „Der radikale Universalismus nimmt die faktische Pluralität in unserer Welt nicht ernst."[22] Wer nur den Frieden unter den Religionen in den Blick nimmt, nicht aber auch Gewalt, Konflikt und Krieg der Völker, negiert nicht nur globalreligiöse Wirklichkeit, sondern arbeitet unseriös. Das Judentum etwa versteht sich als das eine von Gott auserwählte Volk: „Ihr sollt mein Eigentum sein vor allen Völkern…" (Ex 19,5) Nur Israels Gott ist Herr über Leben und Tod. Wer den Göttern dennoch opfert, soll nicht nur als Götzendiener bestraft, sondern mit dem Bann belegt werden. Dieser Glaube lebt sich exklusiv aus und privilegiert das eigene Volk in einzigartiger Weise. Jüdischer wie christlicher Monotheismus leugnet die Brücke zu anderen Göttern. Beide Religionen verkündigen die radikale und konsequente Entwertung der Götter zugunsten des Einen. Ihre Überlieferung finden sie im Koran nicht wieder. Im Unterschied zur Religion des Volkes Israel erhebt der Islam den Anspruch – nach buchstabengetreuer (arabischer!) Auslegung des Korans – auf einen weltumspannenden Gottesstaat. Es gibt keinen Gott außer Allah, und Muhammad ist sein Gesandter. Muslime glauben, Gottes endgültige Offenbarung in den Worten des Korans erhalten zu haben. Was bedeutet das staatspolitisch? Für strenggläubige Muslime kann es keine Herrschaft des Volkes geben, sondern nur eine Herrschaft Gottes. Demokratie in der islamischen Welt? – vorläufig eine kaum zu realisierende politische Denkfigur. Erst die Aufweichung islamischer Demokratieresistenz würde Raum für demokratische Verfassungen schaffen. Christlicher Glaube, zwar durch Reformation und Aufklärung religiös geläutert, begäbe sich seines Grundpfeilers, wenn er dem durch Jesus Christus bezeugten ewigen Vater-Gott, dem *Schöpfer des Himmels und der Erde*, seine Einzigartigkeit abspräche. Alttestamentlicher und muslimischer Glaube schreiben unter bestimmten politischen Umständen so genannte Heilige Kriege vor. Und das Christentum, Religion der Liebe, Barmherzigkeit und Gewaltlosigkeit, hat durch vielerlei Gewalttaten die Geschichte des christlichen Glaubens nachhaltig belastet. Kurzum: Bei genauer Betrachtung begegnen sich im Islam und Christentum zwei Offenbarungsvorstellungen, die als Glaubenszeugnisse zweier Weltreligionen für ein zu bildendes gemeinsames Ethos nicht hinreichend kommensurabel sind. „Wie ernsthaft unter diesen Vorbedingungen Dialog, Verständigung mit Menschen anderer Religionen und Herkunft betrieben werden kann, bleibt offen."[23]

Wer globalethisch denkt, muss Divergenzen und Differenzen zwischen Kulturen und Religionen identifizieren, Antagonismen zwischen Völkern und Ethnien

---

21 Projekt Weltethos, 86; 88; vgl. auch 99; 102 u.ö.
22 Huber, Gewalt gegen Mensch und Natur, 43.
23 Goerlach, Die neue Weltunterordnung, 45; vgl. zu den islamischen Initiativen des Umgangs mit der nichtislamischen Welt E. Thevessen, „Terroralarm". Deutschland und die islamistische Bedrohung, Berlin 2005.

markieren. Der Globalethiker Küng hingegen wählt christliches Glaubensgut nach scheinbarer Kompatibilität mit anderen Religionen aus. Bassam Tibi, der führende islamische Religionswissenschaftler, hat in einem Dialog mit Küng gesagt: „Ich bin Moslem und Sie sind Katholik; aus diesem Grunde wird es niemals zu einem Weltethos kommen. Da gibt es zu viele Unterschiede." Und Peter L. Berger, der amerikanische Religionssoziologe, ergänzt: „Wer sich die Geschichte anschaut, stellt [...] fest, dass die Religion mehr Konflikte schafft als in Konflikten vermittelt."[24] Der portugiesische Literaturnobelpreisträger José Saramago bringt den religionskritischen Superlativ: „Es ist bekannt, dass ausnahmslos alle Religionen nie dazu dienten, die Menschen einander näher zu bringen und den Frieden zu mehren. Religionen waren und sind der Grund für unendliches Leid, für Massenmorde und ungeheuerliche physische und psychische Gewalt, die zu den dunkelsten Kapiteln der elenden Geschichte der Menschheit gehören."[25] Die Einschätzung des kirchenfernen Skeptikers Saramago geht zurück auf unmittelbare emotionale Betroffenheit nach dem 11. September 2001. Anders gewendet: Es besteht kein ernsthafter Zweifel am geringen Dialog- und Friedenspotential der Religionen. Mithin werden die interreligiösen Dialoge zwischen den großen Weltreligionen im besten Falle freundlich respektive distanziert sein, im schlimmsten Falle konfliktreich oder gewalttätig. Im Blick auf uns tangierende Fragen des Umgangs mit dem Islam werden wir unser Bekenntnis zum christlichen Glauben sowie den Respekt gegenüber Muslimen offen und unmissverständlich zum Ausdruck bringen.

Ferner leidet Küngs ethischer Großentwurf („Weltethos der Weltreligionen im Dienst an der Weltgesellschaft"[26]) darunter, dass er die komplizierten Abhängigkeiten von Macht und Recht, Politik und Militär, Konfliktbereitschaft und Gewaltanwendung im Kontext weltweiter Durchsetzung eigener Wertvorstellungen, egoistischer Interessen und ökonomischer Opportunität nicht angemessen würdigt; das unverändert hohe Konfliktpotential der Ethnien sowie ihre geringe Integrationsfähigkeit wird unterschätzt und wirklichkeitsfremd gedeutet. Spätestens seit dem Verfall der Sowjetunion erleben wir das Auseinanderbrechen der ehemals erzwungenen oder verordneten Gemeinsamkeiten des Vielvölkerstaates samt seinen Satelliten. Die Rückbesinnung auf den eigenen Clan, den Stamm, die Volksgemeinschaft und den Nationalstaat verschafft sich kriegerisch-gewalttätig Raum. Das Menschheitsproblem Krieg reflektiert der Globalethiker so: „Warum sollte die Menschheit [...] in einer völlig neuen weltgeschichtlichen Konstellation etwa nicht auch Kriege aufgeben können?"[27] Da Kriege nicht „angeboren" seien, sondern „angelernt", könnten sie „durch krieglose, friedliche Konfliktregelung ersetzt werden."[28] Hier grüßt Einfalt edle Gesinnung!

---

24 BERGER, Sehnsucht nach Sinn, 80.
25 SARAMAGO, Im Namen Gottes ist das Schrecklichste erlaubt, 67.
26 Projekt Weltethos, 89 (im Original Fettdruck).
27 Projekt Weltethos, 117 (im Original z.T. Fettdruck).
28 Projekt Weltethos, 117.

In den Augen vieler kritischer Zeitgenossen weckt Küng damit den Anschein einer höheren Moral. Faktisch setzt er sich nicht differenziert mit den Amoralitäten und Antagonismen dieser Welt auseinander. Seine imaginäre Friedenssehnsucht trübt den Blick für die tatsächliche Unverträglichkeit der universalen Werte- und Normenkodices. *Die Decke universaler ethischer, kultureller und politischer Gemeinsamkeiten ist erwiesenermaßen viel zu kurz.* Visionen eines zu realisierenden weltumspannenden Ethos werden täglich vielfach widerlegt. Ein echter Dialog der Religionen hätte die Relativierung des monotheistischen Standpunktes zur Folge. Dialoge auf weltpolitischer Ebene setzen polytheistische Glaubensstrukturen voraus. Wille und Bereitschaft zur Relativierung eigener religiöser Traditionen sind jedoch in der christlichen Theologie und Kirche nicht auszumachen – oder doch? Implizit erleben wir eine Zeitgeist bedingte tolerante Haltung vieler Christen gegenüber Andersgläubigen, die als Gleichgültigkeit, Opportunismus oder Glaubensindolenz am Ende in die Selbstaufgabe führt.

Der Dienst am Frieden verpflichtet uns, den Menschen im Licht nüchterner Skepsis zu sehen: also in erster Linie in seinen konkreten, jedoch begrenzten Handlungsmöglichkeiten hinsichtlich der *ganzen* Menschheit, sodann in seinen Fehlbarkeiten, seinem Aggressionspotential, seiner Gewaltbereitschaft, kurzum: in seinen *Widersprüchlichkeiten und Unvollkommenheiten.* Dass Küng die *Lehren vom Menschen* im Dialog mit Philosophen, Verhaltensforschern, Politikwissenschaftlern und Kulturanthropologen nur peripher aufnimmt, muss als Defizit schlechthin gewertet werden.[29] Reflexionen über multireligiöse Kräfte und Mächte in geschichtlicher Perspektive, die eine Chance zu interreligiösen Dialogen und Friedenswege eröffnen könnten, klingen schemenhaft an.[30] Mangels kulturhistorischer Betrachtungen lässt er eine der wichtigsten Tatsachen der Menschheitsgeschichte außer Acht: die Theorie der *Machtbalance.* Religionen, Staaten, Gesellschaften, (Völker-)Rechte beruhen auf einer Machtbasis. Macht ist immer präsent: sowohl individuell als auch kollektiv. Ethisch und rechtlich ist sie ambivalent. Daher besteht die Gefahr des Machtmissbrauchs. Recht verstandene Macht sollte legal und legitimiert errungen sein. Im Idealfall sind ausgewogene Machtverhältnisse anzustreben. Schon Thukydides (um 460–400 v.Chr.), Begründer der abendländischen Geschichtsschreibung, hat in seinem „Peloponnesischen Krieg" einen überzeugenden Zusammenhang von Frieden, Recht und Gerechtigkeit hergestellt: Frieden auf der Basis von Recht und Gerechtigkeit bestehe nur zwischen Gleichstarken. „Sonst machen die Starken, was sie wollen, und die Schwachen erleiden, was sie müssen!"[31]

Den Kirchen und Religionen sowie der internationalen Politik wirft Küng Versagen, etwa auf dem Balkan, vor. Nun hat sein Programm Weltethos während der vergangenen fünfzehn Kriegsjahre im ehemaligen Jugoslawien und in anderen Konfliktregionen der Welt auch nicht in Ansätzen friedenschaffende Ein-

---

29 Vgl. Projekt Weltethos, 142ff.
30 Vgl. Projekt Weltethos, 80ff.
31 THUKYDIDES, Der Peloponnesische Krieg, Melier-Dialog, 57.

flussnahme aufzuweisen. Interkulturelle Dialoge und Versöhnungsinitiativen wären z.B. in der Nachkriegssituation des Kosovo dringend geboten. Greift der Weltfriedensethiker Hans Küng in den Lauf dieser Welt ein? Wo engagieren sich seine Epigonen? Er reist von Symposion zu Symposion, um die Weltgesellschaft auf sein Weltethos einzuschwören. Küngs ethischer Anspruch und die religiöse Weltwirklichkeit klaffen weit auseinander. Das liegt an einem kategorialen Fehler: Seine ethisch-appellative Friedensgesinnung vermag auf reale politische Probleme, Konfliktszenarien und Kriegstreiber nicht entscheidend einzuwirken. Der Weltfriedensethiker Küng unterscheidet nicht zwischen *ethischem* und *rechtlichem* Universalismus. Die ethische Selbstverpflichtung, etwa die Menschenrechte zu schützen, hat nicht den Rang eines international anerkannten friedensstiftenden *Rechtsprinzips*. Das Weltethos trägt appellativen Charakter. Sein Verbindlichkeitsgrad besteht in einer Absichtserklärung. Das universale Paradigma friedlichen Zusammenlebens der Völker sollte daher nicht in der Vision eines Weltethos gesucht werden. Anerkennung, Anwendung und Durchsetzung von kodifizierten Rechten, die den Menschen existentiell betreffen, müssen verpflichtende Aufgabe werden. Nicht die Proklamation globalethischer Wunsch- und Trugbilder, sondern die Förderung eines Ethos der Rechtsbefolgung[32] ist Zielpunkt verantwortlicher Friedensethik. Die qualitative Unterscheidung von *Ethos* und *Recht* liegt nicht in ihrer Wertigkeit, sondern in ihrer *Durchsetzbarkeit*.

Was ist zu tun? Komplizierte Gemengelagen von religiös-ethischen und ethnisch-politischen Gegebenheiten sowie divergierende Werteordnungen und Mentalitäten bestimmen weltweit das Bild der Kulturen und Zivilisationen. Autoritär und despotisch geprägte Staatsordnungen stehen demokratisch geführten Staaten gegenüber. Die gegenwärtige Revitalisierung fundamentalistisch ausgerichteter Religionen und das Aufblühen ihres Konfliktpotentials verstärken kulturelle Gegensätze und führen zu politischen Instabilitäten – etwa die islamistische Versuchung, politische Einflusssphären zu erweitern. Das heißt: Multipolare, multikulturelle und multireligiöse Fakten bestimmen die Landkarte weltumspannender Realität. Unter dem Gesichtspunkt der *Vernunft* und des *Respektgebotes* müssen sie notwendigerweise geachtet werden. Im Unterschied zur Akzeptanz, die Toleranz voraussetzt und stets zur Relativierung oder Aufgabe eigenen religiösen Bekenntnisses führt, plädiere ich für Respekt, der ebenfalls auf tolerantem Boden steht. Respekt gegenüber dem Andersglaubenden wird als Christenpflicht betrachtet. Die Zumutung, etwa Muslime auf der Ebene so genannter gemeinsamer theologischer *Schnittmengen* für den Glaubensdialog zu gewinnen, sollte sehr zurückhaltend erwogen werden. D.h.: Christen und Muslime werden nicht zu (faulen) Glaubenskompromissen genötigt, sondern bleiben ihrem Glauben treu. Die Suche nach einer Basis von Gemeinsamkeiten der Werte, Traditionen, Normen und Lebensformen in einem globalen Ethos wird scheitern, weil es die Unterschiede nicht zulassen. „Nur das Wissen darum, wie der andere sich und

---

32 Vgl. Schritte auf dem Weg des Friedens, 26f.

die Welt versteht, wird die Grundlage darstellen können, auf der interkultureller und interreligiöser Dialog möglich ist [...]."[33] Daher sollte der unbedingte *Respekt vor universaler Pluralität* in ihren unterschiedlichsten Spielarten Grundgebot religiösen, ethischen Handelns sein. Das Paradigma des Zusammenlebens in einer multireligiösen, heterogenen Welt liegt also im *Respektgedanken*. Der realistische Weg zum interreligiösen Dialog in einer multikulturellen Welt besteht darin, Verschiedenheit zu akzeptieren und auf Universalismus zu verzichten.[34]

Der Bündnisgedanke als globalpolitisches Humanum

Ordnungskomponente in den Beziehungen der Staaten, Völker und Ethnien ist das *Recht*. In seiner konkreten Zuspitzung sind es die kollektiven Menschenrechte, die geschützt, nötigenfalls eingeklagt und durchgesetzt werden müssen. Der Prüfstein des Rechts liegt in seiner Verwirklichung. Deshalb betont die EKD-Studie: „Eine rechtlich verfasste Ordnung kann nur Friedensordnung sein, wenn sie unter dem Recht steht, d.h. wenn das Recht in ihr als verbindlich anerkannt wird."[35] Frieden durch Recht zu erhalten, ist insofern Gebot unserer Zeit, als Frieden im Zusammenleben der Menschen durch Rechtsbruch ebendieser Menschen stets bedroht ist. Die christlichen Kirchen setzen demnach ihre Hoffnung auf die friedensstiftende Kraft des Rechts. Wer Recht schützt, wehrt dem Unrecht, wahrt Frieden, fördert das Gute. Im Mittelpunkt steht der Gedanke kollektiver, internationaler Friedenssicherung durch die weltweit anzuerkennende Rechtsinstanz der Vereinten Nationen. In gemeinsamer Verantwortung, konkret: im Regelwerk der Charta der Vereinten Nationen, sind alle Mitgliedsstaaten gefordert, gegen politische Unterdrückung, Verletzung von Menschenrechten und Völkermord anzugehen.

Damit ist das Grundproblem heutiger Konfliktszenarien und Gewaltausbrüche noch nicht hinreichend erfasst. Als Folge nationalen Zerfalls und damit verbundener Sezessionsbestrebungen müssen die Vereinten Nationen auf Auseinandersetzungen reagieren, die nicht von regulären Streitkräften geführt werden. Unkontrollierbare Milizverbände, bewaffnete Zivilpersonen und marodierende Banden terrorisieren die eigene Bevölkerung. Sie berauben und vertreiben ihre Landsleute, töten aus ethnischen Gründen sowie aus aggressiver Willkür. Die Regeln der Kriegsführung sind außer Kraft gesetzt. Ihre Zielvorstellungen liegen meistens in Segregationsbestrebungen beziehungsweise in einer so genannten ethnischen Befreiung. Die Mitgliedsstaaten der Vereinten Nationen tun sich schwer mit derartigen Bestrebungen. Sofern sie die Menschenrechte ernst nehmen, haben sie dafür zu sorgen, dass den Bürgern auch innerstaatlich ein Leben in Freiheit, Gleichheit und Unverletzlichkeit garantiert wird. Dazu bedarf es der politischen Einmischung (Intervention). Um erfolgreich intervenieren zu kön-

---

33 GOERLACH, Das Recht ersetzt den Herrn, 38.
34 Vgl. HUNTINGTON, Kampf der Kulturen, 526.
35 Schritte auf dem Weg des Friedens, 26.

nen, müssen abgestufte Sanktionsmaßnahmen bis hin zu militärischen Eingriffen in die inneren Angelegenheiten des souveränen Staates in Betracht gezogen werden. Das schränkt einzelstaatliche Souveränität zugunsten einer supranationalen Rechtsinstanz ein. Die Charta betont aber das Recht auf Selbstbestimmung der Völker und das Prinzip der Nichteinmischung in die inneren Angelegenheiten eines souveränen Staates.[36] Zukünftig jedoch darf die freie Völkergemeinschaft schwerste Menschenrechtsverletzungen einer souveränen Staatsmacht nicht mehr mit dem Einmischungsverbot in die *inneren Angelegenheiten* beantworten. Das Verbot der Nichteinmischung muss dringend überarbeitet werden. Eingrenzung und Bändigung von innerstaatlicher Gewalt setzt die Stärkung völkerrechtlicher Instrumente voraus. Die Notwendigkeit dieses Schrittes belegen die Völkermorde und ethnischen Vertreibungen im ehemaligen Jugoslawien, in Zaire, Burundi, Ruanda sowie die Konflikte an den Rändern der vormaligen Sowjetunion.

Tragendes Element bei der Durchsetzung gewaltfreier oder militärischer Sanktionsmaßnahmen zur Wahrung und Wiederherstellung kodifizierter Menschenrechte und des Friedens ist der *Bündnisgedanke*. Bündnisse verpflichten nicht nur zu Beistand und Solidarität; sie binden auch potentielle Machtgelüste, Expansionsbegierden und Aggressionshandlungen. Im Bündnisgedanken gegenwärtiger internationaler Sicherheits- und Friedenspakte liegen nicht nur Bindungskräfte des Friedens, sondern auch – unbeschadet der Missachtung von Menschenrechtsbrüchen – das globalgesellschaftliche Humanum der Gegenwart. Die Vereinten Nationen als Bündnisorganisation souveräner Staaten mit anerkanntem Gewaltmonopol garantieren am ehesten die Wahrung und Wiederherstellung des Friedens, des Rechts sowie die internationale Sicherheit. Der Grundgedanke, durch Bündnisverpflichtungen globale Friedensaufgaben zu übernehmen, bleibt auch dann ohne ernstzunehmende Alternative, wenn multinationale Befriedungsstrategien wegen internationaler politischer Komplexität und schwieriger nationaler Gemengelage nicht immer erfolgreich oder gar optimal greifen.[37] Es kann nur gelten: Nach dem Maß menschlicher *Vernunft* und *Erkenntnisfähigkeit* von Fall zu Fall das politisch Mögliche und rechtlich Gebotene trotz widersprüchlicher Interessen und Bedingungen um des Menschen willen zu wagen und durchzusetzen. Theologisch gewendet: Weil der verheißene Gottesfriede nicht im Bereich empirischer Erfahrung liegt, gehen Christen den Weg internationaler Verständigungsbemühungen. Sie zeitigen bei optimistischer Be-

---

36 Vgl. bes. Kap. 1, Art. 2, Abs. 7 der Charta der Vereinten Nationen.
37 Kritisch muss angemerkt werden, dass die UN-Einsätze mangels faktischer militärischer Fähigkeiten und unzureichenden Mandats nur geringe Erfolge in weltweiter Konfliktschlichtung vorweisen können. Mag man in der Überwachung von Stillstandsabkommen Teilerfolge konstatieren, so ist das Versagen der „Blauhelme" auf dem Balkan und in Zentralafrika als gravierend zu bezeichnen. Lediglich NATO-Einsätze können hinsichtlich der Konfliktschlichtung (auf dem Balkan) respektable Schlichtungs- und Deeskalationserfolge vorweisen.

trachtung eine friedliche Koexistenz zwischen Menschen und Mächten auf dem Hintergrund einer stets brüchigen universalen Friedensordnung.

Nach aller geschichtlichen Erfahrung ist die dauernde Verhütung von Konflikten, Gewalttaten und Kriegen illusionär. Kein noch so hoch angesetzter ethischer Anspruch hebt die Grundbefindlichkeit des Menschen auf. Ethische Soll-Sätze allein haben noch nie Kriegstreiber und Massenmörder bewegen können, von Konfliktbereitschaft und Gewaltanwendung Abschied zu nehmen. Im Gegenteil: Friedensethische Visionen von der Aufhebung universalgesellschaftlicher Widersprüche nähren nicht nur ein Trugbild; sie laden auch potentielle Gewaltherrscher zur Realisierung ihrer Aggressions- und Expansionsabsichten ein! Daher sucht die Friedensfrage im Komparativ ihre Antwort: Weniger an Rechtsbruch und Gewalt ist mehr an Gerechtigkeit und Frieden. „Wir können vielleicht nicht verhindern", so Heinz Zahrnt in einem persönlichen Gespräch mit dem Verfasser, „dass in dieser Welt Kinder gemartert und Menschen geschunden werden, aber wir können die Zahl der gemarterten Kinder und geschundenen Menschen verringern." Die Humanisierung des Zusammenlebens der Menschen geschieht in kleinen internationalen Vertragsschritten. Daher ist die *friedensstiftende Kraft des Rechts* Garantin internationaler kollektiver Sicherheit in Frieden und Freiheit. Wenn in diesem Zusammenhang das Rechtsdenken eine ethische Selbstverpflichtung eingeht, dann wird die Zukunft erweisen, ob dazu Küngs Friedensregeln in globalethischer Absicht eine Chance haben werden. So sehr wir auch eine *Kultur der Gewaltlosigkeit* erstreben, den *neuen Menschen*, das *neue Denken*, den *Bewusstseinswandel*, die *Geschwisterlichkeit aller Menschen* fordern und sie als ethische Maximen beschwören, bleiben sie doch populistische Formeln – „Am Ende falscher Menschenbilder steht die reale Brutalität des Faktischen."[38]

6.4. *Friedenspolitik konkret – Ist Krieg die Fortsetzung der Moral mit anderen Mitteln? 15 Thesen*

Der Realitätswert gewaltfreier friedenspolitischer Initiativen misst sich an politischen Fakten. Friedensethik verlangt nicht nur, dass wir Kriterien des Friedens gewinnen und uns nach Kräften für Friedenskonzepte in der Welt einsetzen. Friedensethik muss auch darlegen, wie und mit welchen Maßnahmen die internationale Politik sich konkret engagieren soll. Naheliegenderweise bietet sich der Krieg um das Kosovo im Frühjahr 1999 als Nagelprobe auf die *Brutalität des Faktischen* an. Überrollt von der realen Aggression des Kriegstreibers Slobodan Milosevic, brechen gängige pazifistische Theorien zusammen. Gewaltfreie Konfliktschlichtung greift nicht. Diese Tatsache bedrückt alle. Jedoch keine Möglichkeit darf ausgelassen werden, um den Diktator zu stoppen. Mittlerweile sind die Kriegsereignisse zwar aus den Schlagzeilen der Medien verschwunden, aber in

---

38 BRAKELMANN, Für eine menschlichere Gesellschaft, 229.

der evangelischen Theologie und Kirche friedenspolitisch nach wie vor viru-
lent.[39] Die folgenden Überlegungen wollen thesenartig aufzeigen, wie die Nord-
atlantische Gemeinschaft auf die Aggression des Kriegstreibers Milosevic reagiert
und sie nach 79 Kriegstagen beendet hat.

1. Der Kosovo-Konflikt ist nicht im Krieg entstanden, sondern im Frieden. „Für
den Krieg gab es einen guten Grund: den Diktator zu entwaffnen.[40] Der Balkan-
krieg ist wesentlich das Werk eines Mannes: Slobodan Milosevic. 1989 hat der
serbische Diktator den Autonomie-Status des Kosovo aufgehoben und seitdem
den Massenexodus der kosovo-albanischen Zivilbevölkerung in die Nachbarstaaten planvoll und menschenverachtend betrieben. Die *Verantwortung für das
Scheitern* der internationalen politischen Bemühungen liegt also in der aggressiven serbischen Großmachtpolitik.

2. „Der Mensch ist Leben, das leben will inmitten von Menschen, die leben wollen"(A. Schweitzer). Wer Verantwortung für das Leben des Menschen trägt, muss
sich fragen, was zu tun ist, wenn dieses *Leben bis zur Vernichtung gefährdet ist.*
Die Gemeinschaft der freien Völker ist gefordert: mit gewaltfreien Embargomaß-
nahmen sowie der Androhung weitergehender Maßnahmen bei dauerhaftem
Ausbleiben des politischen Erfolges. „Sicher bin ich, dass man den Belgrader
Diktator nicht weiterhin gewähren lassen konnte. Überzeugt bin ich, dass diplomatische Ergebnisse ohne militärische Drohungen nicht zu erreichen sind. Die
Pflicht zur Nothilfe darf nicht an einem unterentwickelten [...] Völkerrecht
scheitern." (Bischof Hartmut Löwe)

3. Während der langen Monate der Friedensverhandlungen seit Oktober 1998,
als der Konflikt im Kosovo sich zuspitzte, war es politisch relativ still in Europa.
In Frankreich wurde verhandelt. In Jugoslawien verstärkte der Belgrader Diktator seine gewaltsamen Vertreibungen nach der Devise: One village a day keeps
the NATO away. Nachdem trotz intensiver politischer Bemühungen die Friedensverhandlungen mit der serbischen Regierung im März 1999 scheiterten – bis
zu diesem Zeitpunkt hatten zahlreiche Spitzenpolitiker und Regierungsbeauf-
tragte aus Ost und West in Belgrad ihre Aufwartung gemacht –, hat sich für die
europäischen und amerikanischen Verhandlungspartner unausweichlich die Frage gestellt, wie die Verbrechen gegen die Menschlichkeit im Kosovo beendet werden könnten.

---

39 Vgl. die epd-Dokumentation „Friedensethik kontrovers", Nr. 25/01 vom 11. Juni 2001;
   HASPEL, Friedensethik und humanitäre Intervention. Der Kosovo-Krieg als Herausforderung evangelischer Friedensethik, Neukirchen 2002; ARNOLD, Die evangelische Kirche und
   der Kosovo-Krieg, a.a.O., 289–405; Delbrück, Schritte auf dem Weg zum Frieden, 2003,
   a.a.O.; KOCH, Der Friede in der Politik, 2003, a.a.O.
40 HONDRICH, Auf dem Weg zu einer Weltgewaltordnung, 17.

4. Der Einsatz militärischer Gewalt als angemessene Antwort auf primäre Gewalt ist aus *politischer Einsicht* und *moralischer Überzeugung* nach dem Maß menschlicher Vernunft und Erkenntnisfähigkeit als Ultima-ratio-Maßnahme zu rechtfertigen. Die Völkergemeinschaft sei verpflichtet, so die mehrfach erwähnte EKD-Studie Schritte auf dem Weg des Friedens, „zur Geltung und Durchsetzung der Menschenrechte beizutragen und darum den Opfern von Unterdrückung und Gewalt Schutz und Hilfe zuteil werden zu lassen."[41] Anders gewendet: Wer morden will, muss daran gehindert werden – nicht nur mit einer Friedensbotschaft, sondern auch mit angemessenen politischen (militärischen) Sanktionsmaßnahmen. Das moralische Motiv der militärischen Intervention formulierte US-Außenministerin Albright: „Wir lassen so etwas Teuflisches wie ethnische Säuberungen nicht geschehen, wir stellen uns dem entgegen." Problematisch war allerdings, dass der Militäreinsatz nicht durch ein UN-Mandat erfolgte.

5. Dennoch konnte der NATO-Einsatz sich auf das *Vernunftvölkerrecht* berufen, etwa das *Notwehr-* beziehungsweise *Nothilferecht*. Dieses greift jedoch nicht allein. Dazu kommt ein Systemfehler der Verfahrensordnung des Sicherheitsrates der Vereinten Nationen: Das Veto eines ständigen Mitgliedes des Sicherheitsrates kann notwendige Entscheidungen blocken. China, ein Mitglied, das rechtsstaatlichen Kriterien nicht genügt, kann eine Maßnahme als völkerrechtsmäßig oder völkerrechtswidrig definieren – und dadurch das UN-Mandat verhindern. Darauf zu warten, bis China und ebenso Russland in die Fortschreibung des UN-Mandats 1199 einwilligten, hätte zur Folge gehabt, den militärisch gesteuerten Völkermord des serbischen Aggressors widerstandslos hinzunehmen.

6. Da die Menschenrechtsorientierung der westlichen Wertegemeinschaften den Kerngedanken ihres Selbstverständnisses enthält, konnten die NATO-Mitglieder nicht anders handeln, als die *moralische Verantwortung* (im Sinne einer ethischen Maxime) *über* das Völkerrecht der UN-Charta zu stellen und im Rahmen einer Selbstmandatierung militärisch einzugreifen. Es handelt sich also um eine politisch nicht legitimierte, moralisch aber zwingende *militarisierte Nothilfe* zur Verhinderung einer menschenverachtenden Barbarei. Der *Grenzfall* von politisch-rechtlichem und moralisch-humanem Handeln war gegeben. Insofern ist „Krieg die Fortsetzung der Moral mit anderen Mitteln."[42] „Im Prinzip geht es dabei um den alten Konflikt zwischen staatlicher Souveränität einerseits und universaler Humanität andererseits [...]. Im Rahmen einer internationalen Friedensordnung, die unter der Herrschaft des Rechts steht, kann eine so verstandene Souveränität nicht mehr uneingeschränkt akzeptiert werden."[43] – An diesem *morali-*

---

41 Schritte auf dem Weg des Friedens, 28.
42 Beck, Über den postnationalen Krieg, 987. Beck formuliert dieses Votum in Anlehnung an Carl von Clausewitz, der den Krieg als die Fortsetzung der Politik mit anderen Mitteln bezeichnete.

schen Aspekt und seiner Legitimation, die NATO im Kosovo intervenieren zu lassen, entzündete sich letztlich die in Kirche und Theologie bis heute nicht beendete Diskussion.

7. Die Kritiker der Jugoslawien-Intervention haben weder im März 1999 noch in der Folgezeit ein konfliktlösendes Wort gefunden respektive eine ernstzunehmende friedensstiftende Alternative angeboten. Viele von ihnen waren irritiert, ratlos, ohnmächtig und betroffen – wie sie gerne sagen. Das ist verständliche Reaktion, öffnet aber keine Perspektive des Handelns. Gegengewalt brächte nicht die Lösung des Problems, behaupteten Vertreter und Repräsentanten aus Kirche und Gesellschaft. Der Ruf nach sofortigem Ende der NATO-Luftschläge wurde nach anfänglicher Zustimmung[44] laut und lauter. Sind dabei fortgesetzte Gewaltanwendung, Vertreibung und Mord des Belgrader Diktators in Rechnung gestellt worden? Zu oft hatte Milosevic den Westen hintergangen. Seit zehn Jahren hatte er neunzehn Verträge geschlossen und sie fast alle wieder gebrochen. Sollte sich das ad infinitum wiederholen?

8. Besonders in friedensbewegten Kreisen dominiert ihr Glaube die politische Vernunft und ihre Moral das Recht. Die Welt jedoch ist anders gepolt, als wir Christen sie uns wünschen. Politisches wie militärisches Handeln läuft im Konfliktfall auf eine Grenze zu. Befriedigende Antworten (etwa Dauer des Konflikts) und unumstrittenes Handeln (etwa die Wahl der angemessenen Mittel zur Konfliktbeendigung) sind nicht definitiv auszumachen. Darin liegt das Charakteristikum des Grenzfalles. Der im Grenzfall Handelnde weiß, dass es keine prognostizierbaren, *sauberen* Lösungen gibt. „Allgemein", folgert Hans Magnus Enzensberger, „herrscht bei den Friedensbewegten die merkwürdige Vorstellung, dass es bei einem Krieg [...] auf keinen Fall Tote geben dürfe, eine Forderung, die man rührend nennen könnte, wenn sie nicht auf einen Realitätsverlust schließen ließe, der im politischen Sinn nichts Gutes verheißt."[45]

9. Solchermaßen weiß der auf schmalem, existentiellem Grat handelnde Christ als Waffenträger auch, dass er zwangsläufig im Bereich des Unrechts handelt, lediglich zwischen zwei (oder mehr) *Übeln* wählen zu müssen – wobei das vermeintlich kleinere Übel hingenommen wird, um ein vermeintlich größeres zu verhindern. Die Abwägung von Übeln beruht auf einem Kompromiss, der einen militärischen Einsatz *politisch rechtfertigt und moralisch-ethisch verantwortet.* Wer hier das absolut Gute zu verwirklichen trachtet, wird erkennen, dass dies gerade die schlechteste Problemlösung sein kann. Die verantwortungsethische Frage lautet: Was soll ich jetzt, in dieser schier alternativlosen Situation, noch tun,

---

43 Schritte auf dem Weg des Friedens, 27f.
44 Vgl. Pressemitteilungen der EKD von März bis Mai 1999, in: Arnold, Die Kirchen und der Kosovo-Krieg, a.a.O. 308–339.
45 ENZENSBERGER, Blinder Frieden, 37.

wenn die mir zur Verfügung stehenden Erkenntnisse und Mittel des Alltagshandelns ausgereizt sind?

10. Der Christ als Soldat stellt sich dem Anspruch des Augenblicks und hofft, trotz aller Fragwürdigkeit seines Tuns die Konfliktsituation durch *notwendendes* Handeln schlechthin bestehen zu können. Verpflichtend ist der rechtsethische Grundsatz: *dem Unrechttuenden zu widerstehen, dem Unrechtleidenden beizustehen*. Unrechttuender und Unrechtleidender bilden ebenso ein korrespondierendes Begriffspaar wie Notwehr und Nothilfe; beide Begriffe sind in einem logischen Zusammenhang zu diskutieren. Das fünfte Gebot enthält nicht nur die zeitlose Forderung, nicht zu töten, sondern auch, töten nicht zuzulassen.

11. Sicherlich gab es gegen die NATO-Einsätze berechtigte Einwände. Was die Kritiker gesagt haben, war nicht nur illusionär, populistisch, besserwisserisch. Nicht wenige Menschen in Gesellschaft und Kirche unseres Landes kamen zu recht unterschiedlichem Urteil. Sie warfen der Politik Versäumnisse hinsichtlich eines konfliktdeeskalierenden Handelns vor und sehnten das Ende der Militärschläge herbei. Aber ernstzunehmende Handlungsalternativen hatten sie nicht anzubieten. Das liegt an der Reichweite des politisch Wünschenswerten: Sie ist wesentlich größer als die Reichweite des politisch Machbaren. Deswegen helfen Ohnmachtsgefühle, Betroffenheiten und Hilflosigkeiten den politischen und militärischen Entscheidungsträgern im akuten Konfliktfall nicht. „Es hat keinen Sinn", meint Ehrhard Eppler in einem Tagungsvotum, „jetzt zu sagen: Lassen wir das Militär einmal draußen, fangen wir mit der Politik an. Nein, erst das Militär kann die Menschen dazu bringen, wieder nach Hause zu gehen. Milosevic ist es gelungen, die NATO dazu zu zwingen, auf alle Fälle das durchzusetzen, was er um jeden Preis verhindern wollte, nämlich die Präsenz internationaler Truppen im Kosovo. Daran führt kein Weg mehr vorbei; denn sonst werden die Vertriebenen nicht mehr zurückkehren." Übergeordnetes Ziel der militärischen Intervention ist daher weder die Eroberung Jugoslawiens noch die Vernichtung des serbischen Volkes, sondern die Verhinderung fortgesetzter ethnischer Säuberungen sowie Rückkehr der vertriebenen Kosovo-Albaner unter internationalem Schutz.

12. Obwohl die NATO-Bombardierungen Jugoslawiens als auch die vom serbischen Machthaber militärisch organisierten Vertreibungen und Massaker der kosovo-albanischen Bevölkerung zweifellos eine Verletzung der Charta der Vereinten Nationen bedeuten, müssen Fragen nach *Gewaltursache und Gewaltfolge* ebenso gestellt werden wie die nach dem *Menschenbild* eines Diktators, Despoten, Aggressors oder Kriegstreibers.

13. Wer die Geschichte des Menschen unter kulturanthropologischem Aspekt betrachtet, weiß, dass Despoten, Aggressoren und Diktatoren sich vernünftigen, politischen Kompromissen nicht öffnen. Wer ethnische Vertreibung, Krieg und Vernichtung will, beschreitet keine Friedenswege. Dem Weltbild Milosevics liegt

nicht die Streitkultur der politischen Argumente zugrunde, sondern der Wille zu Zwang und Gewalt: gegen die politische Opposition, gegen die Kosovo-Albaner, gegen die UNO, die NATO. Da der Wille der Belgrader Regierung zu gewaltfreien Lösungen nicht erkennbar gewesen war, kam es zu planvollen Vertreibungen, Massakern und Völkermord. Hinter dieser barbarischen Maßnahme stand der geschichtlich gewachsene nationale Mythos: „der Kosovo ist heiliges serbisches Land". Bis heute wird dieser Erwählungsgedanke – gespeist aus religiösen und ethnischen Wurzeln – im kollektiven Gedächtnis des serbischen Volkes wach gehalten.

14. Wo die Bedeutung religiöser Triebkräfte unterschätzt wird, kommt es leicht zu Fehlurteilen hinsichtlich der Konfliktursachen und ihrer Bekämpfung. Westlich gesinnte Intellektuelle neigen aufgrund ihrer säkularen, rationalen Orientierung dazu, religiöse und ethnische Bindungskräfte zu unterschätzen. Das religiös-ethnische Empfinden spielt jedoch bei allen Volksgruppen auf dem Balkan *die* entscheidende Rolle. Hinzu kommt die Wirkung des Langzeitgedächtnisses der dort lebenden Menschen. Auf jedem Marktplatz könnte man von jedem Bewohner erfahren, meint Hans Koschnick gegenüber dem Verfasser, was der Familie, dem Dorf, dem eigenen Volke in den vergangenen hundert (!) Jahren von der jeweils anderen Volksgruppe angetan worden sei. Konflikte brechen also auf, wenn Menschen verschiedener religiös-ethnischer Herkunft ihre nationale, mythisch verklärte Identitätsvergewisserung durch Großmachtpolitik zu verwirklichen suchen. Religiöse und vor allem ethnische Legitimationsmuster dienten schon immer politischen Machtansprüchen, die in „Bruchlinienkriegen" (Huntington) ihren menschenverachtenden Ausdruck fanden.

15. Wir haben nach 1990 gelernt, dass die Formel *Nie wieder Krieg!* eine Wandlung erfahren musste. Der Antikriegsgedanke lautet nun: Nie wieder Hitler, Stalin, Saddam, Milosevic! Das heißt: Wir dürfen nicht zulassen, dass hilflose Menschen Opfer des barbarischen Vernichtungswillens eines Diktators werden. Wir haben es also mit einer tragischen Situation zu tun, in der Menschen schuldig werden, gleich was sie tun – und auch, wenn sie nichts tun. Diese konfliktethische Spannung müssen wir aushalten. Die Doppelstrategie von militärischem und politischem Engagement hat nach 79 Tagen Milosevic zum Einlenken und die serbische Armee zum Rückzug aus dem Kosovo gezwungen.

7. Christliche Friedensethik vor aktuellen Herausforderungen

7.1. Neue politische Realitäten

Vor dem Hintergrund asymmetrischer Gefahren, Bedrohungen und Gefährdungen durch weltweit operierende Terroristen wird die Frage nach einem möglichen Paradigmenwechsel künftiger christlicher Friedensethik und Friedenspolitik erörtert. Grundlage meiner weiterführenden friedensethischen Reflexionen bildet die Kernaussage der bedeutendsten evangelischen Bekenntnisschrift der jüngeren Vergangenheit: der *Barmer Theologischen Erklärung (1934)*. Als Manifest evangelischen Selbstverständnisses stellt sich das aus sechs Thesen bestehende Dokument der geistig-geistlichen Auseinandersetzung mit dem Totalitätsanspruch der nationalsozialistischen Diktatur. Bis heute berührt diese Erklärung den Nerv evangelischer Theologie im Allgemeinen und der Friedensethik im Besonderen.[1] Aus Bedrängnis und Not heraus betonen die Thesen nachdrücklich die weltanschauliche Neutralität des Staates. Das hatte sich nach Hitlers Machtergreifung (1933) und der *Gleichschaltung* der evangelischen Kirche als notwendig erwiesen. Anlässlich der siebzigsten Wiederkehr der Verabschiedung dieser richtungweisenden[2] Thesen würdigt Bischof Wolfgang Huber sie als eine „bis heute hervorragende Quelle evangelischer Orientierung. Sie argumentieren von der Mitte christlicher Theologie her und behandeln einen Kernbestand von zentral wichtigen Fragen, mit deren Beantwortung die Kirche steht und fällt."[3] Entlang der fünften Barmer These zu Staat, Recht, Frieden, Sicherheit und Gewaltanwendung soll eine Aktualisierung christlicher Friedensverantwortung versucht werden.

---

1 Vgl. z.B. BURGSMÜLLER/WETH (Hg.), Die Barmer Theologische Erklärung; JÜNGEL, Mit Frieden Staat zu machen; HÜFFMEIER, Für Recht und Frieden sorgen; HÄRLE, Wenn Gewalt geboten ist; HONECKER, Art. Barmer Theologische Erklärung, in: Ev. Soziallexikon, Neuausgabe, 2001.

2 Die Barmer Theologische Erklärung ist nach dem Zweiten Weltkrieg in die Grundordnungen vieler evangelischer Kirchen aufgenommen worden.

3 Interview mit dem EKD-Ratsvorsitzenden Bischof HUBER. Barmer Thesen: Dokument evangelischer Freiheit, in: epd-Wochenspiegel 23 vom 3. Juni 2004, 4.

Entstaatlichte kriegerische Gewalt

„Von der politischen Öffentlichkeit lange Zeit unbemerkt, hat der Krieg in den letzten Jahrzehnten schrittweise seine Erscheinungsform verändert: Der klassische Staatenkrieg, der die Szenarien des Kalten Krieges noch weithin geprägt hat, scheint zu einem historischen Auslaufmodell geworden zu sein" – so der Politikwissenschaftler Herfried Münkler.[4] Aber bewaffnete Konflikte und Kriege sind keineswegs verschwunden. Spätestens seit dem Ende des Kalten Krieges haben global operierende Terrornetzwerke, regional kämpfende Warlords, Guerillagruppen und Söldnerunternehmen anscheinend ein dauerhaftes Betätigungsfeld gefunden. Ethnisch-kulturelle und religiöse Überzeugungen spielen dabei eine wichtige Rolle. Die Balkan-Kriege sowie die Auseinandersetzungen im Kaukasus, in Zentralafrika und Afghanistan sind ohne ethnische bzw. religiöse Gegensätze nicht zu verstehen. Auch ideologische Faktoren dürfen in diesen gewalteskalierenden Auseinandersetzungen nicht unterschlagen werden. Den bisherigen Höhepunkt einer Eskalation *ziviler* Gewalt markiert der 11. September 2001. Erhard Eppler[5] und Herfried Münkler[6] sowie der Rechtswissenschaftler Jost Delbrück[7] sprechen in diesem Zusammenhang von einer Entwicklung zur Entstaatlichung, Privatisierung und Kommerzialisierung kriegerischer Gewalt. Internationale Terrornetzwerke haben keinen Staat. Sie besitzen zwar (noch) keine Atomwaffen, aber fanatisierte Menschen, die jederzeit zur Selbsttötung bereit sind und Unschuldige in den Tod reißen. Die Selbstmörder des 11. September 2001 waren „keine Soldaten, sondern Teil eines privaten Netzwerks, das ein steinreicher Fanatiker aufgebaut hatte [...]. Sie hatten kein positives Ziel, sie wollten nur die Symbole des ‚Bösen' auslöschen, die Weltmacht demütigen."[8] Mit dem Ende staatlichen Gewaltmonopols haben Kriege der Gegenwart ihre Konturen verloren: Eine ungleichartige Gegnerschaft kämpft mit ungleichen Waffen, ohne dass es zu größeren Auseinandersetzungen oder Schlachten kommt. Kein Krieg wird erklärt, keine Frontlinie aufgebaut, kein Feindbild klar definiert. Ignoriert werden die Gesetze des Krieges. Terrorattacken kommen aus dem *Dunkeln*. Weil völlig unberechenbar, besteht keine Abwehrchance. Sie sind das Kampfmittel der Fanatisierten, Feigen und Schwachen. Sie zielen auf größtmögliche Verunsicherung und Vernichtungswirkung von Menschen und Sachgütern in der Zivilbevölkerung. Terroristisches Handlungsmotiv und seine Attacken fallen zusammen; wobei die religiöse Dimension als konstitutiv für das Selbstverständnis der Attentäter zu werten ist. Denn „diese Taten können weder mit dem abgeklärten Desinteresse gegenüber Religion, das in den zivilen Gesellschaften der westlichen Welt vorherrscht, noch mit politischen Theorien erklärt werden."[9] Terroristen

---

4 MÜNKLER, Die neuen Kriege, 7.
5 EPPLER, Vom Gewaltmonopol zum Gewaltmarkt, 15.
6 MÜNKLER, Die neuen Kriege, 10f.
7 Schritte auf dem Weg zum Frieden, 174.
8 EPPLER, Vom Gewaltmonopol, zum Gewaltmarkt 16.
9 GOERLACH, Nach altem Muster, 7.

bleiben rätselhaft: Im Namen Gottes, den sie anbeten, richten sie ein Blutbad mit tausenden Toten an und erfahren in westlichen Demokratien nur Verachtung und Abscheu. Konkrete politische Ziele sind nicht erkennbar, was jedoch nicht die Unzweckmäßigkeit ihrer Strategien bedeutet: Ihr *politischer* Wille verwirklicht sich im Akt der Gewalt, der unmittelbar auf physische Folgen zielt und längerfristig psychische Irritationen in der jeweils bedrohten Bevölkerung betreibt. Daher stellt der internationale Terrorismus islamistischer Prägung für westliche Demokratien und christliche Welt eine aktuelle Herausforderung dar. Das gilt umso mehr, als Europa nicht nur Ziel von Terroranschlägen ist, sondern hier auch Stützpunkte des Terrorismus unterhalten werden.

Evangelische Friedensethik nach dem 11. September 2001

Offizielle Studien oder Denkschriften der EKD zu internationalem Terror und kriegerischer Gewalt asymmetrischer Prägung gibt es (noch) nicht. Es ist derzeit nicht erkennbar, ob die evangelische Kirche ihre sicherheitspolitischen und friedensethischen Grundaussagen überdenkt. Kirchliche Entscheidungsträger sehen – auch nach dem 11. September 2001 – die Notwendigkeit einer neuen friedensethischen und friedenspolitischen Standortbestimmung als „nicht gegeben"[10]. Beiträge von Theologen[11] und aus der EKD[12] führen insofern kaum zu neuen friedensethischen Erkenntnissen, als sie die Herausforderung der internationalen Staatengemeinschaft durch den globalen Terrorismus zwar erkennen und den „friedenspolitischen Paradigmenwechsel" (H. Barth) diskutieren, im wesentlichen jedoch die bekannten friedensethischen und sicherheitspolitischen Grundüberlegungen erneut aufgreifen, referieren und nachzubessernde völkerrechtliche Regelungen respektive Rechtsdurchsetzung auf internationaler Ebene im Kampf gegen den global agierenden Terrorismus einfordern.

Darin liegt nichts Falsches. Zumal im Blick auf globalen Terrorismus in Ansätzen eine „verbesserte Sicherheitsvorsorge für die Bürger"[13] angemahnt wird. Ob jedoch UN-mandatierte gewaltfreie, politische (Embargo-)Maßnahmen gegenüber Selbstmordattentätern das Erfolg versprechende Mittel werden kann, muss angesichts der Negation menschlichen Lebens islamistisch-fundamentalistischer Prägung sowie der gegenwärtigen Machtdefizite der Vereinten Nationen in Frage gestellt werden. Islamistische Irrwege verführten menschlichen Geistes vertragen sich nicht mit wert- und zweckrationalen Überlegungen zu Sicherheit, Frieden und Freiheit der internationalen Staatenwelt. Aufgeklärte Toleranz, die sich am Menschenbild und den Menschenrechten abendländischer, christlicher

---

10 Friedensethik in der Bewährung, 62.
11 Vgl. HASPEL, Evangelische Friedensethik nach dem Irakkrieg; KÖRTNER, Religion und Gewalt; KOCH, Der Friede in der Politik.
12 HUBER, In Verantwortung vor Gott und den Menschen; BARTH, Evangelische Friedensethik nach dem Irak-Krieg.
13 BARTH, Evangelische Friedensethik nach dem Irak-Krieg, 59.

Tradition orientiert, kann unaufgeklärte Intoleranz nicht überwinden. Daher können stete Wiederholungen friedens- und sicherheitspolitischer Selbstverständlichkeiten einschließlich der Kriterienaufzählung für militärische Interventionen – meistens unter Einbindung der historisch verbrauchten Lehre des Gerechten Krieges – zur Überwindung terroristischer Gewalt nicht befriedigen. Geht es um die künftige christliche Friedensethik, laufen in der Regel die alten Reflexe ab. Auffällig ist in diesem Zusammenhang ein gängiges, aber abgegriffenes, unfruchtbares Klischee. Es spiegelt eine Evidenz ohne Wirklichkeitsnachweis: „Wer das Böse nur mit Bösem vergelten will, verlängert die Herrschaft des Bösen", insinuiert Wolfgang Huber.[14] Mit welchen *bösen Mitteln* sind in der jüngeren Geschichte Slobodan Milosevic und Saddam Hussein, die Despoten, aus ihren Staatsämtern vertrieben worden? Noch herrscht kein Frieden. Militärische Interventionen können Frieden nicht erzwingen, aber eine Schneise für die Politik schlagen, damit Frieden mit zäher politischer Geduld ausgehandelt werden kann. Wer hat Deutschland vor sechzig Jahren vom Weltkriegstreiber Hitler befreit und welche bösen Mittel haben zum Erfolg geführt? Es bleibt dabei: Evangelische Friedensverantwortung muss sich weltweiter Gefährdungen und Gefahren stellen und ihre *eigenständige* Position neu gewinnen. Sie hat die Ursachen des globalen Terrorismus zu erforschen, politische Sicherheitsstrategien zu konsultieren und die Wahl ihrer Mittel zur Verhinderung und Bekämpfung primärer Gewalt offen zu halten.

Auch die jüngst von Michael Haspel vorgelegten „Thesen zu einer neuen evangelischen Friedensdenkschrift"[15] bleiben der friedensethischen Diskussion der neunziger Jahre verhaftet. Der anhaltende Blick in die vertraute Vergangenheit kann nicht Bezugspunkt friedensethischer Initiation sein. Es zahlt sich politisch aus, darüber nachzudenken, ob die friedensethischen Konzepte von gestern die heutige politische Wirklichkeit noch erreichen. Daher sollten Theologie und Kirche sich den aktuellen Herausforderungen stellen. Wer etwa den politischen und ethischen Impetus der amerikanischen Sicherheitsdoktrin vom September 2002[16] sowie die europäische Sicherheitsstudie „Ein sicheres Europa in einer besseren Welt"[17] lediglich im Vorbeigehen streift, wird auf die Fragen von Sicherheit, Freiheit, Gerechtigkeit und Frieden angesichts der weltweit agierenden Terrornetzwerke und der Bedrohung durch Massenvernichtungswaffen vergeblich überzeugende Antworten suchen. Daher ist zu bezweifeln, ob mit alten Thesen eine neue evangelische Friedensdenkschrift initiiert werden kann. Retrospektivische Friedensethik wird man nicht unter *Zukunft* rubrizieren können. Dazu gesellt sich in Haspels Aufsatz eine auffällige Aneinanderreihung von Konjunktivkonstruktionen. Bezogen auf vergangene friedens- und kriegspolitische Ereig-

---

14 HUBER, In Verantwortung vor Gott und den Menschen, 40.
15 HASPEL, Das Werk der Gerechtigkeit, 12.
16 The National Security Strategy of the United States of America.
17 Verabschiedet am 12. Dezember 2003.

nisse klingen sie neunmalklug; im Blick auf künftige friedensethische Schritte entbehren sie der Überzeugungskraft.[18]

Dazu gesellt sich eine verantwortungsschwache theologische Unart: Andauernde dialektische Friedensdebatten zu führen, ohne jene Konsequenzen daraus zu ziehen, die zwingend zu politischem und/oder militärischem *Handeln* herausfordern, zeitigen keinen friedensstrategischen Gewinn. Wolfgang Huber etwa sieht sich im tiefen Dilemma hinsichtlich der Friedensverantwortung nach dem 11. September 2001 und fragt: „Wie antworte ich auf die Gewalt, mit Gewaltverzicht oder mit Gegengewalt? Wer der Gewalt mit Gewaltverzicht begegnet, läuft Gefahr, dass er die Gewalt, die er nicht stoppen kann, gewähren lässt. Wer aber der Gewalt mit Gegengewalt entgegentritt, läuft Gefahr, dass er den Teufelskreis des Todes weiter vorantreibt."[19] Im Unterschied zu politischen Entscheidungsträgern stehen Theologen nicht in der Pflicht, ihre friedenspolitischen Reflexionen auf globalpolitischen Handlungsfeldern zu verantworten und jeweilige Konsequenzen aus groben friedenspolitischen Fehleinschätzungen zu ziehen. Dass Friedensethik grenzwertiges Handeln bedenkt und in tiefe Dilemmata führt, wird niemand bezweifeln. Sodann jedoch stellt sich die Frage, ob die Alternative: Gewaltverzicht oder Gegengewalt? kritischer Nachfrage standhält. Dieses sicherheitspolitische *Muster von gestern* bedarf einer neuen Weichenstellung. Kein friedensstrategisches Denken führt künftig daran vorbei, *antizipatorisches* (ziviles, paramilitärisches, militärisches) Handeln als Kernbestand christlicher Friedensverantwortung zu würdigen. Das besagt: Gewaltförmige, kriegerische respektive terroristische Aggressionen müssen in nuce aufgespürt werden, um Gewaltausbrüche durch präemptive oder präventive Maßnahmen zu minimieren – was die folgenden Ausführungen zu zeigen versuchen.

Warum versäumt christliche Friedensverantwortung bislang, Wege fortzuschreibender sicherheitspolitischer Strategien zu beschreiten? Gibt es hinreichende Gründe friedensethischer Befangenheit? Emotionale Distanz kirchlicher Entscheidungsträger gegenüber sicherheitspolitischen Interessen der Vereinigten Staaten und der Europäischen Union sowie unterschiedliche Risikoeinschätzun-

---

18 Die von HASPEL vorgeschlagene Fortentwicklung evangelischer Friedensethik bewegt sich in herkömmlichen Mustern. In sieben Gedankenkreisen nimmt er wesentlich friedensethische und friedenspolitische Handlungsperspektiven der EKD-Studie „Schritte auf dem Weg des Friedens" und deren Fortführung „Friedensethik in der Bewährung" auf, führt m.E. aber nicht über sie hinaus. Wo liegt der Erkenntnisgewinn, wenn HASPEL den „Zusammenhang von Frieden und (internationaler) Gerechtigkeit" herausstellt oder die „vorrangige Option der Gewaltfreiheit konkretisiert" sowie Kriterien für den „Einsatz militärischer Kriegsgewalt" zu gewinnen denkt? Das alles ist sattsam bekannt. Immerzu postuliert der *Reisbrettethiker* „Konkretionen", „Kriterien" – um trivialerweise „mehr Gerechtigkeit und damit mehr Frieden zu ermöglichen"; vgl. auch die Schlussfolgerungen seines Beitrages „Evangelische Friedensethik nach dem Irakkrieg", a.a.O. Jedoch kann man HASPELS Begehren einer Weiterentwicklung der friedensethischen Diskussion auf EKD-Ebene nur zustimmen. (Alle Zitate aus: Das Werk der Gerechtigkeit, 14)

19 HUBER, In Verantwortung vor Gott und den Menschen, 40.

gen zwischen Amerika und Europa zur globalen Terrorgefahr stehen in der friedenspolitischen Diskussion nach wie vor Pate. Nachhaltige deutsche Aversionen gegen Amerikas Außenpolitik verstärken antiamerikanische Aggressionen des vorwiegend kirchlichen Pazifismus und wirken auf eine friedensstrategische Neuausrichtung lähmend. Ferner erfährt die Frage der Macht in Amerika und Europa eine unterschiedliche Gewichtung. „Europa", meint Robert Kagan, „wendet sich ab von der Macht, oder es bewegt sich, anders gesagt, über diese hinaus. Es betritt eine in sich geschlossene Welt von Gesetzen und Regeln [...]. Dagegen bleiben die Vereinigten Staaten der Geschichte verhaftet und üben Macht in einer anarchischen Hobbesschen Welt aus, in der auf internationale Regelungen und Völkerrecht kein Verlass ist."[20] Europa, so ist zu folgern, relativiert seinen Machtgebrauch und politischen Einflussanspruch. Es ist kaum bereit, zur Verteidigung der westlichen Werte militärisch zu intervenieren. Wie unentschlossen und halbherzig die politischen Eliten Europas gewesen sind, haben die kriegerischen Auseinandersetzungen auf dem Balkan der neunziger Jahre gezeigt. Anstatt für Freiheit, Recht und Demokratie sowie gegen Vertreibung und Völkermord zu kämpfen, arrangierten sie sich zunächst mit der Position ihres Feindes, Milosevic, und setzten auf gewaltfreie Lösungen. Erst die politischen und militärischen *Antirelativisten* der USA erkannten die Notwendigkeit, dem Gewaltherrscher militärisch in den Arm zu greifen – und zogen die europäischen Streitkräfte der NATO mit ins Boot. Es bedarf also des Blicks in die ungefilterte internationale politische Realität und deren nüchterne Analyse. Insofern sind wir im Umgang mit dem Phänomen *neue Kriege* in den folgenden Ausführungen auf uns selbst gestellt.

Der relative Frieden

Nach wie vor jedoch gilt: „In der Zielsetzung christlicher Ethik liegt nur der Friede, nicht der Krieg." Auf diese kurze Formel brachte die Denkschrift der EKD „Frieden wahren, fördern und erneuern" (1981) den friedensethischen Grundkonsens der evangelischen Kirche. Die Studien der EKD „Schritte auf dem Weg des Friedens" (1994) und „Zwischenbilanz. Friedensethik in der Bewährung" (2001), haben die Verantwortung der evangelischen Kirche in der Friedensfrage wiederum bekräftigt. Ihr Ertrag zielt darauf ab, die traditionelle Lehre vom gerechten Krieg durch eine Lehre vom gerechten Frieden abzulösen. Auch das Hirtenwort der Deutschen Bischofskonferenz aus dem Jahre 2000 trägt den Titel „Gerechter Friede". Jedoch wird das christliche Friedensverständnis in der Regel undifferenziert gebraucht. Der innerweltliche, politische Völkerfrieden nach Art. 39 der Charta der Vereinten Nationen ist nicht identisch mit der christlichen Botschaft von einem Weltfrieden, der sich als endzeitliche Hoffnung auf Erfüllung versteht. Gegen einen immerwährenden Frieden auf Erden steht nach christlicher Anthropologie die Sündhaftigkeit und Fehlbarkeit des Menschen. Er

---

20 KAGAN, Macht und Ohnmacht, 7, zit. nach BARTH, a.a.O., 61, Anm.10.

hat sich, wie ein Blick auf die Geschichte des Menschen lehrt, auf Dauer als nicht friedensfähig erwiesen. Daher sind wir gehalten, von einem relativen Frieden in der Welt auszugehen, der stets gewahrt, gefördert, erneuert und – fallweise – sogar erkämpft werden muss.

Die Denkschriften, Studien, Stellungnahmen und Verlautbarungen der christlichen Kirchen zur Friedensverantwortung in einer veränderten Welt sind *vor* dem 11. September 2001 erschienen. „Der Massenmord aus dem Nichts" (P. Bahners) hat das in Vergangenheit und Gegenwart bei Diktatoren und Despoten lokalisierte menschliche Potential zum Bösen demonstrativ und nachdrücklich vergegenwärtigt. Die Terrorattacken auf New York und Washington D.C. sowie die bislang nicht gekannte Enthemmung, mit der die Attentäter Tausende Unbeteiligte bedenkenlos in den Tod reißen, haben nicht nur eine Erschütterung metaphysischen Ausmaßes bewirkt, sondern durch ein „Übermaß an Wirklichkeit" (Sontag) das fragile Netz christlicher Friedensethik und Friedenspolitik zerrissen. Neben Schock, Empathie mit den Hinterbliebenen der Opfer und Trauer über nahezu dreitausend Tote gibt es nachhaltige Ängste, weil die neue Qualität des internationalen Terrorismus jeder Zeit, an jedem Ort individuelles, unschuldiges Leben hundertfach, tausendfach vernichten kann. Welche Folgerungen sind für Politik und christliche Friedensethik daraus ziehen? Zwingt die *Botschaft des elften September* zum Paradigmenwechsel künftiger Friedenssicherung? Markiert „nine eleven" den friedenspolitischen Wendepunkt schlechthin? Es reicht jedenfalls nicht, die bisherigen friedensethischen Konzepte trotzig zu wiederholen und sie mit einer bösen politischen Wirklichkeit zu konfrontieren, als ob kein Korrektur- oder Nachbesserungsbedarf bestünde. Das würde ebenso zu ethischer Borniertheit führen wie die ideologisch geprägte Vorstellung der Überwindung von Konflikt, Gewalt, Terror und Krieg.

Neue politische Realitäten fordern zu angemessenem politischem und ethischem Handeln heraus. Dabei bietet es sich an, die vorhandenen friedensethischen Aussagen auf offene Fragen und vernachlässigte Grundüberlegungen hin zu prüfen und gegebenenfalls neu zu denken. Theologische und kirchliche Stellungnahmen der jüngeren Vergangenheit räumen im Konfliktfall ein, dass er mit Mitteln des Rechts und/oder militärischer Gewalt angegangen und bewältigt werden muss. Der internationale Terrorismus als neues Gewalt- und Vernichtungsphänomen erfordert jedoch wirklichkeitsgerechte, sicherheitspolitische und konfliktethische Überlegungen, die ihn zeitlich und örtlich im Ansatz seines Entstehens markieren und zu verhindern suchen. Die Absicht, terroristische Aggression in nuce zu blocken, zielt auf ein vorausschauendes Handeln, das politisch und/oder militärisch durchgesetzt werden muss. Denn: Wer das Böse kennt, muss es auch bekämpfen. Da unsere menschenrechts- und werteorientierte Welt nicht die Welt der radikalen Islamisten und Terroristen werden darf, haben sich Theologie, Kirchen und Christen der Frage zu stellen, wie eine wirksame internationale Friedensordnung angesichts der *neuen Kriege* gedacht und umgesetzt werden kann. Denn: Wer das Böse kennt und es nicht bekämpft, macht sich zum Komplizen des Bösen!

7.2.   Barmen V und das Recht auf Selbstverteidigung

Der friedens- und konfliktethische Diskurs lebt vom Rückgriff auf die Bekennt-
nisquellen der evangelischen Kirche. „Bekennen ist […] der grundlegende Le-
bensakt der Kirche, in dem sie sich darüber Rechenschaft ablegt, was ihr heute zu
sagen und zu tun aufgetragen ist."[21] Daher hat die evangelische Kirche nicht nur
auf ihre offiziellen Verlautbarungen in Denkschriften, Studien und Voten der
jüngeren Vergangenheit zu hören, sondern in Lehre und Verkündigung vor allem
auf die Barmer Theologische Erklärung. Die sechs Thesen enthalten „die erste
bekenntnismäßige und definitorische Erklärung zum Verhältnis von Kirche und
Staat seit der Reformation."[22] Das Bekenntnis zu Jesus Christus als dem einen
Wort Gottes erinnert an den Auftrag der Kirche und den Auftrag des Staates sowie an das Verhältnis von Staat und Kirche gegenüber den Bürgern, die im
abendländisch-christlich geprägten Staat leben. Dass Pfarrer und Pfarrerinnen
der Union Evangelischer Kirchen auf diese Bekenntnisschrift ordiniert werden,
weist nicht zuletzt auf die maßgebende theologische Bedeutung dieser Thesen
hin.

Für Recht und Frieden sorgen[23]

Im thematischen Zusammenhang von Krieg und Frieden interessiert uns besonders der Kerngedanke der fünften These: „Die Schrift sagt uns, dass der Staat
nach göttlicher Anordnung die Aufgabe hat, in der noch nicht erlösten Welt, in
der auch die Kirche steht, nach dem Maß menschlicher Einsicht und menschlichen Vermögens unter Androhung und Ausübung von Gewalt für Recht und
Frieden zu sorgen. Die Kirche erkennt in Dank und Ehrfurcht gegen Gott die
Wohltat dieser seiner Anordnung an. Sie erinnert an Gottes Reich, an Gottes Ge-

---

21 WEINRICH, Gefahr für das Ganze, 11.
22 HÜFFMEIER, Für Recht und Frieden sorgen, 61.
23 Es würde den Rahmen meiner Ausführungen sprengen, wenn entstehungsgeschichtliche
   Aspekte und theologische Kontroversen zwischen „Reformierten" und „Lutheranern" zur
   Barmer Theologischen Erklärung hier Aufnahme fänden. Literatur dazu ist Legion. Neben
   der zitierten Literatur sei verwiesen auf KARL BARTH, Texte zur Barmer Theologischen Er-
   klärung. Mit einer Einleitung von E. JÜNGEL und einem Editionsbericht, M. ROHKRÄMER
   (Hg.), Zürich ²2004; Barmer Theologische Erklärung 1934–1984. Geschichte – Wirkung –
   Defizite, in: Unio und Confessio Bd 10. Eine Schriftenreihe der Evangelischen Kirche der
   Union, J.F.G. GOETERS u.a. (Hg.), Bielefeld 1984; HONECKER, M., Zur gegenwärtigen Be-
   deutung von Barmen V, in: ZEE 16 (1972), 207–218; KRÖTKE, W., Bekennen – Verkündigen
   – Leben. Barmer Theologische Erklärung und Gemeindepraxis, Stuttgart 1986; W. JOEST,
   Der Friede Gottes und der Friede auf Erden. Zur theologischen Grundlegung der Friedens-
   ethik, Neukirchen 1990, bes. 51–83; Confessio. Bekenntnis und Bekenntnisrezeption in der
   Neuzeit, Prof. DR. HEINER FAULENBACH zum 65. Geburtstag, V. VON BÜLOW/A. MÜHLING
   (Hg.), Zug (Schweiz) 2003; BUSCH, E., Die Barmer Thesen 1934–2004, Göttingen 2004; G.
   PLASGER/M. FREUDENBERG, Reformierte Bekenntnisschriften. Eine Auswahl von den An-
   fängen bis zur Gegenwart, Göttingen 2005.

bot und Gerechtigkeit und damit an die Verantwortung der Regierenden und Regierten [...]."[24] Der fünften These vorangestellt ist 1. Petrusbrief 2,17: „Fürchtet Gott, ehret den König."

Im Blick auf die fünfte These befinden wir uns in einer passablen Situation. Ihr Verfasser, Karl Barth, hat in einem Gespräch mit der Kirchlichen Bruderschaft in Württemberg (15. Juli 1963) sich nicht nur zur Verfasserschaft dieser These bekannt („wirklich wörtlich von mir"), sondern sie auch paraphrasierend verteidigt.[25] [...] *nach dem Maß menschlicher Einsicht und menschlichen Vermögens [...].* „Damit soll darauf hingewiesen werden", erklärt Barth, „dass der Staat [...] eine Veranstaltung unter Menschen ist, bei welcher die Menschen zu funktionieren haben." [...] *unter Androhung und Ausübung von Gewalt[...].* „Ja, dadurch unterscheidet sich nun der Staat von der Kirche, dass da Gewalt als Möglichkeit im Hintergrund steht und dann auch wohl als Wirklichkeit auf den Plan tritt." [...] *für Recht und Frieden zu sorgen.* „Damit soll das Ziel, der Zweck angedeutet sein [...]. ,Recht' und ,Frieden' stehen hier als Inbegriff dessen, was nach göttlicher Anordnung zur Erhaltung des äußersten Bestandes der Menschheit geschehen kann. Dafür hat der Staat Verantwortung, und das ist seine Aufgabe." *Die Kirche erkennt in Dank und Ehrfurcht gegen Gott die Wohltat dieser seiner Anordnung an.* „Im Zusammenhang der göttlichen Anordnung hat der Staat eine Funktion, welche gerade von der Christenheit [...] in Dank und Ehrfurcht als Wohltat zu anerkennen ist." Darüber hinaus gesteht Karl Barth, dass nicht nur die Sorge um Recht und Frieden den Staat verpflichtet, vielmehr auch Freiheit und Sicherheit zu den Grundbelangen des Staates gehören. Wenn kirchliches und staatliches Handeln in Beziehung zueinander treten und ihrer jeweiligen Bestimmung zugeführt werden, scheint im Hintergrund die Zwei-Reiche-Lehre Luthers auf. Beide Institutionen: Staat und Kirche, die sich auf „Gottes Anordnung" gründen, sind zu unterscheiden, jedoch nicht zu trennen. Obwohl Barth diesen Interpretationsversuch nachdrücklich bestritten hätte, haben Martin Honecker und Eberhard Jüngel ihn mit einsichtigen Argumenten gewagt. Honecker erinnert „an die von der reformatorischen Zwei-Reiche-Lehre intendierten Unterscheidung der Aufgaben des Staates und der Aufgaben der Kirche"; Jüngel merkt an, dass „bei genauerem Hinsehen" sich in „Barths Bestimmung des Verhältnisses von Christengemeinde und Bürgergemeinde eine [...] Entwicklung des reformatorischen Ansatzes der Zwei-Reiche-Lehre" zeigt.[26] Bereits auf der Barmer Synode suchte das Votum eines *Lutheraners* den Ausgleich: „Dieser Text ist weder lutherisch konfessionell noch reformiert konfessionell, sondern hier klingt wirklich die Stimme der Bekennenden Kirche heraus, indem wir uns zusammen wieder erkennen."[27] Dem hat Eberhard Busch sich in seiner jüngsten Veröffentlichung ange-

24 Hüffmeier, Für Recht und Frieden sorgen, 106f.
25 Barth, Texte zur Barmer Theologischen Erklärung, alle Zitate 188–191.
26 Honecker, Zur gegenwärtigen Bedeutung von Barmen V, 209; Jüngel, Mit Frieden Staat zu machen. Politische Existenz nach Barmen V, 33.
27 Zitiert bei E. Wolf, Barmen. Kirche zwischen Versuchung und Gnade, München 1957, 75.

schlossen: „Theologiegeschichtlich ist die fünfte Barmer These deshalb von hoher Bedeutung, weil sie in konzentrierter Form diese beiden Lehren in ihrem guten Sinn in sich vereinigt hat: die Zweireichelehre und die Lehre von der Königsherrschaft Christi."[28]

Christen bejahen also den Staat als den von Gott gesetzten Ordnungshüter äußeren menschlichen Zusammenlebens, damit Recht und Frieden, Freiheit und Sicherheit im Inneren verwirklicht werden können – und zwar in aller Vorläufigkeit dieser Welt. Den theologischen Hintergrund bildet nach Barths eigener Aussage ein Textabschnitt aus dem 13. Kapitel des Römerbriefs. Es wird gesagt, dass Gott den Staat („Obrigkeit") anordnet, um Böses mit dem Schwert zu bestrafen und Gutes zu loben. (Röm 13,1ff)[29] Mit der *Schwertgewalt* des Staates und seiner zentralen Aufgabe, für Recht und Frieden zu sorgen, wird die göttliche Anordnung mit einer weltlichen Aufgabe verbunden. Dies soll ohne Einschränkung nach dem Maß menschlicher Einsicht und menschlichen Vermögens, also in Wahrnehmung primärer Verantwortung von Menschen für Menschen, geschehen. Aus den Grundrechten der Bürger folgt die Schutzpflicht des Staates. Diese dem Staat auferlegte Pflicht bestätigt die Demokratie-Denkschrift ausdrücklich: Mit der ihm verliehenen Autorität hat der freiheitliche, demokratische Rechtsstaat „Recht zu schützen, Frieden zu wahren, dem Bösen zu wehren und das Gute zu fördern."[30] Während die Kirche allein durch die Macht des Wortes wirke, sei „der Staat auf die Ausübung von Gewalt angewiesen, um seine Erkenntnisse ins Werk zu setzen und gegenüber jedermann durchsetzen zu können."[31] Jedoch darf nicht unterschlagen werden, dass auch hier, im politischen Bereich, nach dem durch Jesus Christus bezeugten Willen Gottes zu fragen ist – womit die Intention der ersten Barmer These aufgenommen wird: „Jesus Christus, wie er uns in der Heiligen Schrift bezeugt wird, ist das eine Wort Gottes, das wir im Leben und im Sterben zu hören, dem wir zu vertrauen und zu gehorchen haben."[32]

Dem Staat kommt also kein Totalitätsanspruch auf das ganze menschliche Leben zu, sondern in concreto das Zwangs- und Machtmonopol, für Recht und Frieden zu sorgen. Der Staat soll, fordert die fünfte These, Garant des Rechts und des Friedens auf der Basis seiner Machtmittel sein. Als Sachwalter des Staates verstehen sich die Streitkräfte. Die Sorge des Staates um Recht und Frieden – idealtypisch auf freiheitlicher, demokratischer Basis – ist insofern von entscheiden-

28 Busch, E., Die Barmer Thesen 1934–2004, Göttingen 2004, 69.
29 „Ich habe natürlich bei der Abfassung im besonderen auch Römer 13 vor Augen gehabt", führt K. Barth im bereits genannten Gespräch aus. „Sie können diese These eigentlich verstehen als den Versuch einer Umschreibung von Römer 13." (Barth, Texte, 191)
30 Evangelische Kirche und freiheitliche Demokratie, 15; Ebenso stellt der Staat seine Schutz- und Verteidigungspflicht der Bürger in den Mittelpunkt seiner Aufgaben; siehe dazu Eckart Busch, Staatsverfassung und Wehrverfassung, in: De officio, 1985, a.a.O., 104–112.
31 Jüngel, Mit Frieden Staat zu machen, 42.
32 Vgl. Hüffmeier (Hg.), Das eine Wort Gottes – Botschaft für alle, 37.

dem Gewicht, als beide stets bedroht sind. Menschliches Zusammenleben bedarf innerhalb und außerhalb des Gemeinwesens einer „geordneten Eintracht" (Augustinus), die durch vernünftiges, rational nachvollziehbares Handeln geschützt, erhalten oder wieder gewonnen werden muss. Frieden und Recht herrschen, wo (demokratisch) legitimierte Ordnungen anerkannt und verwirklicht werden. Daher ermöglichen, entfalten und sichern sie den unaufgebbaren Gemeinschaftsbezug der Menschen und Völker. Werden Recht und Frieden gebrochen, wird zu prüfen sein, ob sich mittels gewaltfreier Maßnahmen oder durch politisch definiertes militärisches Eingreifen gegen Rechts- und Friedensbrecher dem Friedensengagement des Staates neue Perspektiven eröffnen.

Eine Kirche, die vom Staat erwartet, dass er im äußersten Fall unter Gewaltandrohung und Gewaltausübung für Recht und Frieden, Freiheit und Sicherheit sorgt, kann in Lehre und Verkündigung nicht ausschließlich pazifistisch sein. Eine Kirche, die auf dem Recht fußt und das Ethos der Rechtsbefolgung des Staates einfordert, damit Frieden gewahrt, gefördert und erneuert werde, weiß um die Ambivalenz des Menschen, seiner Konfliktnatur und der destruktiven Entfaltungsmöglichkeiten. Eine Kirche, die nicht blind ist gegenüber dem Bösen und die negierenden Kräfte des Menschen als Gefahr für den Frieden nicht unterschätzt, fordert zu Recht in der Konsequenz ihrer Lehre die *Wehrhaftigkeit* des Staates ein, damit er notfalls unter Gewaltandrohung und Gewaltausübung für Recht und Frieden sorgt. Wer immer Gewalt androht, muss auch bereit sein, sie anzuwenden. Gewaltandrohung versteht sich als Druckmittel der Ernsthaftigkeit, im Falle eines fortgesetzten Rechts- und Friedensbruchs Gewalt auch auszuüben – ansonsten erübrigt sich die Androhung. „Dass es allein bei der *Androhung* von Gewalt nicht bleiben kann, sondern immer wieder auch der *Ausübung* von Gewalt bedarf", betont Jüngel.[33]

Gewalt – angedroht und ausgeübt

Die in der fünften These festgeschriebene *Androhung und Ausübung von Gewalt* zur Wiederherstellung von Recht und Frieden bedürfen der Differenzierung und Neuinterpretation. Androhung intendiert nicht nur Abschreckung, sondern in nuce auch *Gefahrenabwehr* bei Versagen des abschreckenden Druckmittels. Darüber hinaus verfolgen Androhung und Ausübung von Gewalt einen erkennbaren Schutzzweck der Staatsbürger im Inneren und nach außen sowie die *Sicherung* ihrer natürlichen Lebensgrundlagen. Auf die *Sicherheit* stiftende Funktion des Rechts haben die Verfasser der fünften These besonders abgehoben. Es ist nicht

---

33 Mit Frieden Staat zu machen, 41. JÜNGEL präzisiert: „Denn dass die *Androhung* von Gewalt nur dann sinnvoll ist, wenn ihr im Fall des Falles auch deren *Anwendung* folgt [...], ist unabweisbar. Es wäre geradezu unverantwortlich, die zur Androhung militärischer Gewalt derzeit notwendigen ungeheuren finanziellen physischen und psychischen Investitionen aufzubringen, wenn man im Einzelfall zur Ausübung dieser Gewalt nicht bereit ist." (Mit Frieden Staat zu machen, 66, Anm. 34)

ohne Bedeutung, dass in verschiedenen vorherigen Fassungen der fünften Barmer These *Sicherheit* statt *Frieden* gefordert worden ist – womit Sicherheit im Zusammenhang von Recht und Frieden ihre dominierende Berechtigung hatte. Sicherheit zielt heute – im Unterschied zur Zeit der Barmer Theologischen Erklärung – auf die Aufdeckung und Abwehr einer von außen aufgezwungenen terroristischen Gewalt zum Schutz des eigenen Territoriums und der Bürger. Die fünfte These sagt nicht *durch* Androhung, sondern *unter* Androhung von Gewalt. Gewaltanwendungen, verstanden als körperliches Einwirken auf Rechtsbrecher, Terroristen, Kriegstreiber, legitimieren sich durch die Verpflichtung des Staates, für Recht und Frieden unter Gewaltandrohung und -ausübung sorgen. Das heißt: *Indem* (konsekutiv) der Staat Gewalt *androht*, ist er willens und bereit, sie *auszuüben!* Er muss sie ultima ratio ausüben, sonst verfehlt er seinen Schutzauftrag. Mehr noch: Er identifiziert sich durch sein Gewaltmonopol geradezu als Recht schaffende, Frieden erhaltende und Freiheit gewährende Macht. Garantiert der Staat nicht die Unverletzlichkeit seines Territoriums sowie den Schutz seiner Bürger, verliert er seine Berechtigung. „Dementsprechend sehen wir es nicht als einen grundsätzlichen Widerspruch zu einer christlichen Friedensethik, vielmehr als eine notwendige, wenn auch nicht vorrangige Konkretion an, militärische Mittel zur Wahrung des Friedens und zur Durchsetzung des Rechts bereitzuhalten und notfalls anzuwenden."[34] Den Ausführungen des Jahres 1994, die den Kerngedanken von 1934 aufnehmen, kann nicht ernsthaft widersprochen werden. Im November 2001, als die Synode der EKD ihren Beschluss zur „Friedenspolitik in der gegenwärtigen Situation" veröffentlichte, und zwar wiederum mit Verweis auf die Schlüsselpassage der fünften These, hätten angesichts weltweiter terroristischer Bedrohungen und Gefahren weiterführende friedensethische Konsequenzen gezogen werden müssen. Die Anwendung militärischer Gewalt wird lapidar mit dem Ultima-ratio-Handeln als äußerste Möglichkeit militärischen Eingreifens beantwortet. Sie diene der Notwehr und Nothilfe. Vermutlich aus Zeitgründen wird eine Differenzierung dieser komplexen militärischen Intervention nicht vorgenommen.

Ferner räumen friedensethische Stellungnahmen der letzten Jahre tendenziell ein, im Konfliktfall gebrochenes Völkerrecht durch militärischen Einsatz wieder herzustellen. Bedrückend realistisch postuliert das Votum der Evangelischen Kirche der Union die Friedensverantwortung des Staates: „Die Aufgabe des Staates für ,Recht und Frieden' zu sorgen, bleibt auch in dieser zugespitzten Situation [sc. der achtziger Jahre des vergangenen Jh. vdSt] bestehen. Sie ist auch dann noch gültig, wenn ihm heute Mittel in die Hand gegeben sind, die im Ernstfall bei ihrer Anwendung das zerstören, was sie schützen sollen."[35] Da zwischen Androhung und Ausübung von Gewalt ein logischer, unmittelbarer Zusammenhang besteht, ist zu fragen, ob sich im Sinne *antizipatorischen* politischen Handelns weitergehende politische beziehungsweise militärische Optionen ableiten

---

34 Schritte auf dem Weg des Friedens, 16.
35 HÜFFMEIER, Für Recht und Frieden sorgen, 88f.

lassen. Zuvor gilt es, militärische Eingriffe als *ultima ratio* zu klären. Drei Verstehensmöglichkeiten bieten sich an: Der Einsatz des Militärs zur Bekämpfung akuter Bedrohung durch primäre Gewalt als *erstes* (zuvorkommendes oder vorbeugendes) Mittel; als *nächstes* Mittel kann die komparativische, verstärkende militärische Maßnahme nach dauerndem Ausbleiben politischen, gewaltfreien Erfolgs greifen; sodann das *konditional* interpretierte militärische Eingreifen als unumgängliches, alternativloses, also *letztes* Mittel angesichts der vorgegebenen Gewalt-, Vertreibungs- oder Tötungssituation. Je nach politischer Situation und Legitimation haben die drei militärischen Eingriffsmöglichkeiten ihre Berechtigung.

7.3. Präemptiv (zuvorkommend) oder präventiv (vorbeugend)?

Die Studie *Schritte auf dem Weg des Friedens* verbindet den Text der fünften These zu Recht mit dem Gedanken der Ultima ratio als des äußersten Mittels einer militärischen Intervention.[36] Dazu werden zwei Optionen vorgestellt: Ausübung von Gewalt kann als Grenzfall politischen Handelns sowohl *temporal* interpretiert als auch im Sinne *qualitativ* bestimmten militärischen Eingreifens als Mittel der Gewaltanwendung verstanden werden. Wenn das christliche Friedenszeugnis temporale und fallweise auch konditionale Ultima-Ratio-Maßnahmen erlaubt, dann stellt sich die komplexe Frage nach der Androhung und Ausübung von Gewalt gegenüber Terroristen, Aggressoren, Rechtsbrechern, Diktatoren und Massenmördern, die über politische Verhandlungen nicht mehr zu steuern sind: Wer darf wann und aus welchem Grund mit welchem Ziel militärisch intervenieren? Die Antwort gibt bislang der Sicherheitsrat der Vereinten Nationen. Dennoch trägt sie insofern extremen Wagnischarakter, als es gegenwärtig und künftig um *antizipatorische* Entscheidungen von militärischen Handlungsvollzügen geht, zu denen sich die neue Sicherheitsdoktrin der Vereinigten Staaten vor dem Hintergrund der Terroranschläge vom September 2001 erklärt hat. Zwei richtungweisende Beispiele dazu:

1. Wenn sich im Rahmen politischer Eskalation zweifelsfrei erweist, dass ein paramilitärischer, militärischer oder terroristischer Angriff durch einen Aggressor *offensichtlich und unmittelbar* bevorsteht, dann sollte unter Abwägung der Gefahren für die Opfer tödlicher Gewalt ein *präemptives*, also zuvorkommendes Handeln (preemptive strike), erlaubt sein. Militärische Präemption stützt sich auf den höchsten Grad einer Bedrohung und weiß um keine gewaltfreien Alternativen. Anders gewendet: Der Tatbestand des Völkerrechtsbruchs gilt bereits als

36 Vgl. Schritte auf dem Weg des Friedens, 16f.

erfüllt, wenn ein Aggressor kriegstreiberische Absichten hegt und ihre Realisierung unmittelbar bevorsteht.

2. *Präventives* ziviles/militärisches Handeln im Sinne einer Vorbeugung (preventive attack) löst sich von den Kriterien der Offensichtlichkeit und Unmittelbarkeit einer Angriffsgefahr. Die präventive Maßnahme antizipiert den Angriff des Aggressors, etwa Massenvernichtungswaffen einsetzen zu wollen. Hier liegt die Chance, den vernichtenden, mittelbaren Angriff eines Kriegstreibers zu blocken. Der präventive zivile/militärische Eingriff signalisiert dem Aggressor: Noch besteht die Möglichkeit der Umkehr eines bewaffneten Angriffs, der Rücknahme von Bedrohungen und die Chance, auf Gewalt zu verzichten. Obgleich Restzweifel der Asymmetrie von Angriff und Verteidigung bestehen, definiert sich vorbeugendes Handeln letztlich als ein *Instrument der Kriegsvermeidung.* Dabei muss sowohl zuvorkommendes als auch vorbeugendes militärisches Handeln jene Selbstverpflichtung eingehen, die nicht mehr Schaden anrichtet als sie verhindert.

Beide Weisen des Einsatzes von ziviler Sanktions- oder militärischer Gewalt spielen eine entscheidende Rolle im Zusammenhang von präemptiver oder präventiver *Selbstverteidigung* als *Notwehr und Nothilfe.* Zuvorkommende oder vorbeugende Notwehr will über *die* Macht des Handelns verfügen, die über *sie* verfügen könnte. Dem liegt die subjektive Gefahreneinstufung eines Staates und die Akutheit der Bedrohung zugrunde, Opfer einer Aggression zu werden − das Risiko nationalstaatlichen Alleingangs und des Gewaltmissbrauchs eingeschlossen. Die Charta untersagt beide Angriffshandlungen (Art. 39). Sie erlaubt aber nach Artikel 51 die Wahrnehmung nationaler Selbstverteidigungsinteressen − die jedoch im Blick auf weltweiten Terrorismus dem Schutzbedürfnis der freien Völkergemeinschaft nicht mehr genügen. Wie in der Frage bewaffneter Interventionen bei innerstaatlichen Konflikten (Bürgerkriegen, ethnischen Auseinandersetzungen), bedarf die Charta auch hier dringend der Nachbesserung. Denn es kann bestimmte Situationen geben, die gegenüber einer terroristischen oder militärischen Attacke unmittelbare Gegenmaßnahmen beziehungsweise den *Erstschlag* erfordern, weil es möglicherweise die zweite Gelegenheit dazu nicht mehr gibt.

Das Codewort präemptiven Waffeneinsatzes im innerstaatlichen Bereich heißt *finaler Rettungsschuss* polizeirechtlichen Handelns des Bundes und der Länder (Notwehrrecht). An der Grenze menschlicher Existenz muss in Bruchteilen von Sekunden eine zuvorkommende Aktion der Polizei auf die offensichtliche und unmittelbare Tötungsabsicht eines Geiselnehmers erfolgen. Rechtsethisch ergibt sich der Tatbestand, zwischen zwei Übeltaten entscheiden zu müssen: Das kleinere Übel, der Tod eines Menschen, wird hingenommen, um ein größeres Übel, den Tod mehrerer Menschen, zu verhindern. Gewaltanwendung muss als Reaktion auf vorsätzliches Unrechthandeln verstanden werden, damit Rechtstreue erhalten und Recht wieder gewonnen wird. Ob die strikte Abwägung von Strafverfolgung und Gefahrenabwehr jeweils gelingt, muss offen bleiben. Grenzwertiges

Handeln scheitert stets am Idealfall! Gewalteinsatz bedeutet immer Arbeit an der Nahtstelle von Leben und Tod – und führt offenbar in ein echtes ethisches Dilemma. Nur *Konjunktiv-Intellektuelle* und selbsternannte Experten kennen am Ende stets die so genannte Ideallösung.

Vier Beispiele mögen zuvorkommende oder vorbeugende Gewaltanwendung verdeutlichen: Im Juni 1967 kommt Israel in einem preemptive strike dem Gegner zuvor. Er hatte Truppen an der Grenze zusammengezogen und mit unmittelbarem Angriff gedroht. Die Waffen Ägyptens waren geladen und auf Israel gerichtet. Der so genannte Sechs-Tage-Krieg verkörpert die Strategie des Erstschlags. Im Juni 1981 zerstören Israels Kampfflugzeuge den gerade fertig gestellten Atomreaktor Osirak im Irak, der nach Expertenmeinung spaltbares Material für militärische Zwecke bereitgestellt hätte. Hier haben wir es mit einer vorbeugenden militärischen Maßnahme (preventive attack) zu tun. Im Zusammenhang mit dem Balkan-Konflikt ist der Einsatz der Streitkräfte des Nordatlantik Pakts in Mazedonien als erfolgreiche Präventivmaßnahme zu werten. Dadurch sind Gewalt und Gewalteskalationen verhindert worden. Das jüngste Beispiel präemptiven militärischen Eingreifens finden wir im deutschen Luftsicherheitsgesetz vom Juni 2004. Zum Schutz der Luftfahrt vor terroristischen Angriffen wird im Falle der Entführung eines Passagierflugzeuges durch Terroristen „die unmittelbare Einwirkung mit Waffengewalt" als zulässig erklärt, „wenn nach den Umständen davon auszugehen ist, dass das Luftfahrzeug gegen das Leben von Menschen eingesetzt werden soll, und sie das einzige Mittel zur Abwehr dieser gegenwärtigen Gefahr ist."[37]

Herausforderung des Völkerrechts

Ohne Frage bewegen sich militärische Interventionen stets auf der rechtlichen, politischen und ethischen Grenze menschlichen Handelns. Daher stehen zuvorkommende oder vorbeugende militärische Eingriffe immer in der Gefahr, Vorwand für kriegerische Aggression zu sein. Groß sind die Risiken, das Gewaltverbot zu unterlaufen, zumal die Vereinigten Staaten gegenwärtig die internationale Ordnung unipolar beherrschen. Dennoch: Die Charta der Vereinten Nationen räumt nach Artikel 51 das naturgegebene Recht (inherent right) zur individuellen oder kollektiven Selbstverteidigung ein. Das Selbstverteidigungsrecht der Staaten beruht auf ihrem Recht auf Existenz, Souveränität und territoriale Integrität. Die nationale sicherheitspolitische Doktrin der USA vom September 2002

---

[37] Luftsicherheitsgesetz, § 14. Das am 15. Februar 2006 ergangene Urteil des Bundesverfassungsgerichts erklärt § 14 Abs. 3 Luftsicherheitsgesetz „der die Streitkräfte ermächtigt, Luftfahrzeuge, die als Tatwaffe gegen das Leben von Menschen eingesetzt werden sollen, abzuschießen, [als] mit dem Grundgesetz unvereinbar und nichtig" (1BVR 357/05). Damit wird das Problem der Gefahrenabwehr terroristischer Attacken unter Einsatz ziviler Luftfahrzeuge wohl erst durch eine Grundgesetzänderung angegangen werden können.

nimmt diesen Artikel *fortschreibend* auf.[38] Vom Selbstverteidigungsrecht her wird der Rechtsgrund für präemptive oder präventive militärische Interventionen abgeleitet – wobei die Frage beantwortet werden muss, ob der Terroranschlag des 11. September 2001 als bewaffneter Angriff auf die USA im Sinne von Art. 51 der Charta zu werten ist. Amerikas Präsident George W. Bush spricht unmittelbar nach den Terroranschlägen von einer Kriegssituation, in der sich Amerika befinde: „we are at war." Generalsekretär Kofi Annan bestätigt die Auffassung der Bush-Administration am 8. Oktober 2001: Der militärische Angriff gegen Afghanistan sei „fully in the line with the right to self-defense."[39] Sofern man Selbstverteidigung als Abwehr eines klar bestimmen Angriffs definiert, muss den Vereinigten Staaten das Recht eingeräumt werden, eine zeitlich und räumlich begrenzte militärische Gegenmaßnahme zu ergreifen.[40]

Ob die Gemeinschaft der freien Völker die islamistischen Terrorattacken des 11. September 2001 als „Clash of Civilizations" (Samuel P. Huntington) wertet oder als „Kampf um die Kultur in einer immer mehr zusammen wachsenden Welt" (Bundes-

---

38 Nationale Sicherheitsstrategie, 16. Es ist von dem Faktum einer neuen Verteidigungsstrategie der Amerikaner nach dem 11. September 2001 auszugehen. Alle Verdachtsmomente terroristischer Aktivitäten sowie die Bedrohung durch Massenvernichtungswaffen sollen so früh wie möglich weltweit markiert und durch zivile oder militärische bzw. eine Mischung beider Instanzen verfolgt werden. Die neue Sicherheitsstrategie wird nicht nur von Republikanern und vielen Demokraten im Kongress geteilt, sondern auch von weiten Teilen der amerikanischen Bevölkerung.
39 Annan, Press Release vom 8. Oktober 2001.
40 Vgl. dazu auch die aufschlussreichen und differenzierten Beiträge in der Frankfurter Allgemeinen Zeitung vom 13. September 2001 sowie DELBRÜCK, Schritte, 174f; ISENSEE, Die Blindheit der Gesetze, in: Rheinischer Merkur spezial vom 11. September 2003, 10. ISENSEE meint, „die Terrorakte vom 11. September hatten die Wirkung eines schweren Luftangriffs." Der Nato-Rat stellte fest, dass „dieser Anschlag [...] vom Ausland aus gegen die Vereinigten Staaten verübt wurde" und dieser Angriff gegen einen als Angriff gegen alle Mitglieder angesehen werde. (Blätter für deutsche und internationale Politik 10/2001, 1263) Kampf und Krieg gegen den Terrorismus werden verglichen mit der „Kriegserklärung an die gesamte zivilisierte Welt", so der deutsche Bundeskanzler. (Frankfurter Allgemeine Zeitung vom 13. September. 2001) Der Nato-Rat stellte am 12. September 2001 erstmalig den Bündnisfall in seiner 42-jährigen Geschichte fest und der Sicherheitsrat der Vereinten Nationen qualifizierte am selben Tag die Terroranschläge auf Amerika als „Bedrohung des Weltfriedens" und räumte das Recht zur Selbstverteidigung nach Art. 51 Charta ein. Beide Beschlüsse fußen auf der Erkenntnis, dass der terroristische Angriff als Kriegseröffnung zu werten und „vom Ausland aus" durchgeführt worden sei. (ISENSEE, 1263) Ferner schreibt die Resolution 1373 des Sicherheitsrates vom 28. September 2001 bindend vor, dass die Mitgliedsstaaten der Vereinten Nationen verpflichtet sind, die notwendigen Schritte zur Verhinderung terroristischer Akte zu tun, insbesondere so früh wie möglich andere Staaten über Gefahren zu warnen.

kanzler Gerhard Schröder)[41], entbehrt bislang der Eindeutigkeit. Walter Schmithals[42] deutet sie im Sinne Huntingtons; ebenso, wenn auch anders gewichtet, Henryk M. Broder[43]: „Samuel Huntington hatte Recht, es findet ein Kampf der Kulturen statt." (170) Es liegt nahe, Huntingtons Ausführungen zu folgen, wenn eine Differenzierung getroffen wird: Der islamistische Terror repräsentiert nicht die gesamte islamische Welt, sondern eine fundamentalistische, fanatisierte Subkultur.[44]

Die Wirkungen heutiger Massenvernichtungswaffen sowie die Zerstörungs- und Tötungsabsicht terroristischer Attacken rechtfertigen nach amerikanischem und europäischem Sicherheitsverständnis eine *erweiterte Definition* der Risikoeinschätzung und Selbstverteidigung. Im Focus des Selbstverteidigungsrechts liegen zunächst Sicherheit der Grenzen und Schutz der Bürger, sodann Friedensinitiativen. Frieden orientiert sich nicht nur am Recht, sondern primär an unversehrten Grenzen und der Gefahrenabwehr eines Landes – ein rechtspolitischer und friedensethischer Balanceakt. Im Kern sicherheitspolitischen Denkens setzt die neue Strategie andere Prioritäten. Dominierten bislang Frieden schaffende Freiheitsrechte Amerikas Demokratieverständnis, so steht nach dem 11. September 2001 die Sicherheit des Landes an erster Stelle: Nur Sicherheit gewährt jene Freiheit, die Recht setzt und Frieden ermöglicht! Wo Sicherheit derart präferiert wird, hat sie ihren Preis: Bürgerliche Freiheitsrechte können fallweise eingeschränkt oder nicht garantiert werden.[45] Amerikas Sicherheitsstrategie will Bedrohungen ausschalten, *bevor* sie Amerikas Grenzen erreicht haben. Grenzen sind für demokratisch verfasste Staaten konstitutiv. Nur innerhalb der nationalen respektive Bündnisgrenzen gelten notwendigerweise Recht, Gesetz, Moral, Sitte, Tradition. Sie schaffen und erhalten eine schützenswerte Wir-Identität des Staats- beziehungsweise Bündnisvolks sowie sein Politikmonopol. Fordert die Akzentverschiebung von der Freiheit zur Sicherheit zum friedenspolitischen Perspektivwechsel heraus? Bilden die neuen Sicherheitsstrategien Amerikas und Europas Ausgangspunkte künftiger internationaler Friedenspolitik?

---

41 Chronik aktuell: Der 11. September 2001, 125.

42 Zum Konflikt zwischen dem Islam und dem ‚Westen', Evangelische Verantwortung 5/2002, 4–8.

43 Nur nicht provozieren! in: Der Spiegel Nr. 38/2001, 168–170.

44 vgl. auch Kirchliches Jahrbuch 128. Jg., 2001, 133–182.

45 Diese Ansicht wir auch im deutschen Rechtsdenken vertreten. H.-J. PAPIER, Präsident des Bundesverfassungsgerichts, führt zum Kampf gegen internationale Terroristen aus: „Die Sicherheitsgewähr gehört selbstverständlich zu den fundamentalsten Aufgaben des Rechtsstaats [...]. Es gibt zwei elementare Aufgaben des modernen Rechtsstaats, nämlich die Gewährleistung von Freiheit und Sicherheit [...]. Es ist nicht zu leugnen, dass im Einzelfall ein Mehr an Freiheit auf Kosten der Sicherheit gehen kann, wie umgekehrt ein Zuviel an Sicherheit zu Lasten der Freiheit gehen kann. (Ein Wegschließen auf unbestimmte Zeit kommt nicht in Betracht, Interview in Frankfurter Allgemeine Zeitung vom 25. Oktober 2005, 4)

Sofern diese Fragen eine positive Antwort finden und künftige Terrorattacken vereitelt werden sollen, sind vorzugsweise die den Blicken der Welt weitgehend entzogenen, grenzüberschreitenden terroristischen Zellen, Netzwerke und Ausbildungslager zu zerstören. Hier spitzt sich das Problem des Einsatzes militärischer Gewalt im Rahmen des Notwehrrechts aufs Äußerste zu. Evangelische Friedensethik stellt dazu fest: die Benutzung militärischer Macht sei „um so eher zu vertreten, je enger sie im Sinne von Notwehr und Nothilfe auf den Schutz bedrohter Menschen, ihres Lebens, ihrer Freiheit [...] bezogen bleibt."[46] Notwehr setzt realisierte Gewalt voraus; sie versteht sich als defensives Instrument der Gewaltabwehr. Die gegenwärtigen sicherheitspolitischen Überlegungen verlangen aufgrund geschärfter politischer Wahrnehmung *asymmetrischer Gefahren und Bedrohungen* jedoch mehr eine *Strategie* des (politischen/militärischen) *Agierens* als des Reagierens. Dem offensichtlichen ersten Schritt terroristischer Gewalt muss eine Maßnahme der Verhinderung dieser Gewalt *zuvorkommen*. „Denn es kann einem Staat nicht zugemutet werden, den feindlichen Angriffsvorbereitungen so lange tatenlos zuzuschauen, bis der Feind tatsächlich zugeschlagen hat und effektive Verteidigung dann gar nicht mehr möglich ist" – so der Völkerrechtler Dieter Murswiek.[47]

Daher zielt die Bekämpfung des Terrorismus nicht auf Rache und Vergeltung, sondern auf zuvorkommende oder vorbeugende (zivile, paramilitärische oder militärische) Abwehrmaßnahmen. Sie sind Teil einer Strategie der *Konfliktvermeidung* und/oder *Konfliktentschärfung*, die im Dienst langfristigen politischen Befriedungshandelns steht. In diesem Zusammenhang muss die vielfach kolportierte Erkenntnis des ehemaligen deutschen Verteidigungsministers Peter Struck gesehen werden, dass Deutschland auch am Hindukusch verteidigt werde. Krisen, Konflikte und Völkerrechtsbruch sowie terroristische Gefahren und Bedrohungen des Weltfriedens sollen möglichst frühzeitig und entschlossen dort entlarvt, markiert und mit politischen/militärischen Mitteln angegangen werden, *wo* sie entstehen und ihre weltweite Verbreitung finden.

Ob damit den Brutstätten des internationalen Terrorismus das Wasser abgegraben werden kann, bleibt zunächst eine zu realisierende Hoffnung. Denn ein schlüssiges Gesamtkonzept zur Terrorbekämpfung gibt es (noch) nicht. Mit präemptiven und präventiven Sicherheitsstrategien werden zwar die Symptome der Attacken des Terrors kuriert und unmittelbare Bedrohungen durch terroristische Gewalt gegebenenfalls abgewehrt, aber ihre ideologischen und religiösen Wurzeln wohl kaum erreicht. Zweifel sind angebracht, ob westliche Intellektuelle die Metaphysik der Al-Qaida-Terroristen und der radikalislamistischen Taliban realistisch einschätzen. Muslime des radikalen Islam bewegen sich keineswegs in demokratischen Denkprozessen und Strukturen. Sie verhöhnen westliche Toleranz als Dekadenzphänomen. Philosophie, Kunst und Humanität abendländi-

---

46 Schritte auf dem Weg des Friedens, 17.
47 MURSWIEK, Die Amerikanische Präventionsstrategie, 1016. Vgl. dazu Die Nationale Sicherheitsstrategie der Vereinigten Staaten, a.a.O., 39.

scher Prägung sind nicht kommensurabel mit den Texten, die der wahre Gott (Allah) in den 114 Suren des Korans durch Muhammad, den Propheten, übergeben hat. Radikale Muslime glauben, dass vor allem das islamische Gesetz (Scharia) modernem westlichem Denken und Leben diametral entgegensteht. Daraus entwickeln sich jene Spannungen, die zu islamistischer Ideologie und Terror führen. Sind westliche Demokratien in der Lage, sicherheitspolitisch zu reagieren? Kurz- und mittelfristig gebietet das Recht zur Selbstverteidigung zunächst strenge Observationen nationaler islamistischer Organisationen, Vereinigungen, Moschee-Gemeinden, Zellen sowie eine effiziente Kooperation internationaler Geheimdienste. Sodann müssen internationale muslimische Verbände eine Selbstverpflichtung eingehen, sich vom weltweiten Terror ihrer Glaubensbrüder in Wort und *Tat* zu distanzieren. Langfristige sicherheitspolitische Ideen sowie friedens- und konfliktethische Konzepte bedürfen der Einleitung demokratischer Verfahren sowie der Trennung von Staat und Religion auf der Ebene von Rechtsprechung und Gesetzgebung – und nicht zuletzt eines sehr langen Atems im Umgang mit religiösem Fundamentalismus unaufgeklärter Provenienz.

Antizipatorische Sicherheitsstrategie *contra asymmetrische Gewalt*

Die Vereinigten Staaten von Amerika und die Mitgliedsstaaten der Europäischen Union sind nicht durch zwischenstaatliche Konflikte bedroht, sondern durch die Weitergabe von Massenvernichtungswaffen, weltweit agierende Terroristen und an ihrer Seite sympathisierende Staaten. Auf offensichtliche (asymmetrische) Gefahren bedarf es entschiedener, robuster Reaktion. Sie ist an die Bedingung geknüpft, die im Kernbestand amerikanischen Sicherheitsdenkens postulierten *zuvorkommenden* oder *vorbeugenden* militärischen Eingriffe angesichts einer offensichtlichen und unmittelbaren Bedrohung des eigenen Territoriums wahrheitsgetreu und politisch überzeugend zu belegen.

In diesem Zusammenhang kommt die Frage einer *europäischen Sicherheitsvorsorge* auf. Zur Wiederbelebung der strategischen Diskussion zwischen Amerikanern und Europäern hat der Hohe Beauftragte für die Außenpolitik der Europäischen Union, Solana, den Staats- und Regierungschefs der EU am 20. Juni 2003 in Porto Carras den Entwurf einer europäischen Sicherheitsstrategie vorgestellt, der das transatlantische Verhältnis wieder ins Lot bringen soll. „Ein sicheres Europa in einer besseren Welt" heißt die am 12. Dezember 2003 von fünfundzwanzig Staats- und Regierungschefs unterzeichnete vierzehnseitige Doktrin. Die Bedrohungsanalyse der Europäer kommt weitgehend der amerikanischen Sichtweise entgegen. Es wird jedoch kritisch angemerkt, dass die transatlantische Bündnissolidarität durch den Irakkrieg schweren Schaden genommen habe. Solanas Entwurf tritt dafür ein, nicht nur politische, diplomatische, polizeiliche und wirtschaftliche Mittel einzusetzen, sondern früher, schneller und robuster militärisch zu intervenieren. „Wir müssen fähig sein zu handeln", fordern die Regierungschefs, „bevor sich die Lage in den Nachbarländern verschlechtert, wenn es Anzeichen für Proliferation gibt und bevor es zu humanitären Krisen

kommt. Durch präventives Engagement könnten schwierige Probleme in der Zukunft vermieden werden. Eine europäische Union, die größere Verantwortung
übernimmt und sich aktiver einbringt, wird größeres politisches Gewicht besitzen."[48] In der Zeit asymmetrischer Bedrohungen und des Vorhandenseins insta-
biler Staaten, führt die Doktrin der Europäer aus, würden die Verteidigungslini-
en oft außerhalb der Landesgrenzen liegen. Vorbeugendes Handeln könnte nicht
früh genug eingeleitet werden. Um Terrorgruppen im Handstreich zu neutrali-
sieren, würden multilaterale Sondereinsatzkommandos benötigt. Der Rechtferti-
gungsgrund legitimer Gewaltandrohung und -ausübung liegt in der unmittelbaren oder mittelbaren Abwehr der Gefahr der Vernichtung von Menschenleben,
Werteordnungen und Rechtsgütern. Wirksame Krisenbewältigung verlange die
Entwicklung einer *Strategiekultur*. Mit diesem Bündel an zivilen, paramilitä-
rischen und militärischen Maßnahmen greift die europäische Sicherheitsdoktrin
das Feld der präemptiven und präventiven Abwehrstrategien auf. Nun bleibt zu
hoffen, dass die europäischen Partner in hohen Gefahrensituationen ihre Fähigkeiten zur notwendigen Mittelbereitstellung und koordinierten Infrastruktur
beweisen. Zusammenfassend sieht sich europäisches Sicherheitsdenken den
„transatlantischen Beziehungen" verbunden. „In gemeinsamem Handeln können die Europäische Union und die Vereinigten Staaten eine mächtige Kraft zum
Wohl der Welt sein."[49]

Mit ihren Sicherheitsstrategien fordern US-Amerikaner und EU-Europäer
nicht nur das Gewaltmonopol des Sicherheitsrates der Vereinten Nationen sowie
das geltende Völkerrecht entschieden heraus, sondern auch die Friedensethik der
christlichen Kirchen. Theologie und Kirche werden sich mit neuen Formen pri-
vatisierter, asymmetrischer Gewalt wirklichkeitsnah auseinandersetzen und der
Erkenntnis beugen müssen, dass die Abschreckungs- und Sanktionslogik der
Charta (Art. 33–42) gegenüber den global operierenden Terroristen nicht greift.
Eindämmung und Abschreckung (containment and deterrence) setzt den Über-
lebenswillen aller Beteiligten voraus. Wer jedoch den Tod, verbunden mit religiösen Wahn- und Erlösungsvorstellungen, nicht aber das Leben liebt, muss die
neue Bedrohungsqualität ernst nehmen. „Die veränderte weltpolitische Situation
und die offenen Fragen der evangelischen Friedensethik machen es unabweisbar,
die Forderung nach einer neuen evangelischen Friedensdenkschrift ernst zuneh-
men und die bisherigen friedensethischen Grundsätze und Konzepte auf den
Prüfstand zu stellen [...]."[50]

---

48 Europäische Sicherheitsstrategie, 11.
49 Europäische Sicherheitsstrategie, 13.
50 BARTH, Evangelische Friedensethik nach dem Irak-Krieg, 65.

7.4. Fortentwicklung evangelischer Friedensethik

Treffen wir im Kampf gegen den internationalen Terrorismus die Intention des Kernsatzes der fünften Barmer These: die Androhung und Ausübung von Gewalt als sicherheitspolitische Aufgabe des Staates? Bildet der Schutzauftrag demokratischer Staaten gegenüber ihren Bürgern nicht nur eine vorrangige staatsrechtliche Verpflichtung, sondern auch die Grundlage jeder Gefahrenabwehr? Ist in einer neuen Friedensethik der Sicherheitsstrategie erstrangige Bedeutung beizumessen? Sofern Christen das bejahen, sprechen sie in den Raum des Politischen und ziehen Konsequenzen aus ihrer Glaubensexistenz. Sie verantworten auch die Folgen und Risiken ihrer Entscheidung. Da wir aber nie genau wissen, welche Folgen und Risiken (militärische) Gewaltausübung oder Gewaltverzicht zeitigen, geraten wir in ein theologisch-ethisches Dilemma des Schuldigwerdens. Schuldübernahme schließt die Schuld derer ein, die Frieden gewaltlos herstellen wollen. Waffenträger wie Pazifisten teilen die paradoxe Situation, schuldig zu werden, gleich, was sie tun – auch wenn sie nichts tun! Das in diesem Zusammenhang sattsam zitierte friedensethische Votum des Ökumenischen Rates der Kirchen von 1948 „Krieg soll nach Gottes Willen nicht sein" bleibt selbst unter Berücksichtigung des sicherheitspolitischen und friedensethischen Paradigmenwechsels eine stets wünschenswerte Devise, aber eine unzureichende Losung in politischen Grenz- und Extremsituationen. „Dass diese Formel von 1948 zwar richtig, aber unzureichend ist", merkt Wilfried Härle an, „zeigt sich sehr schnell daran, dass sie nichts darüber sagt, was aus ihr folgt, wenn Krieg ausgebrochen ist. Die Formel sagt vor allem nichts darüber, welche politischen Konsequenzen aus dieser Einsicht im Falle des Kriegsausbruchs zu ziehen sind."[51] Konflikt, Gewalt, Terror, Ausbeutung, Mord und Totschlag – all das soll nach Gottes lebensdienlichem Willen, wie er uns aus dem Neuen Testament entgegentritt, nicht sein. Und doch erleben wir sie täglich. Daher ist die friedensethische Aufgabe der Christenheit weder mit der Wiederholung der Formel von 1948 noch mit der bloßen Verurteilung des Krieges hinreichend erfüllt. Das Nein zum Krieg bedeutet noch kein Ja zum Frieden.

Christliche Friedensethiker werden sich ohne mentale Vorbehalte den Fragen globaler terroristischer Gefährdungen neu stellen und darauf entsprechende Antworten finden müssen – wissend um die Verfallsdaten friedensethischer Konzeptionen. Finden sie den Mut, alte Denkmuster kritisch zu durchleuchten und jene beliebte theologische Dialektik von Gewaltverzicht oder Gegengewalt einer verantwortungsethischen Entscheidung zuzuführen? Sind sie bereit und willens, sich vom allein Wünschenswerten zu verabschieden und nachdrücklich an der Fortentwicklung einer friedensethisch verantwortbaren erweiterten Agenda zu arbeiten? Gibt der friedens- und sicherheitspolitische Anknüpfungspunkt den Blick frei für die Fortschreibung der fünften These von Barmen und deren Trag-

---

51 HÄRLE, Zum Beispiel Golfkrieg, 36.

Berufsethische Bestimmung

fähigkeit für *zuvorkommende* oder *vorbeugende* Gewaltausübung? Diese Fragen greifen um so eher, als sie in Verbindung mit der konditional interpretierten Ultima-ratio-Option präemptive beziehungsweise präventive militärische Interventionen zur Vermeidung von Gewalteskalation und Krieg nicht grundsätzlich ausschließen. Die Richtung hat jüngst Traugott Koch vorgegeben: „Der Einsatz von Militär gegen eine akute Bedrohung und gegen eine Aggression von außen – eventuell auch als allerletztes Mittel bei einem blockierenden Nichteinlenken des Gegners ein Präventivkrieg – ist unvermeidlich, zur Abwehr von Unrecht notwendig und also ethisch tolerabel."[52] Da eine auf Eindämmung und Abschreckung (containment and deterrence) beruhende Friedenssicherung den internationalen Terrorismus nicht beherrscht, lautet die Kernfrage: Kann es ein Recht auf *preemptive selfdefense* beziehungsweise *preventive selfdefense* im Sinne einer *intentionalen* Weiterführung sowohl der fünften Barmer These als auch des Art. 51 der Charta als Abwehrmaßnahme gegen weltweite asymmetrische Bedrohungen, Gefahren und Attacken geben?

In leichter Abwandlung eines Wortes Dietrich Bonhoeffers, der im Tegeler Gefängnis 1944 formulierte: Es mag ja sein, dass morgen der Friede in der Welt anbricht. Dann wollen wir gerne die Arbeit für eine bessere Zukunft aus der Hand legen. Vorher aber nicht!

---

52 KOCH, Der Friede in der Politik, 186.

III. Evangelische Seelsorgepraxis

1. Soldatinnen und Soldaten im Auslandseinsatz

1.1. Die verletzte Seele des Soldaten

„Menschen in Extremsituationen sind wie Piloten ohne Sichtbedingungen: Sie sehen keine verlässlichen Wirklichkeiten mehr, im Extremfall: Nichts! Der Christ im Amt des Militärpfarrers leiht Gottes überlebenswichtigen Orientierungsworten seine menschliche Stimme. Je schlechter die Wetterbedingungen, je unerfahrener der Pilot, desto wichtiger und hoffentlich desto ruhiger die Stimme des Radar-Controlers. Der Teufel soll ihn holen – und er wird ihn auch holen – wenn er versagt. Ein Gleiches gilt für die Militärseelsorge in Extremsituationen. Je schlechter, je unmenschlicher die Bedingungen, je weniger Glaubenserfahrung unter den Soldaten, desto wichtiger und hoffentlich desto ruhiger die Stimme des Militärpfarrers. Der Teufel soll ihn holen – und er wird den holen –, der ihn an dieser Arbeit hindert."[1]

Der Hirte und seine Herde

Wo immer Soldatinnen und Soldaten leben und ihren Dienst verrichten: an den Standorten im Heimatland, auf internationalen Truppenübungsplätzen, auf den Schiffen der Marine oder im weltweiten Friedenseinsatz zu Lande, zu Wasser, in der Luft: der „Hirte ist bei seiner Herde", wie es im zehnten Kapitel des Johannesevangeliums sprachbildlich treffend heißt. Und Jeremia, der Prophet, warnt: „Wehe dem Hirten, der seine Herde im Stich lässt!" (23,1) Verpflichtend für den pastoralen Dienst in den Streitkräften ist die Ordination der Geistlichen und ihre Entscheidung, Gottes Wort in Gottesdiensten, Andachten, Seminaren, Gesprächsrunden und Seelsorge zu verkündigen. Der pastorale Dienst bei Soldaten gestattet keine Wahlmöglichkeit der seelsorglichen Begleitung. Unabhängig von der politischen oder juristischen Bewertung eines Auslandseinsatzes einzelner geistlicher Bedenkenträger sind Militärgeistliche gehalten, den Seelsorgeauftrag der christlichen Botschaft, namentlich Menschen zu begleiten, zu raten, zu helfen, zu heilen, kurz die *professionelle Helferrolle* überzeugend wahrzunehmen. Frei von staatlicher Einflussnahme oder Fremdbestimmung erfüllen Militärgeist-

---

1 BASTIAN, Seelsorge in Extremsituationen, 70.

liche ihren pastoralen Auftrag im Auslandseinsatz. Der Militärseelsorgevertrag garantiert die uneingeschränkte Freiheit in Lehre und Verkündigung. Das Grundrecht auf freie Religionsausübung gilt auch für Soldaten im Auslandseinsatz. Seit die politische Führung Angehörige der Bundeswehr zu humanitären Missionen im Ausland einsetzt – und zwar seit 1992 – befinden sich Militärgeistliche beider christlicher Kirchen zeitlich und räumlich in unmittelbarer Nähe der Frauen und Männer in Uniform.[2] Den Soldaten gleich, sind sie immer im Dienst – rund um die Uhr, sieben Tage in der Woche, bis zu sechs Monaten. Das entspricht den Erwartungen der Soldaten. Der Pfarrer soll Ansprechpartner und jederzeit für sie da sein.[3]

Auf eine theologische Konzeption der seelsorglichen Begleitung der Soldaten/Soldatinnen im Auslandseinsatz hat die Evangelische Militärseelsorge bislang verzichtet. Im Unterschied zu einer Soldatenseelsorge, die wesentlich auf psychologischen Anleihen fußt (warum eigentlich?), bedarf es einer biblisch zentrierten Seelsorge. Vom Quellgrund des Alten und Neuen Testaments erhält Seelsorge unter Soldaten ihre sachangemessene Aufgabe. Die in Leitungsorganen auf landeskirchlicher und EKD-Ebene kolportierte Meinung, eine eigene Soldatenseelsorge für den Auslandseinsatz sei nicht opportun, ist nicht nur auf emotionale Distanz kirchlicher Entscheidungsträger zur Militärseelsorge zurückzuführen, sondern vor allem auf ihre Bedenken, jenes Einfallstor für eine *Theologie der Militärseelsorge* zu öffnen, die sich landes- beziehungsweise bundeskirchlicher Verantwortung entzöge. Eine eigenständige Theologie der Kirche unter Soldaten kann und wird es nicht geben, aber eine besondere Facette kirchlichen Handelns in Berufsethik und Seelsorge bei den Waffenträgern muss es geben. Ferner sei mögliche Einflussnahme und Fremdbestimmtheit der begleitenden Seelsorge durch den Staat nicht auszuschließen. Als Kirchenmann unter den Soldaten kann ich diese Bedenken nach fast zwanzigjähriger Tätigkeit nicht teilen. Die kirchliche Besorgnis trägt nicht; sie ist, wie mein Beitrag zeigen wird, sachlich unangemessen und praktisch-theologisch töricht. Warum? Weil ein Großteil kirchlicher Leitungspersönlichkeiten die Chancen in Verkündigung, Lehre und Seelsorge verkennt, Soldatinnen und Soldaten samt ihren Familien für das Christsein in unserer Zeit zu gewinnen. Die jüngst veröffentlichten Beiträge zur Einsatzseelsorge[4] mühen sich zwar um ein pastorales Profil, bewegen sich aber durchgängig im Bereich solider Berichterstattung und entbehren der praktisch-ethischen, seelsorglich-theologischen und biblisch-hermeneutischen Grundlagen.

---

2 vgl. Michaelis, Die neue Herausforderung, 128ff.
3 Vgl. dazu Riechmann, Soldaten sehen den Militärpfarrer heute anders, 141ff.
4 Vgl. z.B. Michaelis, Die neue Herausforderung, 128–140.

Die Extremsituation – ein Hammerschlag von hinten

Sollte die vorrangige Ausrichtung der Bundeswehr auch künftig für Krisenprävention und Konfliktbewältigung Primäraufgabe bleiben, dann können im Benehmen mit den Vereinten Nationen und den Verbündeten der NATO deutsche Streitkräfte international eingesetzt werden. Das bedeutet:

– Deeskalationsmaßnahmen durchzuführen unter robuster Verteidigung des eigenen Lebens;
– Schutz der Bevölkerung und Sicherung des Waffenstillstandes im Rahmen so genannter asymmetrischer Bedrohungen durchzusetzen;
– Befriedungsinitiativen (humanitäre Interventionen) einzuleiten sowie Aufbauhilfe zu leisten.

Damit sind weltweite Einsätze deutscher Streitkräfte festgelegt. Als Facette der deutschen Außenpolitik sind Streitkräfte Instrument der Notwehr und Nothilfe. An diesen Operationen sind Militärgeistliche beider Kirchen begleitend beteiligt. Militärgeistliche zählen wie das Sanitätspersonal nicht zu den an Kampfhandlungen unmittelbar Beteiligten. Für alle Soldaten bedeuten die Auslandseinsätze eine bislang nicht gekannte Belastung ihrer privaten und beruflichen Existenz. Sie werden nicht nur mit andauernder Angst und Gefährdung des eigenen Lebens konfrontiert, sondern mehr noch mit Gewalt, Terror, Massakern, Leid und Tod. Grenzwertige Belastungen und Extremsituationen begleiten den Dienstalltag. Im bisherigen Erfahrungswissen der Soldaten und Soldatinnen sind Trennungen und sechsmonatige Abwesenheit von Zuhause nicht gespeichert. Durch Verlust ihres sozialen Umfeldes und vertrauter Lebensumstände verliert ihr physisch und psychisch getragenes Leben unvermittelt seinen Halt. Grundüberzeugungen werden erschüttert. Gewissenskonflikte und Fragen nach Versagen und Schuld kommen auf. Sie sind weder berechen- noch vorausschaubar, denn „die Extremsituation wird wie ein Hammerschlag von hinten erlebt. Sie bedroht Leib und Leben, darüber hinaus das Geistige und Geistliche des Menschen."[5] „Wir befinden uns dann in einer Extremsituation", differenziert Bruno Bettelheim, „wenn wir in eine Lage hineinkatapultiert werden, in der unsere alten Anpassungsmechanismen und Wertvorstellungen nicht mehr helfen. In dieser Situation werden wir unseres ganzen Abwehrsystems beraubt, und wir werden so weit zurückgeworfen, dass wir […] neue Einstellungen, Lebensweisen und Wertvorstellungen entwickeln müssen."[6] Daraus folgt: Was im gewöhnlichen Alltag des Lebens als sicher und selbstverständlich erachtet und gelebt wird, kann sich umgehend als nichtig und bedeutungslos erweisen.

Der psychisch extrem Belastete empfindet den Verlust seiner wertorientierten Bindungen, seiner Identität, seines Lebenssinns. Gültige Lebensentwürfe stellt er in Frage. Sein Grund- und Selbstvertrauen ist erschüttert. Verlassens- und Versa-

5 BASTIAN, Seelsorge in Extremsituationen, 56.
6 BETTELHEIM, Erziehung zum Überleben, 20.

gensängste bestimmen sein Handeln. Er verhält sich regressiv und fällt „auf ein Erlebnismuster [zurück], das vom biologischen Lebensalter eigentlich überholt ist."[7] Sein Angst bestimmtes Verhalten nimmt nicht selten infantile Lebensformen an, die ihrerseits Ausdruck eines Bedürfnisses nach Schutz, Beistand und Hilfe sind. Existentielle Belastungen jedoch wollen nicht hingenommen und erduldet, sondern überwunden werden. Die Akzeptanz der Fakten und der Widerspruch dagegen sind in Extremsituationen unlösbar miteinander verbunden. Solchermaßen ist der Umgang mit äußerst erschwerten Lebensbedingungen und deren Aufarbeitung Anlass für seelsorgliches Handeln – die Stunde des Seelsorgers. Soldatinnen und Soldaten, die von einem Einsatz heimkehren, berichten, dass sie sich trotz aller inneren und äußeren Vorbereitung wie herausgeworfen aus allem bisher Vertrauten fühlen. Sie durchleben in gewisser Weise eine Extremsituation.

Aus dem Einsatzalltag

Wer sich heute für den Soldatenberuf entscheidet, muss wissen, auf welche Berufsrisiken er sich einlässt. Mehr noch sollte die Familie des Soldaten verinnerlichen, dass sie mit einem Waffenträger liiert ist, dem befohlen wird, an Auslandseinsätzen der Bundeswehr teilzunehmen. Unfälle, Terroranschläge, Minengefahr sind ständige Begleiter. Zum Selbstschutz oder zum Schutz gefährdeter Menschen müssen Soldaten im äußersten Falle auf existentielle Bedrohungen unter Waffeneinsatz reagieren. Dabei sind Verwundung und Tod nicht ausgeschlossen. Vor allem junge Soldaten sollten sich mit diesem Wissen arrangieren. Je intensiver die Beschäftigung mit Bedrohungen, Gefährdungen und Ängsten am Heimatstandort vorgedacht und eingeübt wird, desto höher wird das Durchhaltevermögen der Soldaten im Einsatzland sein.

Soldaten und Militärgeistliche müssen sich im Einsatzland auf einfachste, ja primitivste Lebensverhältnisse, auf organisatorische und infrastrukturelle Unzulänglichkeiten einstellen. Nichts ist wie zu Hause! Fast alle Zivilisationsbelange bedürfen der Improvisation, bis nach Tagen, Wochen oder Monaten so etwas wie Kasernenalltag einkehrt. Dazu kommen erhebliche klimatische Umstellungen sowie eingeschränkte Bewegungsfreiheit. Gefahren lauern überall: die ständige Bedrohungslage, dauernde Eigensicherung, Bereitschaft zum Waffeneinsatz, Konfrontation mit Brutalität und Gewalt, Leid und Tod. Daher müssen stets hohe Sicherheitsstufen beachtet werden. Naheliegenderweise fokussiert der Einsatzfall den Friedensdienst mit der Waffe. Sie fallweise auch einsetzen zu müssen, führt zu ethischen Bedenken und schweren Gewissenskonflikten. Sofern sich Soldaten als Christen verstehen, geraten sie in einen kaum lösbaren Widerspruch: Einerseits sollen sie das Gebot, nicht zu töten, befolgen, andererseits müssen sie Menschen gegenüber Gewaltherrschern, Aggressoren, Kriegstreibern

---

7 BASTIAN, Seelsorge in Extremsituationen, 58.

und Terroristen mit der Waffe schützen und verteidigen. Die Situation des Soldaten führt ihn nicht nur an die Grenze von Selbsterhaltung oder Selbstaufgabe, sondern auch in ein echtes ethisches Dilemma. Wie kein anderer Bürger unserer Gesellschaft begreift sich der Soldat als *Mensch im Widerspruch*. Hier ist nicht nur die Berufsethik des Soldaten gefragt, sondern vor allem begleitende Seelsorge.

Aus dem Einsatzalltag: Der Militärgeistliche ist mit Soldaten auf Patrouille unterwegs. Der Auftrag lautet: Militärische Absicherung des Umfeldes der von Gerichtsmedizinern vorgenommenen Exhumierungen. Menschen, die während der Vertreibung umgekommen sind, müssen aufgefunden, registriert und bestattet werden. Dabei kommt es zu *Sichtkontakten* mit den Massengräbern. Soldatinnen und Soldaten sind zwar militärisch gut ausgebildet, aber überwiegend ohne Gewalterfahrung. Und im Umgang mit Kriegsgräuel betreten sie völliges Neuland. „Herr Pfarrer, wissen Sie eigentlich, wie schwer ein Bein ist, das am Oberschenkel vom Körper getrennt wurde?" Massakrierte Frauen und Kinder, deren Köpfe und andere Körperteile unherliegen, von denen sich verwilderte Hunde ernähren. „Können Sie erklären, warum Menschen anderen Menschen so etwas Barbarisches antun?" „Unsere Soldaten", ergänzt General Friedrich Riechmann, „haben auf dem Balkan und in Kabul Orte von unbeschreiblicher Grausamkeit und menschenverachtender Brutalität gesehen. Sie haben Massengräber entdeckt und geöffnet. Sie sind Menschen begegnet, denen die Folter den Verstand geraubt hat. Sie haben Lager gesehen, in denen Massenvergewaltigungen stattgefunden haben [...]. Sie sehen die Opfer von Minen und Sprengfallen und werden Zeuge von Unfällen dieser Art und sind selbst davon bedroht."[8] – so die belastete Seele des Soldaten. Die belastbare Psyche des Seelsorgers stößt ebenso an ihre Grenze.

Ein Einsatzpfarrer berichtet. März 1999: Der Krieg im Kosovo beginnt. Erster und bislang einziger Kampfeinsatz deutscher Soldaten nach dem Zweiten Weltkrieg. Strategisch wichtige Ziele wie Brücken und andere Infrastruktur in Serbien werden von der NATO bombardiert. Deutsche Tornados haben die Aufgabe, serbische Radar- und Raketenstellungen auszuschalten. Im Hauptquartier der NATO in Brüssel ist von Kollateralschäden die Rede. Bei den Auswertungen der Flüge in den Luftwaffenkommandos geht es um die Ziele, die erfolgreich *bedient* (targets serviced) wurden. Diese und andere Begriffe der militärischen Nomenklatur können die seelische Lage der Piloten und Waffensystemoffiziere nicht annähernd erfassen. Bei manchen von ihnen kommen Schuldgefühle auf. „Ich denke an meine eigene Familie zu Hause, wenn ich die Raketen ausklinke. Sie vernichten ja nicht nur militärisches Gerät, sondern sehr wahrscheinlich auch Menschenleben, Frauen und Kinder". Bei der Flugvorbereitung und den Debriefings nach dem Flug spielen solche Fragen keine Rolle. Später, an der Kaffeebar, könnte man vielleicht mit Kameraden darüber sprechen. Sich bedrängender Fra-

---

8 RIECHMANN, Seelsorge an Soldaten, 6.

gen ganz zu öffnen, fällt aber schwer. Der Militärseelsorger bietet sich an zuzuhören und im Gespräch miteinander die Zwangslage von eigenem Schuldgefühl und militärischem Auftrag als ethisches Dilemma zu bedenken. Auch der Tod eines Kameraden geht weit über die Erfahrung im Kasernenalltag hinaus. Die Gründe liegen in besonderen Bindungen, die im 24-stündigen militärischen Zusammenleben entstehen. Es gibt so gut wie keine Privatsphäre. Rationale und emotionale Bindungen tragen das Zusammenleben – aber sie wollen auch ertragen sein! Bindungen schaffen Verantwortung und Vertrauen, Verpflichtungen und Standfestigkeit in einem Leben, das nur in der Gruppe existiert. Es entsteht eine gegenseitige Abhängigkeit im Bewusstsein, sich jederzeit auf den anderen – auch unter Einsatz von Leib und Leben – verlassen zu können. Der Tod eines Kameraden reißt in dieser besonderen Situation nicht nur eine mitmenschliche Lücke auf, sondern löst auch eine nicht vergleichbare Betroffenheit und Anteilnahme aus. Während in der Normalsituation des Dienstalltags am Heimatstandort die *Organe schweigen*, melden sie sich in existentiellen Belastungssituationen als Augen-, Ohren- und Bewusstseinsöffner: Sie diagnostizieren Extrem-, Grenz- und Endlichkeitserlebnisse, Verlust der Ich-Identität. Ohne begleitende Seelsorge und psychologische Hilfe werden Soldatinnen und Soldaten bleibende Schäden an Leib und Seele davontragen. Daher sind sie auf Menschen angewiesen, *die zuhören und beraten, vermitteln und begleiten, helfen und heilen, die Orte des Vertrauens und der Trauer schaffen, damit sich niemand „verkriecht".* Das Gespräch kommt in Gang, wenn sich für den extrem Belasteten die Frage stellt: Wie werde ich mit dieser Situation fertig? Wie ordne ich die mir völlig unbekannte Widerfahrnis in mein Leben ein? Worauf kann ich mich noch verlassen? Wen frage ich um Rat, Beistand, Hilfe?

1.2. Die Professionalität der Militärgeistlichen

„Wirklich neue Qualitäten werden von den Militärgeistlichen auf Grund der Auslandsengagements der Bundeswehr gefordert."[9] Daher sollten Militärgeistliche einem breiten pastoralen Anforderungsprofil genügen. Mobile, psychisch wie physisch belastbare und sprachkompetente (engl./franz.) Pfarrer und Pfarrerinnen sind gefragt. Hier geht es besonders um ihre Kernfähigkeiten: seelsorgliche Kompetenz in (militärischen) Konflikten und Extremsituationen sowie ethische Professionalität unter Einsatzbedingungen. Fähigkeit zur qualifizierten, verbindlichen Kommunikation sowie Aufgeschlossenheit gegenüber Menschen im lebensunüblichen militärischen Alltag gehören ebenso zu grundsätzlichen

---

9 ASSMANN, Kirche in alten, Bundeswehr in neuen Strukturen? a.a.O., 108. Ergänzend führt ASSMANN aus: Einstellungsvoraussetzung für den Eintritt in die Militärseelsorge sei die Bereitschaft zu einem sechsmonatigen Auslandseinsatz, der sich durch Vor- und Nachbereitung auf neun Monate Abwesenheit von der Familie summiere.

Eignungsvoraussetzungen. Kenntnisse militärischer Abläufe und deren Gepflogenheiten werden im Heimatland erworben und sind als bekannt vorauszusetzen. Um dem Anspruch zu genügen, Menschen als Christen unserer Zeit anzusprechen, ist die Kompetenz zu behutsamem, werbendem Gespräch mit einzelnen und Gruppen nicht zu vergessen. Ferner spielt die Bedeutung religiöser Differenzen und ethnisch heterogener Bevölkerungsgruppen im jeweiligen Einsatzland eine wichtige Rolle. Sie sind für das Verstehen von Gewaltausbrüchen unerlässlich. Denn Soldatinnen und Soldaten fragen vorwiegend im Einsatz nach den Ursachen von Hass, Aggression, Gewalt, Krieg. Erleben sie doch, dass Bestialität und Humanität Tür an Tür wohnen. Sie suchen nach Wegen konkreter Hilfe und künftigem Friedenshandeln. Hier sollten Militärgeistliche ernstzunehmende Begleiter und Gesprächspartner sein.

Militärgeistliche sind an den konkreten Menschen in seiner konkreten (Friedens-) Mission in Krise, Konflikt und Krieg gewiesen. An oberster Stelle steht dabei die Erkenntnis: Wer Soldatinnen und Soldaten seelsorglich begleitet, muss sie „mögen", muss ihr Berufsethos und ihre spannungsreichen Lebenslagen verstehen, sie annehmen und ernstnehmen. Trefflich sagt Hans-Dieter Bastian: „Die Organisation bringt den Militärpfarrer zur Truppe; die Wege zum Herzen der Soldaten muss er selbst suchen."[10] Das gelingt am besten in ruhiger Gesprächsatmosphäre. Das Wahrnehmen und Anhören, Ernstnehmen und Annehmen des Ratsuchenden sollte nicht ohne Kontextwissen geschehen: Wie steht es um die Praxis der Lebenseinstellung und Dienstauffassung unter Einsatzbedingungen? Welche Werte, Normen und Verhaltensweisen geben Orientierung? Wo liegen spezifische (emotionale) Problemfelder? Bestimmen Anspannung, innere Unruhe und Angst permanent-unterschwellig den Dienstalltag? Ein Offizier: „Alle haben Angst, sie gehen nur verschieden damit um."[11] Angst stellt sich als Grundgefühl des Menschen in heikler Mission ein. Wohin mit der Angst? fragen nicht selten Soldaten im seelsorglichen Gespräch. Im Unterschied zum Dienst im Heimatland ist die Angst unmittelbar. „Ich muss an einem Checkpoint zusammen mit einem Kämpfer der so genannten Nordallianz Wache schieben", so ein Hauptgefreiter in Kabul. „Ich weiß nicht, ob ich diesem Mann vertrauen kann, ich komme mir an dieser Straße vor wie eine lebende Zielscheibe. Ich habe Angst" – so stellt er dem Einsatzpfarrer die heikle Situation dar.

Doch Angst ist kein Gefühl, das Soldaten ohne weiteres anderen Kameraden mitteilen. Das könnte unsoldatisch, unprofessionell wirken. So geht der junge Mann zum Militärpfarrer. Er weiß: Hier befinde ich mich im geschützten Raum. Ich kann offen sprechen, ohne Häme durch Kameraden oder andere Nachteile (und seien sie nur eingebildet) befürchten zu müssen. Angst ist gemeinhin Thema des seelsorglichen Gesprächs. Im Dialog versuchen Militärpfarrer und Soldat zu klären, ob zur Bewältigung der Angstsituation hinreichend seelische Energie oder, besser, Kräfte des Glaubens aktiviert werden können – oder ob es die Situa-

---

10 BASTIAN, Seelsorge in Extremsituationen, 65.
11 KAHL, Militärseelsorge im Ernstfall, 214.

tion gebietet, beim Vorgesetzten die Versetzung auf einen weniger riskanten Posten zu erwirken.

Nun bedeutet Angst nicht a priori ein negatives Lebensgefühl. Sie versteht sich auch als hilfreicher Affekt, der Gefahren wahrnimmt und zu angemessenen Reaktionen herausfordert. Dennoch: Mit Angst wird durchgängig die emotionale Vorwegnahme einer Gefahr verbunden. Angst lähmt, schwächt, macht handlungsunfähig; sie führt aber auch zu Erregung und erhöhter Anspannung bzw. Aufmerksamkeit. Angst ist nur ausnahmsweise ein verheißungsvoller Ratgeber, wenn es um die Bewältigung einer akuten, lebensbedrohlichen Belastung geht: „Nachweislich sind Menschen, die das Handeln in die Gefahr hinein als gefährliche Aufgabe betrachten, die es erfolgreich zu meistern gilt [...], diejenigen, die die besten Überlebenschancen im Krieg haben.“[12]

Damit kommen indirekt Ethos und Ethik des Soldatenberufs in den Blick. Im seelsorglichen Kontext bedeutet das: *Ethik* antwortet auf die Frage: Was kann ich, was soll ich jetzt in dieser schwierigen, mir unbekannten, existentiellen Situation tun? Welches Handeln steht in meinen geistigen und körperlichen Kräften und erweist sich als nachvollziehbar richtig, welches als falsch? Wie reagiere ich auf das mein Leben bedrohende Widerfahrnis? *Ethos* hingegen fragt nach der wertgebundenen Grundhaltung: Was für ein Soldat will ich sein? Welches berufliche Selbstverständnis, verbunden mit meiner gesellschaftlichen Sozialisation, bestimmt mein Dasein? Wofür will ich mein Leben einsetzen? Diese Fragen stehen Pate in der Entscheidung zum Zeit- oder Berufssoldaten.

Obgleich Militärgeistliche völlig in die Truppe integriert sind, bekleiden sie keinen militärischen Rang, stehen außerhalb militärischer Hierarchie und sind gegenüber militärischen Vorgesetzten nicht vortragspflichtig. Verschwiegenheit ist ihnen auferlegt. Sie sind vergleichbar einer *zivilen Insel* im streng reglementierten militärischen Dienstalltag, bringen *Heimatland* ins Einsatzland und teilen den Dienst des Soldaten sowie seine Bedingungen auf der Grundlage gleicher Erfahrungen rund um die Uhr. Gleichförmig beherrscht ein Tag den anderen, besondere Vorkommnisse eingeschlossen. „Jeder Tag ist Mittwoch“ lautet ein soldatischer Slogan. So wird dann die Begegnung mit dem Geistlichen zum Ereignis: Gesprächskreise, Andachten, Gottesdienste bringen gewünschten und wohltuenden Kontrast. Geistliche haben überall Zugang und erkennen schnell die Stimmungslage der Truppe. „Der Militärpfarrer wird für den Soldaten damit zum ‚Schicksalsgenossen‘, zum akzeptierten Gesprächspartner.“[13] Wo sich an *Ecken* und *Kanten* des Dienstes die Seele des Soldaten stößt, betätigen Militärgeistliche sich als Alltagsbewältiger. Sie ändern zwar die Situation des Soldaten nicht, aber sie setzen sich stets erneut in Beziehung zu ihr, helfen, sie zu verstehen und insofern auch zu meistern. Das setzt Vertrauenswürdigkeit des Geistlichen und Be-

---

12 UHLMANN, Stellenwert der Angst im Einsatz, 214.
13 RIECHMANN, Seelsorge an Soldaten, 5.

rechenbarkeit des Soldaten voraus. Daraus ergibt sich die Verbindlichkeit im Umgang miteinander – das Fundament begleitender, helfender und heilender Seelsorge. In der Gemeinschaft mit Soldaten wissen Militärgeistliche, wovon sie reden im seelsorglichen Gespräch. Das verschafft Anerkennung und vertrauensvolle Annahme des Seelsorgers, verpflichtet ihn aber auch zur Verantwortung im Spannungsfeld militärischer Abläufe.

Aller Seelsorge gehen, wie gesagt, Existenz- und Situationsanalysen voraus. Einstellungen, Orientierungen, Verhaltensweisen wollen diagnostiziert sein. Leitend ist die jeweils vorgegebene Belastungssituation. Hier findet vor allem Hörbereitschaft und *Empathie* der Militärgeistlichen den Weg zum hilfesuchenden anderen. Die empathische Struktur der existentiellen Begegnung ist von besonderer seelsorglicher Bedeutung: das Sich-hinein-Fühlen in die angstbelastete, gestresste, frustrierte Seele der Soldatin/des Soldaten. Hier kann es für Militärgeistliche emotional zu sehr belastenden Situationen kommen. Wissen sie doch aus eigener Erfahrung um jene Gewissenskonflikte und Glaubenszweifel, in die auch Glaubensstarke immer wieder geraten können. Gewalt und Tod werden auch Christuszeugen fallweise schrecken. Dennoch: Sie lassen die ihnen anvertrauten Soldatinnen und Soldaten nicht im Stich. Das erfordert die sichtbare, körperliche Gegenwart der Geistlichen. Sie bekleiden ein kirchliches Amt mit unverwechselbarem Glaubensprofil. Soldaten „wollen keinen verkleideten Sozialarbeiter, keinen Sozialtherapeuten, keinen Hobbypsychologen, keinen kirchlichen Wehrbeauftragten, keinen christlichen Verteidigungspolitiker."[14] Gefragt sind Militärgeistliche in ihrer unverwechselbaren pastoralen Kompetenz auf der Grundlage der *christlichen Botschaft,* die sie weder unterschlagen noch vergessen dürfen! Daraus folgt: Einsatzverwendungsfähigkeit der Geistlichen fragt nach deren Wahrnehmungs- und Hörbereitschaft, nach Authentizität, Glaub- und Vertrauenswürdigkeit – die Grundlage jeder gelingenden Seelsorge.

1.3. *Seelsorge durch* und *im Glauben*

Seelsorgliches Handeln in konfliktgeladenen Ereignissen und Extremsituationen bedient sich der *lebensgeschichtlichen* Auslegung von biblischen Texten, wie sie etwa Dietrich Bonhoeffer u.a. praktiziert haben. Hier geht es nicht darum, *Bibelsprüche um die Ohren zu hauen.* Einen Gott, der Sprüche klopft, gibt es nicht. Auch gut gemeinte Aufmunterungen oder *hilfreiche* Informationen, die das Durchhaltevermögen stärken sollen, haben keine seelsorgliche Qualität. Reflektiert und zur Sprache gebracht wird das Wechselspiel von *biblischen Traditionen* und *gegenwärtigen Situationen* in Grenz- und Extremfällen. Konkret: Militärgeistliche sprechen weniger von oder über Gott; vielmehr lassen sie ihn auf *sach-*

---

14 Bastian, Seelsorge in Extremsituationen, 65.

gemäße Weise *zeitgemäß* selber sprechen. So deckt Gottes Wort Lebenszusammenhänge auf. Geht es doch in dieser seelsorglichen Devise darum, belastende Herausforderungen der Gegenwart mit Gottes biblischem Wort abzugleichen, um in zunehmender Glaubenserkenntnis zur Konfliktlösung und Daseinsbejahung (zurück) zu finden.[15] Im Unterschied zu Truppenpsychologen und Psychotherapeuten wissen Militärgeistliche um eine Glaubensüberzeugung funktionalen Charakters: eine in christlicher Verantwortung ausgerichtete Funktion des Glaubens, die im seelsorglichen Vollzug den Menschen in seiner konkreten Notlage erreicht. Zwar ist *Vertrauen* in die Wahrheit des christlichen Glaubens beim Ratsuchenden in aller Regel zu finden, jedoch mangelt es an *Vertrautheit* mit dem Wort und der Botschaft selbst. Daher wird Seelsorge in schwieriger Mission das Vertrauen in Gottes Wort stärken müssen. Es erweist sich als reale Kraft jenseits des Verstandes und verändert Bedeutungen, die der Mensch im Verhältnis zu sich selbst und zu seinem dienstlichen Umfeld erfährt: Worte werden Hilfe, Worte werden Tat – sie verändern Wirklichkeit!

Das erfordert Seelsorge *durch* und *im* Glauben. Während das Seelsorgegespräch zunächst über den Glauben, seine Erscheinungsweisen und Inhalte geführt wird, kommt es in der Folge darauf an, *aus der Kraft des Glaubens* zu sprechen und zu leben. Der seelsorglich praktizierte Glaube versteht sich als elementares Betroffen- und Ergriffensein von Sein und Sinn des eigenen Lebens – um sinngemäß Paul Tillich zu folgen. Fundament und Inspirationsquelle des Glaubens bildet die abendländisch-christliche Tradition in Bibel und Bekenntnis und deren Wirkungsgeschichte. Glaube besitzt eine dialogische Struktur: die Kommunikation zwischen Gott und Mensch – gegebenenfalls über das Medium Andacht und Gebet. Glaube ermöglicht nicht nur, sondern *will* eine lebendige Partnerschaft (des oftmals fremden, fernen) Gottes mit dem Menschen. Verlässliche Partnerschaft lebt vom Vertrauen zueinander. Wenn es im Glaubensdialog gelingt, den Seelenschmerz zum Glauben und den Glauben zum Seelenschmerz zu tragen, dann wird der Ratsuchende eine neue Facette seiner belasteten rationalen und emotionalen Existenz erkennen und entwickeln. Aus Vertrauen in die Kraft des Glaubens wächst Zutrauen zu sich selbst in schwierigen Lebenslagen. Die Glaubenskraft setzt jedoch eine klare Vorstellung vom Glauben, vor allem seiner seelsorglichen Relevanz voraus. Verdienstvoll und weiterführend kann die Wiederaufnahme der Tradition von *Jesus als dem Arzt*, dem *Seelenarzt*, sein. Jesu Hilfe durch Glauben zielt auf Hilfe zum Leben in konfliktreicher Mission. „Sprich nur ein Wort, dann wird mein Diener gesund!" – so der vertrauende Glaube des Hauptmanns von Kapernaum. (Mt 8,8) Glaube setzt also stets Vertrauen voraus. „Herr, auf dich traue ich…, denn du bist mein Fels und meine Burg…, du wirst mich leiten und führen…, denn du bist meine Stärke" – so beten wir den 31. Psalm in Andachten und seelsorglichen Gesprächen mit Soldaten. Vertrauen, der kleine Bruder des Glaubens, wächst zum Glauben hin. Glau-

---

be lebt von Vertrauen – ansonsten lebt er gar nicht. Seelsorge durch und aus Glauben antwortet auf die Fragen des Ratsuchenden: Glaube stiftet Zuversicht, Gelassenheit, Hoffnung. Dieser Weg kann weit sein und steinig, voller Zweifel, Skepsis, enttäuschter Hoffnungen. Dennoch: „Du übergibst mich nicht in die Hände des Feindes; du stellst meine Füße auf weiten Raum." (Ps 31,9) Der im Glauben vollzogene Schritt hat die Heilung der belasteten Seele und – idealtypisch – Geborgenheit bei Gott zum Ziel. Solchermaßen wird der Glaube zum *schützenden Kleid* des Soldaten. Ohne dieses Kleid wäre er nackt – im geistigen und geistlichen Sinne. Drei Einsichten bestimmen dieses Seelsorgeverständnis:

1. Die Wahrheit der Zuwendung Gottes zum Menschen,
2. die Wahrheit der Geborgenheit des Menschen im Glauben,
3. die Wahrheit, dass Glaube Hoffnung und Hoffnung Zukunft eröffnet.

Das Spezifikum dieser Seelsorge als Glaubens- und Lebenshilfe erkennt in Jesus von Nazareth den Zugang zu jenem Gott des Alten und Neuen Testaments, der weder *als solcher* noch *an und für sich* Gott ist, sondern in Jesus, dem verkündigten Christus, weltmächtig und konkret wird. Der Gott der Christenheit ist ein durch Jesus Christus vermittelter Gott. Ansonsten ist er überhaupt nicht. Indem Gott in Christus sich Menschen zuwendet, wird er anschaulich, lebbar und verwandelt Menschen, wonach sie sich sehnen: nach Orientierung eines individuellen und verantwortlichen Lebens. Die Fragen nach christlichem Glauben und Leben können nur von Jesus Christus her beantwortet werden. In Jesu Botschaft, seinem Leben sowie seiner Passion erschließt sich Gottes Weltwirklichkeit. Wer, so können wir resümieren, an der Christus-Wirklichkeit teilhat, begegnet Gott und seiner Liebe zum Menschen.

Daher versteht sich Seelsorge an Soldatinnen/Soldaten nicht als Kundendienst für Ratsuchende oder als verdünnter Seelentrost, sondern als eine Weise des geleiteten Menschen zum Glauben, dem die Zuwendung Gottes verheißen wird – also Parakletische Seelsorge. Anders gewendet: Diese Seelsorge ist weniger an der Wiederherstellung der Ich-Stärke interessiert, sondern mehr an der *Lebenshilfe*, die aus dem Glauben kommt. Der Glaube selber trägt einen seelsorglichen Impetus. Seelische Besserung als Beratungsziel des Truppenpsychologen darf nicht verwechselt werden mit dem *Seelenheil*, das der Seelsorger anstrebt. Die *Seelsorge* des Truppenpsychologen bewegt sich gemeinhin diesseits des Glaubens. Sein Ziel ist die „kontrollierte und effiziente Wiederherstellung oder Festigung der psychophysischen Fitness – sprich Einsatzbereitschaft."[16] Es ist der tiefere und grundsätzlichere Dienst an der Seele, die der Seelsorger pflegt. Dabei leistet er Vermittlungs-, Zubringer- und Helferdienste. Ein Sprachbild zur Konkretion: Beim Bergsteigen klettert der Bergführer voran, hält jedoch den Geführten stets lose am Seil, um ihm die Mühe des Kletterns nicht zu ersparen. Wenn in schwierigem

16 HEIDENREICH u.a., Einsatzstress-Nachsorgeeinrichtung, 196.

Fels Absturzgefahr droht, ist der Bergführer gehalten, mit dem Seil zu sichern oder mit Hilfe des Seils den Gefährdeten zu sich herauf zu ziehen. Verantwortung, Vertrauen und Sicherung – sie bestimmen den Weg zum Gipfel. Der *Bergführer*-Seelsorger ist dem gefährdeten und belasteten *Kletterfreund*-Soldaten gegenüber verantwortlich, sicher das Ziel zu erreichen: eine Geborgenheit im Glauben, die er sonst nirgendwo findet: in der Transzendenz, im Absoluten, bei Gott.

Aus dem Einsatzalltag: Während der Visitation eines Amtsbruders in Prizren (Kosovo) im Jahre 2001 treffe ich in der Mittagspause einen 23jährigen Stabsgefreiten an der Kaffeebar. Da ich als Geistlicher durch meine Schulterkreuze zu erkennen bin, ist er zunächst erstaunt, mir im Feldlager noch nicht begegnet zu sein. Nachdem ich ihn über den Grund meiner Anwesenheit informiert habe, berichtet er von den Belastungen seines Dienstes. Nach fünf Monaten Abwesenheit leide er stark unter der Trennung von seiner Familie und den Freunden. Außerdem stelle er sich häufig die Frage nach dem Sinn seiner Anwesenheit in einem Land, dessen heterogene und militante Bevölkerung Ablehnung, Verfolgung und Hass gegeneinander betreibt. Das Militär allein könne es nicht richten; und den verantwortlichen Politikern fehle die Professionalität sowie das Geld für den Wiederaufbau. Und überhaupt: Sein Balkan-Einsatz sei für ihn eine in jeder Hinsicht bedrückende, verlorene Zeit. Schlaflose Nächte begleiteten diese Gedanken. Nachdem er darüber mehrfach mit dem Pfarrer gesprochen habe, seien Heimweh und mangelnde gesellschaftliche Zukunftsperspektive zwar noch vorhanden, sie belasteten ihn nicht in gleichem Maße wie zuvor. Sinngemäß sagt er: „Ich habe gedanklich die Prioritäten im Zusammenhang von Werteorientierung und Sinngebung meines Dienstes neu gesetzt." Gelegentlich äußern sich vor allem junge Soldaten guten Glaubens: „Wenn Sie uns begleiten, Herr Pfarrer, dann passiert uns nichts." Dieser Glaube trägt magische Züge. Der Geistliche ist kein Magier. Er sollte den Glauben an die magischen Kräfte des Geistlichen sensibel korrigieren. Seelsorge als Lebenshilfe, so ist zu folgern, ändert Einstellungen, bändigt Angst und setzt Hoffnung frei.

In extremen Gegebenheiten des militärischen Alltags kann die Anwesenheit des Militärgeistlichen beruhigen und stabilisieren. Er berichtet: Kabul, Afghanistan, kurz vor Weihnachten 2002. Ein deutscher Hubschrauber vom Typ CH-53 stürzt über einem Wohngebiet ab; alle sieben Besatzungsmitglieder sind tot. Lähmende Bestürzung und Trauer breiten sich im deutschen Lager aus. Dazu die ungeklärten Umstände der Absturzursache: ein technischer Fehler, menschliches Versagen oder gar ein Anschlag von Untergrundkämpfern der Taliban? Eine für die deutschen Soldaten des ISAF-Kontingents uneindeutige Schocksituation. Während die getöteten Soldaten aus den Wrackteilen geborgen werden, halten sich die beiden Militärpfarrer, der evangelische und katholische, in der Nähe der Unglücksstelle auf. Sie stehen bereit zu kurzen Gesprächen mit den Soldaten, die den Bergungsauftrag ausführen müssen. Vor dem Container, in dem die Leichen zunächst abgelegt werden, sprechen sie ein stilles Gebet. Diese pastorale Handlung bringt eine Halt gebende Struktur an den Ort eines schrecklichen Geschehens und – für den Glaubenden – die ihn stärkende Gewissheit der Hoffnung über den Tod hinaus.

Später wird die zerstörte Kabine des Hubschraubers verladen. Einer der Militärpfarrer begleitet diesen Transport. Ein Soldat erkennt ihn am Kreuz auf den Schultern: „Wenn ich dieses Zeichen hier sehe, dann ist es mir schon etwas besser zumute." Das Kreuz durchbricht die Enge einer Situation, in der jeder spürt: Ein rein sachlich orientiertes, technisches Handeln ist hier zu wenig. Die Abschiedszeremonie für die verunglückten Soldaten wird dem Gefühl Raum geben, dass Worte des Glaubens Wege aus der Angst weisen können.

Seelsorgegespräche von besonderer Qualität ergeben sich im Umgang mit depressiv Leidenden. Wie kommt es zu Depressionen im Einsatzland? Für die im Camp tätigen Soldaten drückt Routine, Langeweile, kaum wechselnde Aufgaben über Monate und der Mangel an familiären Kontakten auf die Seele. Abwechslungsreicher verläuft der Dienstalltag für Patrouillen, Erkundungs- und Wiederaufbauteams. Zerstörte Dörfer, ausgebrannte Häuser, brachliegende Äcker begegnen ihnen auf Schritt und Tritt, begleitet von permanenter Minengefahr auf und neben Straßen. Nicht selten treffen sie auf Hass, angedeutet durch Halsabschneide-Gesten und Hitlergruß der Bevölkerung. Erfahrungen und Erlebnisse solcherart wirken nachhaltig demotivierend, frustrierend und fallweise deprimierend – beschreibt ein Militärgeistlicher die Einsatz-Szenarien in Bosnien-Herzegowina. Depressive Soldaten verschließen sich verbal, ziehen sich zurück aus der kameradschaftlich geprägten Gemeinschaft, verhalten sich gleichgültig gegenüber Freundschaften und weichen hilfsbereiten Kameraden aus. Der Depressive ist zu keiner Selbsthilfe mehr fähig; tröstende, aufmunternde Worte erreichen ihn nicht mehr. Er ist hilflos, allein, einsam, versteinert, leer. Eine übergreifende Ohnmacht schlägt Leib und Seele. Die abgründigste Einsicht depressiver Versunkenheit liefert Psalm 88, Vers 4: „Meine Seele ist mit Leiden gesättigt und mein Leben dem Totenreich nahe. Schon zähle ich zu denen, die zur Grube fahren, ich bin geworden wie ein kraftloser Mann." Der Depressive „stellt den Seelsorger nicht nur vor die Grenze seiner *Möglichkeit*, sondern auch vor die Grenze seiner eigenen *Wirklichkeit*. Wer an der Grenze kämpft, wird *selber* angefochten. Die Entdeckung einer unbegreiflichen Dimension im depressiven Erleiden, ,entdeckt' auch die Fragwürdigkeit seelsorgerlicher Empathie, weil sie im Nebel über den Abgründen seelischer Qual die Orientierung verliert und vergeblich nach Kontakten der Anknüpfung sucht."[17] Wo Solidarität, empathische Verbundenheit und Worte des Beistands nicht greifen, wird im Benehmen mit dem Arzt und Truppenpsychologen ein Weg aus der seelischen Krise gesucht werden müssen. Da Depressive nicht selten suizidgefährdet sind, wird in der Regel ein Ortswechsel (Rückverlegung in das Heimatland) Abhilfe schaffen.

---

17 TACKE, Glaubenshilfe als Lebenshilfe, 125.

Biblische Texte – Orientierung „pro me"

Militärgeistliche bedienen sich der *intentionalen Interpretation* biblischer Texte. Die Intention des Textes formuliert den Zielfaktor seines Inhaltes. *Warum* und *Wozu* meldet sich der Verfasser des biblischen Textes zu Wort? Anlass und Intention der Rede sind zu ermitteln und auszulegen. Im Herausarbeiten und Verstehen des *Textwillens* in heutiger Sprache wird er Anrede und Tat.[18] Wir brauchen daher unsere Glaubensvorstellungen nicht immer neu zu erfinden. Worte des Trostes, Heils, Danks, der Hilfe, Rettung usw. sind in den historischen Zeugnissen und Bekenntnisschriften der christlichen Kirchen vorgegeben. Menschen haben sich Gott anvertraut: damals, in vorchristlicher und christlicher Zeit. Und das gilt auch heute in gleicher Weise. Leid, Schmerz, Tod und Trauer – alles ist längst gedacht, gelebt und erlitten worden. Das zu erkennen, macht es dem christlichen Glauben leicht, Menschen in besonderen Situationen zu erreichen. In diesem Zusammenhang muss deutlich werden, dass wir in biblischen Texten sowohl Aussagen über Gott und Menschen längst vergangener Zeiten finden, als auch anthropologische Grundkonstanten ohne Verfallsdatum: Unglück, Krankheit, Leid, Tod, Missgunst, Neid, Hass; aber auch Nächstenliebe, Barmherzigkeit, Glückseligkeit, Lebensfreude usw. Gottes Botschaft des Alten und Neuen Testaments begleitet, auch unter Absehung historisch gebundener Zusammenhänge, die konflikt- und extrem belastete Seele. Denn Gott gibt niemals verloren, was er geschaffen hat. Wird die Bibel solchermaßen als *Buch für mich*, also biographisch, gelesen, dann geht es um die Spiegelung des eigenen Lebens in grundlegenden biblischen Glaubenszeugnissen.

Es macht die Qualität dieser Seelsorge (cura animarum specialis) aus, in das individuelle (belastete) Leben des einzelnen Soldaten hineinwirken zu wollen. Im Unterschied zur Seelsorge an der Gemeinde in ihrer Gesamtheit (cura animarum generalis) favorisiert bereits Martin Luther das Einzelgespräch (Beichte) und repräsentiert so ganze Generationen von Seelsorgern: In der Predigt, meint der Reformator, fliege das Wort in die Gemeinde dahin; du bist jedoch nicht sicher, „ob es dich auch trifft". Im Einzelgespräch „kann es niemand treffen, denn dich allein."[19] Das zeigt auch die Schöpfungsgeschichte des Alten Testaments. (Gen 2,7) Der Einzelne genießt stets den Vorrang, weil er vor der Gemeinschaft da war. In unserem Zusammenhang darf nicht unterschlagen werden, dass es im seelsorglichen Vollzug auf die (Wieder-)Eingliederung des Ratsuchenden (Soldaten) in die Gemeinschaft der Kameraden wesentlich ankommt. Er ist auf das soziale Milieu angewiesen, in dem Kameradschaft, Freundschaft und Dienst eine tragende Basis bilden.

---

18 Vgl. oben S. 56f.
19 WA 15, 486, 30.

Wie damals – so auch heute

Alle biblische Seelsorge will Brücken schlagen: Brücken vom Damals ins Heute. Damaliges wird im Heutigen intentional vergleichbar und im Idealfall gleich. Damals: „Was ist der Mensch, dass du seiner gedenkst, und des Menschen Kind, dass du dich seiner annimmst?" (Ps 8,5) Offensichtlich gedenkt *Gott* des Menschen und nimmt sich seiner an. Gottes schöpferisches Handeln geht allem menschlichen Handeln voraus. Er ist Erstes, der Mensch Zweites. Das heißt: Der Mensch ist insofern Mensch, als der Schöpfer sich seines Geschöpfes erinnert und sich ihm zuwendet im Akt der Erinnerung. (Gen 1,27) Heute: Der Mensch als Geschöpf Gottes ist dem Schöpfer nicht gleichgültig. Durch Jesus, den verkündigten Christus, wendet Gott sich erneut dem Menschen zu und wird nach seiner Beziehung zum Schöpfer gefragt.[20] Nimmt er sich jedoch die Freiheit, die Beziehung nicht einzugehen, sie abzulehnen oder aufzukündigen, dann wäre der „auf sich selbst reduzierte(r) Mensch nichts anderes als – eine Leiche."[21] Indem aber das Individuum, auf Gottes Zuwendung vertrauend, antwortet, entsteht die Gott-Mensch-Beziehung – eine Relation, die im Leben und im Sterben trägt. Menschliches Leben meint Zusammenleben mit Gott und den Menschen. Konkret: Die belastete Seele des Soldaten erfährt im Psalmwort beispielhaft, dass Gott sich ihrer annimmt: er sagt Begleitung, Hilfe und Rettung zu. *Krisis* und *soteria* gehören schlechthin zusammen. Vornehmlich bei den Propheten und Psalmdichtern findet der Leidende seine *aktuelle Lebenssituation* angesprochen und (vor-) gelebt. Der Leidende wird erkennen, dass seine Erlebnisse des Auslandseinsatzes zu seinem künftigen Leben ebenso gehören wie die menschlichen Leidenswege, von denen Gottes Wort berichtet. Dietrich Bonhoeffer zeigt dies beispielhaft. „Er verobjektiviert nicht den Psalm zu einem historischen Text der Vergangenheit, sondern er nimmt den Psalm als eine aktuelle Lebensorientierung und liest sich selbst als Person in den Bibeltext hinein."[22]

So werden biblische Texte helfende und befreiende Botschaft an besonderen Schnittstellen und Extremsituationen des Lebens. In der intentional-biographischen Bibelexegese zieht der Text den Ratsuchenden ins Geschehen hinein und weist ihm die oftmals steinigen Wege zu einer neuen Lebensorientierung. Wie damaliger Glaube an Gottes Beistand, Schutz und Hilfe geplagten Seelen aufhalf (vgl. Ps(s) 34f, 42f, 91; 119), so wird auch heute der Glaube auf Rettung in schwieriger Mission Halt und Hoffnung geben. Ist „Gott unsere Zuversicht und Stärke, eine Hilfe in den großen Nöten, die uns getroffen haben" (Ps 46,2), dann vertrauen wir auch heute auf seinen Beistand, seine Hilfe – was angesichts von Tod und Trauer, Leid und Schmerz auch Militärgeistliche nach dem Grund letzter Glaubensgewissheit fragen lässt. Dafür bieten sich Andacht und Gebet an. Gerade die Psalmen und der *Seelsorger* und *Arzt* Jesus zeugen davon, dass Gott

---

20 Vgl. JÜNGEL, Beziehungsreich, 16ff.
21 JÜNGEL, Beziehungsreich, 19.
22 Zit. nach BASTIAN, Seelsorge in Extremsituationen, 69.

sich dem belasteten Menschen nicht belehrend, sondern helfend und heilend, auch in nonverbaler Gestalt, zuwendet. In den Briefen und Lebenszeichen Bonhoeffers aus dem Tegeler Gefängnis (1943/44) erfahren wir gelebten Glauben als Lebenshilfe: „Ich glaube, dass Gott uns in jeder Notlage soviel Widerstandskraft geben will, wie wir brauchen. Aber er gibt sie nicht im Voraus, damit wir uns nicht auf uns selbst, sondern allein auf ihn verlassen."[23]

Soldatenseelsorge im Einsatz verwirklicht sich in stetem bibelorientierten Fragen nach dem, was Gott mit den Menschen beabsichtigt und wohin er sie führt. In Jesus Christus zeigt er nicht nur seine wesenhafte Beziehung zum Menschen auf, sondern auch Ursprung und Grenze menschlicher Existenz. Christlicher Glaube verhindert zwar nicht Schmerz, Leid und Tod, aber er tröstet das geplagte Leben dessen, der sich aus eigener Kraft nicht mehr zurechtfindet. Glaube als Lebenshilfe im Kontext der Bibel bildet ein vertrauensvolles Kraftfeld zwischen Militärgeistlichen und Soldaten. Mit Blick auf die geplagte Seele und die durch Gott in Jesus gestiftete, Wirklichkeit erschließende, heilende Kraft vermittelt der Glaube ein neues/anderes Selbstwertgefühl zur Leidensbewältigung. Zu diesem Glauben gehört das Vertrauen in die Gewissheit, von Gott angenommen und geliebt zu sein. *Glaubensgewissheit richtet auf, befreit, tröstet, wo sonst kein Mensch helfen oder trösten kann.* Seelsorge mit der Bibel zielt zugleich auf die Erkenntnis, dass menschliches Leben nicht nur mit Gewinn und individuellem Wohlergehen zu bilanzieren ist. Niederlagen, Leid, Krankheit und Tod bestimmen entscheidend das Dasein des Menschen.

1.4. Narben der Seele bleiben – aber sie schmerzen nicht mehr

Keine Soldatin, kein Soldat kehrt unverändert aus dem Einsatz zurück. Was erlebt und erfahren wurde, *zählt* im weiteren Leben. Die Nachwirkungen seelischer Widerfahrnisse in Extremsituationen bis zu seelischen Traumata bedürfen der Aufarbeitung. Nachsorgebegleitung kann nicht punktuell geleistet, sondern nur in einem Prozess der Reintegration seelsorglich und psychologisch angegangen und bewältigt werden. Zurückgekehrten Soldatinnen und Soldaten bietet die Bundeswehrführung Reintegrationsseminare unter Leitung von Einsatz erfahrenen Offizieren, Truppenpsychologen und Militärgeistlichen an. Dabei ist u.a. zu fragen, ob trotz aller Entbehrungen, Belastungen, Gefährdungen und Bedrohungen des eigenen Lebens sowie der oft scheinbaren Ausweglosigkeit nicht auch positive Erfahrungen aus konfliktreichen Gemengelagen zu ziehen sind; Erfahrungen, die zu verändertem Selbstbewusstsein und reicherem Lebensmuster führen. Sofern Seelsorgegespräche unter Christenmenschen geführt worden sind, mag die (tapfere, mutige) Bewältigung von Extremsituationen als Prüfung Gottes in-

---

23 BONHOEFFER, Widerstand und Ergebung, 18.

terpretiert werden: Leiden als Grundgegebenheit menschlichen Lebens – wie es biblisches Schrifttum durchgängig dokumentiert.

Der größte Teil Einsatz erfahrener Soldatinnen und Soldaten wird nach einem zeitlichen Abstand zu den Einsatzbelastungen feststellen: Zurück bleiben zwar Narben der Seele, aber sie schmerzen nicht mehr. Was ist geschehen? Offenbar haben Soldatin und Soldat es geschafft, die im Auslandseinsatz erlebten biographischen Wendepunkte in ihre Lebensführung zu integrieren. Sie haben das Erlittene als Teil ihrer Lebensgeschichte *akzeptiert* und werden es als Erfahrungswissen fruchtbar machen. Die seelsorgliche Reflexion belegt jedoch auch, dass nach Monaten oder Jahren psychische bzw. psychosomatische Spätfolgen auftreten können, derer sich Psychologen, Psychotherapeuten und Seelsorger annehmen. Nicht in jedem Falle[24] steht am Ende die beglückende Erkenntnis eines Soldaten: „Wenn man es nicht schafft, aus dem Teufelskreis des Traumas mit seinen Phasen von Überflutung und Rückzug herauszukommen, verliert man den Kontakt zur Außenwelt und fängt an, die eigene Person, das eigene Schicksal immer negativer zu sehen! Ich bin der Überzeugung, dass ich es geschafft habe, und mich daraus befreien konnte!"[25]

---

24 Zu den einzelnen therapeutischen Schritten der Reintegration von heimgekehrten Soldaten vgl. den aufschlussreichen Aufsatz von FRANK PERGANDE, Der gelbe Lada, immer wieder der gelbe Lada. Nachwirkungen von Auslandseinsätzen: Bundeswehrsoldaten mit posttraumatischen Störungen, in: Frankfurter Allgemeine Zeitung vom 31. Dezember 2005, 3. PERGANDE zitiert den Leitenden Oberstarzt für Psychotraumatologie, KARL-HEINZ BIESOLD, sowie den Psychologen KLAUS BARRE mit der Feststellung, dass „traumatische Erinnerungen niemals gelöscht" würden. Der alten Volksweisheit, Zeit heile alle Wunden, könne er, BIESOLD, nicht zustimmen. Breits ein harmloser Grillabend mit Freunden könne die Erinnerung an den Geruch verbrannter Menschen aufsteigen lassen und einen scheinbaren unversehrten Heimkehrer plötzlich aus der Bahn werfen.
25 BARRE, Therapie von einsatzbedingten Posttraumatischen Störungen, 390.

2. Die Stunde der Botschaft – homiletische Reflexionen

Der Mensch in seiner Widersprüchlichkeit, gut und böse gleichermaßen sein zu können, ist die friedensethische Herausforderung schlechthin. Das lebensnegierende Tun möglichst gering zu halten, das lebenserhaltende Handeln zu stärken – darin besteht der Dienst des Soldaten der Bundeswehr. Im Gang durch die Arbeitsschwerpunkte der evangelischen Militärseelsorge zeigte sich, wie Soldatsein und Christsein berufsethisch und seelsorglich zusammengedacht und insofern theologisch-ethisch und seelsorglich-praktisch verantwortet werden können. Auf dem Hintergrund reflektierten ethischen Denkens muss der christliche Glaube als das eigentlich Tragende verstanden werden.

Einer Friedensethik, der das biblische Bekenntnis zu Jesus Christus und der Glaube an Gott, den Schöpfer und Erhalter allen Lebens, zugrunde liegt, wird daran gelegen sein, *vorläufig* den Menschen als Verantwortungsträger der geschichtlichen Wirklichkeit zu sehen, um *endgültig* Gott allein die Ehre zu geben. Auf die Frage, welche praktisch-theologische Relevanz evangelische Militärseelsorge im Dienstalltag des Soldaten einnimmt, mögen in Rückblick und Ausblick vier homiletische Reflexionen eine Antwort geben.

2.1. Dienen

Denn der Menschensohn ist nicht gekommen, um sich dienen zu lassen, sondern um zu dienen und sein Leben hinzugeben als Lösegeld für viele. (Mk 10,45)

Königsberg im Jahre 1795: Morgens, Punkt Viertel vor fünf, winters wie sommers, marschiert Martin Lampe, ein ehemaliger Soldat und seit dreißig Jahren Diener des Philosophen Immanuel Kant, die Haltung eines Wachpostens einnehmend, in seines Herren Zimmer und ruft laut: „Herr Professor, es ist Zeit!" Lampe weicht nicht, sondern wartet, bis der Herr aufgestanden ist. Diesem Kommando gehorcht Kant stets unverzüglich, wie ein Soldat dem Befehl. Niemals gestattet er sich die geringste Verzögerung – selbst nicht nach einer schlaflos verbrachten Nacht. Schlag fünf sitzt der Philosoph an seinem Frühstückstisch. Trinkt zwei Tassen Blütentee und raucht eine Pfeife Tabak dazu. Gegen sieben begibt er sich zur Vorlesung in die Universität – kehrt von dort pünktlich um

Viertel vor eins zurück und ruft seiner Köchin zu: „Es ist Dreiviertel." Das heißt: Zeit für die Suppe.

In dieser Welt entstand die Idee des kategorischen Imperativs: „Handle so, dass die Maxime deines Willens zugleich Prinzip der allgemeinen Gesetzgebung sein könnte."

Die geordnete Königsberger Welt ist untergegangen. Es gibt keine Knechte und Mägde mehr in Deutschland. „Menschen wollen nicht mehr dienen, sondern nur noch verdienen", so heißt es. Und wenn sie dennoch dienen, dann am liebsten in leitender Stellung – wie Bischof Hans Lilje so trefflich formulierte.

In Diakonie und Caritas, in Altenheimen und Krankenhäusern, in Kindergärten und Schulen, in Polizeistuben und an Staatsgrenzen – die Kette der Dienenden ist dennoch lang. Immer steht der Dienst der Dienenden im Dienst des anderen Menschen. Dienen setzt sich zusammen aus Treue, Disziplin, Pflichtbewusstsein, Zuverlässigkeit.

Wer Menschen dient, muss Menschen mögen. Wer Menschen dient, sie unter Einsatz der Waffe und des eigenen Lebens verteidigt und vor Vertreibung, Terror und Tod schützt, der muss sie nicht nur mögen, sondern das Leben des anderen achten wie sein eigenes. Der weiß um Würde und Wert menschlichen Lebens. – Welcher Dienst verlangt von einem Menschen mehr Pflichtbewusstsein, Disziplin, Tapferkeit, Verantwortung, geistiges Stehvermögen und praktische Standfestigkeit, als der Dienst des Soldaten, der Soldatin?

Als der Brudermörder Kain von Gott für seine Tat zur Verantwortung gezogen wird, übt er trotzig den blackout: „Bin ich denn der Hüter meines Bruders?" Er will sich frivol herausreden, sich maskieren, verstecken. Dienst, Verantwortung, Schlüsselgedanken christlichen Glaubens und Handelns, sind ihm fremd. Wir antworten gegen Kain und mit der Botschaft Jesu Christi: Er sei, so sagt er, „nicht gekommen, um sich dienen zu lassen, sondern um zu dienen und sein Leben hinzugeben als Lösegeld für viele."

Gelehrte Auslegung erübrigt sich. Wir verstehen Jesus, wie er es meint. Sein Dienst an uns ist der: Er richtet unseren Blick auf den anderen Menschen: ein *erkennendes* Sehen (das unterscheidet sich vom *Glotzen*), die Wahrnehmung des anderen, sein gequältes Leben. Mein Gegenüber, der Nahe, auch der Ferne – führt zum Abschied vom Egoismus. Wie das? Christsein heißt: dem anderen Menschen begegnen. Er sieht in dessen entstelltes, leidendes, ratloses Gesicht. Christ ist, wer dem dann dient. Christ ist, wer dem Niedergetretenen aufhilft.

Da geht einer von Jerusalem nach Jericho. Auf dem Weg wird er niedergemacht. Wer hilft? Zwei gehen vorbei, Priester und Levit, zwei fromme Männer Israels. Einer mit geringer religiöser Reputation, Samaritaner, sorgt sich um ihn, hilft, bringt den Überfallenen auf den Weg zum Ziel. Zwei gehen vorbei, einer steht bei: Lautet das Verhältnis von Helfendem und Vorbeigehenden stets eins zu zwei? Bildet diese Episode unsere Wirklichkeit ab?

Der Dienst des Soldaten bedeutet: Gewalt stoppen, entschieden und robust, wenn nötig. Hüter, Helfer der Nächsten und Fernen in Konflikt und Kriegswirren zu sein – das genau ist die Aufgabe des Soldatendienstes. Setzt dieser Dienst

Verzicht auf Macht voraus? Mitnichten! Macht kann nur als Dienst akzeptiert werden. Je größer die Macht, desto höher die Verpflichtung zum Dienen. Dieser Dienst verlangt eine hohe Sensibilität für die *Gefährdungen des Menschen*. Dieser Dienst ist universal. Er fragt, in welchem Maße der Mensch des Beistands, der Hilfe, des Schutzes seiner Rechte sowie der Erhaltung seiner Lebensgrundlagen bedarf. Wir wissen doch: Der Mensch ist gefährdet, überall, jederzeit:

– Der Mensch ist des Menschen Freund und immer auch des Menschen Feind.
– Der Mensch ist liebender Familienvater und böser Gewalttäter zugleich.
– Der Mensch ist des Menschen Wolf und zugleich Bruder und Schwester.
– Der Mensch ist es, der uns anzieht und abstößt zugleich.
– Der Mensch ist Friedensstifter und Kriegstreiber – zwei Individuen wohnen in einem Herzen.

Christlicher Realismus zeigt uns, dass die Wirrnisse unserer Welt ihren Ursprung in der inneren Gespaltenheit des Menschen haben. Weil aber der Mensch der höchste irdische Wert ist, achten ihn demokratische Gesellschaften derart, dass sie sich zu seinem Schutz Streitkräfte leisten.

Konkret: Wo die Politik mit ihrem Latein des Vermittelns und Schlichtens von Konfliktsituationen und Gewaltausbrüchen am Ende ist, wo Rechtsbrecher und Kriegstreiber politisch nicht mehr beherrschbar sind, dort ist der Dienst des Soldaten gefragt.

Daher sind Soldatinnen und Soldaten *die ultima ratio der Politik!* Und weil der soldatische Dienst auf der Grenze des Menschlich-Machbaren geschieht, also lebensgefährlich ist, bedarf dieser Dienst eines hohen ethischen Profils. Soldaten dienen auf der Grenze von Leben und Tod. Auf der Grenze von Leben und Tod wird die Alltagsnormalität fragwürdig. Gängige Wertorientierungen nach der Devise: Tue das Gute, meide das Böse! werden unmöglich. Auf der Grenze von Leben und Tod müssen Soldaten entscheiden zwischen mehr oder weniger gut, zwischen mehr oder weniger Opfer, zwischen kleinerem und größerem Schaden. Und: wer primärer Gewalt widersteht, muss die Wirkungen bedenken, die er auslöst – mehr noch die Nebenwirkungen und Gegenwirkungen! Billiger ist der Dienst des Soldaten nicht zu haben.

Aus dem Grußwort eines friedensbewegten Pfarrers: „Sie, die Soldaten", so meinte er, „wollen keinen Krieg, wir aber wollen den Frieden." – welch ein semantischer Schwindel! Möge niemand darauf hereinfallen!

Der politischen, rechtlichen und ethischen Verantwortung haben Soldaten sich zu stellen – in Wahrnehmung ihrer *Verpflichtung zum Dienen!* Denn sie dürfen nicht zulassen, dass hilflose Menschen Opfer eines barbarischen Vernichtungswillens werden. Wer morden will, muss daran gehindert werden! Wer das unterlässt, macht sich zum Komplizen des Gewaltverbrechers!

Verpflichtend ist der konfliktethische Grundsatz: *dem Unrechttuenden zu widerstehen, dem Unrechtleidenden beizustehen* – in Afghanistan, auf dem Balkan und den Schiffen der Marinesoldaten sowie an vielen Orten und Regionen dieser Erde.

Martin Luther, kein Freund des Krieges, erkannte scharfsichtig, dass das Handwerk des Soldaten dazu dient, Unschuldige vor der Wut und Macht des Tyrannen zu bewahren. Er meint, Gott selbst habe das Schwert eingesetzt, um „die Bösen zu strafen, die Frommen zu schützen und den Frieden zu handhaben." Darum gibt Luther dem Obersten Assa v. Kram eine überzeugende Gewissensunterweisung: Ein Soldat muss gleichzeitig mutig und verzagt sein: Vor Gott sei er verzagt, furchtsam und demütig; den Menschen gegenüber aber sei er mutig, frei und trotzig.

Anders gewendet: Um der Liebe zum Menschen willen, bedarf es des Einsatzes von Gewalt! Paradoxerweise ist die so verstandene Gewaltanwendung des Soldaten ein *Dienst der Liebe* – namentlich den Schwachen unter Einsatz eigenen Lebens durch Gewaltmittel zu schützen. Dieser Widerspruch, namentlich aus *Liebe* zur Waffe zu greifen, führt die Waffenträger in ein Dilemma: Sie werden in der Ausführung ihres Dienstes *schuldig*, obwohl sie doch *Menschenliebe* durch Notwehr und Nothilfe wirken lassen. Diesen Dienst nimmt ihnen keiner ab, und dieses Dilemma lösen sie selbst nicht auf!

Hier wird die Paradoxie des Soldatenberufes als Dienst am Menschen schonungslos vor Augen gestellt. Einfacher, gefahrloser jedoch ist die Widersprüchlichkeit heutiger Weltverantwortung nicht zu haben. Geben wir diese Erkenntnis preis, dann siegt, was wir befürchten: die Gewalt der Rechtsbrecher, Terroristen und Kriegstreiber! Verantwortliches Handeln auf der Grenze des Lebens ist immer ein Wagnis und nie risikofrei.

Was qualifiziert den Dienst der Dienenden? Ein geschärftes Gewissen, Einübung in ein überzeugendes Urteilsvermögen, entschiedenes Handeln in entscheidenden Situationen und den Glauben an Gottes gnädige Vergebung – die Soldaten im Vaterunser erbitten: „vergib uns unsere Schuld, wie wir vergeben unseren Schuldigern." Wer das nicht glaubt, wird sich zu fragen haben, ob nicht jener, der den Mitmenschen zum Bruder/zur Schwester hat, Gott zum Vater haben sollte?

Was können wir tun für die Erhaltung des brüchigen Friedens auf dem Balkan, in Afghanistan? Der politische Frieden und der Frieden unseres Glaubens haben eins gemein: *Sie suchen die Menschen und betreiben ihre Annäherung.* Frieden auf Erden! zu rufen, reicht aber nicht. Gewalt *zu verbieten*, bedeutet nicht, Gewalt *zu verhindern*. Daher: Kein Rückzug in Träumerei und Innerlichkeit, keine Resignation in terrorbewegter, irritierender Zeit, sondern weiterhin für Frieden und Gerechtigkeit zu sorgen, wo immer sie bedroht sind und mit Füßen getreten werden, so lautet der Auftrag des Soldaten – und Militärgeistliche an ihrer Seite.

Ein Mehr an Frieden, Gerechtigkeit und Wohlergehen ist stets ein Weniger an Gewalttat, Krieg und Leid. Dafür wollen wir uns einsetzen, notfalls streiten und wenn politisch nicht mehr anders zu handeln ist, auch kämpfen! An Gottes Frieden für diese Erde festzuhalten, dazu ermutigt uns das Evangelium; zugleich mit den Widersprüchen und Dilemmata dieser Welt zu leben – das wird unsere Aufgabe jetzt und in naher Zukunft sein.

Soldaten der Bundeswehr haben in weltweiten Einsätzen Feindschaft geblockt,

Kriegsopfern Sicherheit und den geschundenen Menschen in den Krisengebieten dieser Welt Beistand, Hilfe und Hoffnung gegeben – und tun es bis in diese Stunde hinein. Mut, Kraft und Besonnenheit in schwieriger Mission werden den soldatischen Dienst auszeichnen und den Grundgedanken christlicher Ethik zum Sieg führen: des Bruders und der Schwester Hüter und Helfer zu sein.

2.2. Führen

So setze nun einen König über uns, der uns richte, wie ihn die Heiden haben. (1 Sam 8,5)

Israel begehrt einen König. Die Ältesten des Volkes erbitten ihn vom Alt-Richter Samuel. Seine Söhne, Joel und Abija, Richter zu Beerscheba, sind Versager. – Menschen begehren einen König. Sie sehnen sich nach Weisung, Orientierung, Führung. Mensch und König sind in einer bestimmten Weise aufeinander bezogen. Der Mensch im König? – das interessiert hier nicht. Der König im Menschen? – das ist des Menschen eigentliche Bestimmung. Der Gott Israels, Jahwe, will es so. Der König im Menschen gibt nicht nur Antwort auf die Frage nach der Berufung des Menschen, sondern zeigt auch, was der Mensch sein kann. Seine Charakterzüge und Wesenseigenschaften sind gefragt. Ist das zu hoch gegriffen?

Die Königsidee trägt beispielhafte, das will sagen: widersprüchliche Züge. Sie sind dem Leben zu- oder abgewandt; sie fördern das Leben oder vernichten es. Das lehrt die Geschichte des Menschen. Denn der Mensch ist tatsächlich ein Wesen zwischen *Misere und Majestät*. Entweder bewegt er sich auf das eine zu oder auf das andere. Die Alternative zum König im Menschen ist der *Dreck im Menschen*, der Mensch als Geizhals, Ganove oder anderes – wie es der Prediger aus dem Schwarzwald, Rudolf Bösinger, trefflich sagt.[1] Friedrich Nietzsche warnt vor dem *letzten Menschen*, der sein Ziel verfehlt hat. Der, einem Maulwurf gleich, sich in kleinstes, alltägliches Existieren eingegraben hat.

Der König Israels ist Gott, Jahwe, allein. Er begründet die Autorität des sittlichen Ich. Er gibt Weisung, Ordnung, Gesetz. Er leitet des Volkes Geschick, führt es auf rechtem Wege. Er bindet seine Israeliten und verpflichtet sie zur Alleinverehrung: „Ich will euer Gott sein, ihr sollt mein Volk sein." (Lev 26,12) Gottes Zuwendung ist ebenso total wie sein Anspruch. In früher Zeit sind Propheten Führer des Volkes. Sie sind gleichsam der Mund Gottes auf Erden. Ihnen folgen die Richter, die Gott sendet, wenn Israel, durch fremde Völker in Bedrängnis geraten, zu ihm ruft. All diese Männer sind Geistbegabte Jahwes. Sein Impuls leitet sie. Das alte, vorstaatliche Israel fährt gut damit.

Jedoch Joel und Abija: Sie beugen und brechen das Recht. Sie wandeln nicht auf Gottes Wegen. Sie suchen ihren Vorteil. Sie sind korrupt und daher untragbar. Dies ist ein innenpolitisches Problem und Anlass ihrer Ablösung. Entschei-

---

1 Der kommende Mensch, 12.

dend aber ist ein anderer Grund: Israel wird von außen, den Philistern, bedroht, sieht sich in seiner Existenz gefährdet.

Eine schwere Niederlage hat das israelitische Heer bereits erlitten: „Die Philister erschlugen in der Schlacht auf freiem Felde nahezu viertausend Mann." (1Sam 4,2) Nun steht es wiederum mächtig unter Druck. Die philistäische Überlegenheit provoziert Israels Verlangen nach einem König, „wie ihn die anderen haben" – also kein genuiner Impuls des Glaubens, sondern eine Notwendigkeit durch äußere Bedrohung. Ein politischer Zusammenschluss mit monarchischer Spitze ist Israel im Grunde wesensfremd. Denn Jahwe ist König. Das Königtum der Nachbarvölker gilt als heidnisch. Aber: Israels Richter sind korrupt und auf spontane Charismatiker ist kein Verlass. In der Not besinnt das Volk sich der erfolgreichen Mittel seiner Feinde: einer militärischen Führungsspitze. Nun aber lagert der überlegene, heidnische Feind in der syrisch-arabischen Wüste, unmittelbar am Rande palästinensischen Kulturlandes, das er unter seine Vorherrschaft zu bringen trachtet. Die Angst, Leben und Land zu verlieren, eskaliert ins Trauma. Alt-Richter Samuel soll Retter in höchster Not und Königsmacher werden.

Obwohl Samuel eindringlich vor einem König warnt und dessen folgenreiches Recht Israel vor Augen führt: Er wird nehmen, rupfen, schröpfen, die Freiheit rauben, so dass ihr allesamt „seine Knechte werdet" (1Sam 8,17) – das Volk schlägt dennoch Samuels Weisung in den Wind: „Nein, ein König soll über uns sein!" (1Sam 8,19) Er ist, wie sie glauben, Garant ihrer Selbsterhaltung in schwerer Zeit. Die Chance erfolgreicher Politik liegt im Militärischen. Gott, der angefragte, willigt wider Erwarten ein. Einen Augenblick lang scheint es so, als wende Israel sich gegen seinen Gott. In Wahrheit aber soll der *Menschenkönig* Gottes Autorität im Volk verkörpern: als Diener und Gerechter Jahwes. Er soll Geist- und Hoffnungsträger in geschichtlicher Stunde sein. Wo Unordnung in den gesellschaftlichen Verhältnissen herrscht, soll nun durch die Zentralgewalt Ordnung einkehren. („dass uns unser König richte", 1Sam 8,20). Wo Bedrängnis und Angst dominieren, soll nun der König den Heerbann führen. („dass er unsere Kriege führe!" 1Sam 8,20) Wunsch und Wirklichkeit fließen zusammen. Keine Mythologie trübt das Geschehen.

Israel begehrt den König im Menschen: einen Menschen, der Gebot und Weisung Gottes *königlich* auf Erden realisiert. Gott als König des Volkes wird damit nicht verworfen – was wäre Israel ohne Gott? –, sondern in einem Menschen *Not wendende* Wirklichkeit. Dahinter verbirgt sich der Wunsch nach sozialer Stabilität, nach politischer Macht, militärischer Führung und nicht zuletzt nach gottgefälliger Pflege des Kultus. Gott legitimiert den König durch eine von ihm selbst abgeleitete Autorität. So steht der König unter Gottes Schutz und Gehorsam. Indem er „seine Gebote, Zeugnisse und Satzungen von ganzem Herzen" (2Kön 23,3) hält, wandelt er im Sinne Jahwes und macht dessen Herrschaftsanspruch auf Erden sichtbar. Daher ist der König von Gott abhängig. Je stärker seine Abhängigkeit von Gott, desto größer ist seine Autorität im Volk. Umgekehrt gilt: Löst er sich von dieser Abhängigkeit, verliert er seine Autorität.

Nachdem er die „Worte des Herrn vernommen hatte" (1Sam 8,7), stillt Alt-

Richter Samuel das Verlangen des Volkes und salbt *Saul zum König*. Mit Saul beginnt das Königtum in Israel. Ein König von *Gottes Gnaden*, sakral legitimiert. Nur so erkennt das Volk Saul als seinen König an. Nur so hat Saul die ihm gemäße Macht. Jene Macht, auf die er als Heerführer setzt: Stämme und Städte Israels führt er zusammen, formt Untertanen zu Anhängern, ihre militärischen Kräfte bündelt er, um sie seinen Zielen nutzbar zu machen. Die Macht des Königs bewegt und verändert Realität, löst Wirkungen aus, prägt Gesellschaft und Zustände neu. Im Kampf entscheidet er mutig, entschlossen. Das schafft Effektivität und Überlegenheit. Mit Gott im Bunde verantwortet er, was er denkt, fühlt und tut. – Das ist die eine Seite. Der König sorgt für Recht und Gerechtigkeit, sorgt sich um Menschen, Tiere, Pflanzen in seinem Reich. Er führt sein Volk in den Frieden, die Freiheit und Prosperität. Über prophetische Gaben verfügt er ebenso wie über die Klugheit des Gesetzeslehrers. Weisheit repräsentiert er und edle Tugenden. In ihm spiegeln sich Wille und Kraft des Volkes zur Selbstbehauptung. Er verkörpert das Erhabene und Erhobene, das Vollmächtige und Vollkommene. Er leitet den Kultus, pflegt die Religion und bindet so Loyalität und Solidarität des Volkes an seinen Thron. – Das ist seine andere Seite.

Der wahre König ist *die* Autorität im gesellschaftlichen Gefüge. „Keiner im ganzen Volk ist wie er." (1Sam 10,24) Nun kommt alles darauf an, dass er als Autorität angenommen, anerkannt wird. Das bedeutet: Er muss seine Untertanen durch Frömmigkeit und Überzeugen gewinnen – und gegebenenfalls auch durch die von ihm ausgehende Faszination. Wurde das Verhältnis des Volkes zu den Richtern durch Gesetz, Recht, Ordnung, also institutionell, bestimmt, so stellt sich durch den König eine persönliche Beziehung zur Obrigkeit ein: Der im König personifizierte Staat ist für das Volk jenes Gegenüber, das Respekt, Vertrauen und Liebe verdient. Das gilt auch umgekehrt. Denn es besteht eine ständige Wechselwirkung zwischen König und Volk. Nur Menschen können geliebt werden, nicht Institutionen. Zur Liebe gehört Treue. Die Treue des Volkes zum König besteht darin, auch unpopuläre Maßnahmen hinzunehmen, Anfechtungen durchzustehen, ohne sogleich die Autorität des Königs in Frage zu stellen oder gar preiszugeben. Dennoch wird die Treue nicht blind – unter Verdrängung allen Zweifels – der Autorität folgen, sondern sie jeweils messen am Guten, für das sie steht und das von ihr kommt.

Indem Israel einen König fordert, erbringt es eine entscheidende Vorleistung. Obwohl es mit dem Königtum keinerlei Erfahrung hat, schenkt es ihm a priori Autorität, Jahwes Autorität! Es projiziert seine Vorstellung von politischer und militärischer Vollkommenheit idealtypisch auf den König und folgt damit den Fremdvölkern, die einen König haben. Königsein wird der „Autorität Jahwes" gleichgesetzt.

Augenscheinlich hat sich das altorientalische Königtum bei Philistern, Edomitern, Moabitern, Midianitern, Amalekitern und Ammonitern als wichtiger politischer und militärischer Machtfaktor erwiesen. Im Königswunsch verbindet Israel den politischen und militärischen Erfolg der Nachbarvölker mit Gottes bewährter Führung und Weisung in Gebot und Gesetz. Der König soll erreichen, was Israel gegenüber seinen kriegerischen Nachbarn braucht: eine politische und militärische Macht, die mit dem gut organisierten philistäischen Heerbann gleichzieht. Wohl oder übel entscheidet sich das Volk für die Aufgabe der patriarchalischen Stammesorganisation zugunsten einer zentralisierten Staatsform. Das ist folgenreich und bedarf der Erklärung. Nun fordert der König sein Herrscherrecht: Die alten Duodezfürsten verlieren ihre Macht und werden durch königstreue Beamte ersetzt. Das gesamte Land, „eure besten Äcker, Weinberge und Ölgärten" (1Sam 8,14) fällt in die Hand des Königs, der es unter seinen Großen aufteilt. Für jeden ein wenig, für den König das Ganze. Die dem König ergebenen Beamten schaffen straff organisierte Verwaltungsbezirke, die von so genannten Statthaltern geführt werden. Ferner wird das wichtigste Machtinstrument des Herrschers ins Leben gerufen: ein stehendes Heer und gut ausgerüstete Streitwagenverbände. So bündelt Saul, der König als Feldherr, seine militärischen Kräfte. Hierzu braucht er alle Söhne des Volkes – und sehr viel Geld! Dazu führt er ein bislang nicht bekanntes Abgaben- und Steuersystem ein. Alle Produktionsgüter: Getreide, Wein, Weidevieh werden mit dem *Zehnten* belegt. Söhne und Töchter, Knechte und Mägde, Rind und Esel – alle stehen im Dienst des Königs. Alles unterwirft sich seiner Autorität. Das Volk zahlt einen hohen Preis!

Treue und Ergebenheit der Untertanen, nun als Anhänger des Königtums, verbunden mit straffer Verwaltung, gut organisiertem Heerwesen und effektivem Steuersystem – das sind Errungenschaften des Königs. Nun erscheint er in den Augen seiner Nachbarn als ihresgleichen. Mit allem ausgestattet, um feindliche Heere zu stellen, kommt es auf seine Bewährung an: das Volk in Frieden, Freiheit und Wohlergehen zu führen und somit Gottes Geist königlich lebendig sein zu lassen.

Die Sehnsucht der Menschen nach *Weisung, Orientierung und Führung* ist so alt wie der Mensch selbst. Sie bündelt sich hier im Verlangen nach einem Monarchen. Das Volk will durch ihn herrschen und zugleich von ihm beherrscht werden. Israel *muss* einen König haben – sonst geht es verloren: Saul schlägt Philister, Amalekiter, Moabiter, Edomiter und befreit das Land von fremder Vorherrschaft. Er sichert Israels Existenz durch Bannung militärischer Bedrohung. Seine Landsleute bewundern ihn, sind glücklich und zufrieden, *Saul* erkoren zu haben. Israel soll *keinen* König haben – denn es geht an ihm zugrunde: Saul verspielt Gottes Beistand und Hilfe durch Hochmut und halbherzigen Befehlsgehorsam. Das Errungene kann er nicht behaupten. Seinen erfolgreichen Feldhauptmann David, den späteren Helden von Juda und König Israels, verstößt er. Um Davids Tod zu betreiben, verbündet er sich in geheimer Kommandosache mit den Philistern – was dann doch nicht gelingt. Kurzum: Gott zürnt ihm und setzt ihn ab. Samuel zu Saul: „Gehorsam ist besser als Opfer." (1Sam 15,22) In tiefer Verzweiflung holt Saul sich Rat von einer Totenbeschwörerin. Die prophezeit ihm Untergang und Ende. Am Gilboa-Gebirge wird Israels Heer vernichtend geschlagen.

Der Mensch, stets zwischen Majestät und Misere, zwischen Bestimmung und Verfehlung hin- und hergerissen, bleibt auch als König ein *Wagnis*. Der Mensch mit Macht ist Gewinn und Gefahr zugleich. Am Anfang steht des Königs göttliche Berufung. Bewahrt und entfaltet er sie zum Wohle der Menschen, wird das Wagnis König im Menschen gelingen. Schwindet seine *göttliche Bindung*, verfehlt er seine Berufung. Saul zerfällt: Der ehemals Herrschende wird des Volkes Plage: despotisch, eifersüchtig, mordlustig. Am Ende bricht sich der Versager oder der Gewaltherrscher in ihm Bahn. Folgt der Mensch dem Menschen und nicht Gott, wird er dem Teufel ähnlich. Der König aller Zeiten[2] erweist sich als ambivalentes, fehlbares Wesen – aber ein anderer ist nicht in Sicht.

2.3. Glauben

Als aber Jesus nach Kapernaum hineinging, trat ein Hauptmann zu ihm; der bat ihn und sprach: Herr, mein Knecht liegt zu Hause und ist gelähmt und leidet große Qualen. Jesus sprach zu ihm: Ich will kommen und ihn gesund machen. Der Hauptmann antwortete: Herr, ich bin nicht wert, dass du unter mein Dach gehst, sondern sprich nur ein Wort, so wird mein Knecht gesund. Denn auch ich bin ein Mensch, der Obrigkeit untertan, und habe Soldaten unter mir; und wenn ich zu einem sage: Geh hin! so geht er; und zu einem anderen: Komm her! so kommt er… Als das Jesus hörte, wunderte er sich und sprach zu denen, die ihm nachfolgten: Wahrlich, ich sage euch: Solchen Glauben habe ich in Israel bei keinem gefunden! Ich aber sage euch: Viele werden kommen von Osten und von Westen und mit Abraham, Isaak und Jakob im Himmelreich zu Tische sitzen; aber die Kinder des Reichs werden hinaus gestoßen in die Finsternis… Und zu dem Hauptmann sprach Jesus: Gehe hin; dir geschehe, wie du geglaubt hast. (Mt 8, 5–13)

Die Dialogszene zwischen Jesus und einem heidnischen Hauptmann endet überraschend. Der römische Offizier, Vertreter militärischer Gewalt, sitzt am Tisch des Herrn und die jüdischen Zeitgenossen bleiben draußen. Jesus stellt seinen Landsleuten diesen fremden Offizier als herausragendes Glaubensvorbild hin: Denn in ganz Israel habe ich einen solchen Glauben bei keinem gefunden! Das Heil Gottes kommt – überraschenderweise! – nicht allein den Erzvätern Israels zu, dem Volk mit den einzigartigen Gottesbegegnungen, sondern auch anderen Menschen und Völkern, die sich glaubend Gott anvertrauen.

So ist die Geschichte eine Einladung, ja Zusage des lebendigen Gottes an Fremde, Außenstehende, an die jenseits der Grenze Glaubenden, an die weite bewohnte Welt: die Ökumene. Vertrauende und glaubende Menschen provozieren

---

2   „Wollen die Deutschen wieder einen König haben?" Unter diesem Thema ermittelt Media Control im September 1991: Über 59 Prozent der Befragten sind für einen König als Staatsoberhaupt. Nur 40,1 Prozent wünschen sich eine Republik, an deren Spitze ein Bundespräsident steht. Gewiss ist der Königswunsch der Deutschen 1991 politisch „unzeitgemäß". Und doch scheint die Sehnsucht nach „königlicher" Autorität, Macht, Vollkommenheit, Repräsentation wirksam zu sein.

Weite, sprengen Grenzen. „Solchen Glauben habe ich in Israel bei keinem gefunden!" – sagt Jesus zu seinen Landsleuten in Gegenwart des Hauptmanns. Was bedeutet hier Glauben?

Da tritt ein Hauptmann auf, ein römischer Soldat, uniformierter Ausländer, Heide. Ja, Soldaten kommen im Neuen Testament vor. Ganz selbstverständlich stehen sie im Dienste staatlicher Macht. Sie werden weder verherrlicht noch verurteilt. Jesus denkt nicht daran, den Hauptmann aufzufordern, seinen Beruf zu quittieren. Dieses Ansinnen aber finden wir heute bei unseren Friedensfreunden. Sie sagen: Verkündigung der Kirche unter Soldaten sei unverzichtbar. Warum dieses aus Pazifistenmund? Weil die Militärgeistlichen Soldaten davon überzeugen sollten, dass sie den *falschen Beruf* ergriffen hätten. Dazu nur so viel: Mit dieser *Botschaft* versuchen sich die Friedensfreunde am untauglichen Objekt – und scheitern allemal.

Der Offizier denkt und lebt in militärischen Kategorien. Befehl und Gehorsam, Entscheiden und Handeln sind seine Welt. Aber nicht nur. Er ist menschlich, mitfühlend. Seine Untergebenen sind ihm nicht gleichgültig. Offenbar leidet er am Leiden seines Dieners (Adjutanten): Denn sein Diener liegt schwer krank danieder, ans Bett gefesselt und mit großen Schmerzen. Krank ist man nicht als Soldat, sondern als Mensch. Krankheit ist eine überaus ernste Angelegenheit. Der soldatische Dienst tritt auf der Stelle. Ärztliche Hilfe, wenn überhaupt, weiß nicht weiter. In Sorge um die Gesundheit seines Adjutanten findet der Hauptmann zu Jesus. Nicht für sich selbst, sondern für einen anderen spricht er. Für sich selbst zu sprechen, das tun die meisten, fast immer und an jedem Ort. „Herr", wendet er sich an Jesus – fordert er, bittet er, drängt er? Nein. Was tut er? Er beschreibt einfach seine Lage: Mein Diener liegt zu Hause, ist gelähmt und leidet große Qualen. Jesus ist seine letzte Hoffnung und Rettung. Ihm vertraut er sich an. Ihm traut er Hilfe zu, wo kein Mensch mehr helfen kann. Ich will kommen und ihn gesund machen, geht Jesus auf die Not des Hauptmanns ein. Der Offizier wehrt demütig ab: Herr, ich bin nicht wert, dass du mein Haus betrittst. Er bekennt seine Unwürdigkeit: *Er* ist fehlbar, *dieser* gerecht. *Er* ist Heide, *jener* Heiland.

Es hat sich herumgesprochen, dass Jesus göttliche Macht besitzt. Die jüdische Religion ist dem Hauptmann fremd, aber er weiß, was Befehle, Entscheidungen bewirken. Daher setzt er aufs Wort allein. „Sprich nur ein Wort, dann wird mein Diener gesund." Die Kraft des Wortes, das Wirklichkeit verändert, bedarf des Hausbesuches nicht.

Der Hauptmann, Offizier zwischen *oben und unten*, zwischen Kommandeuren und Unteroffizieren, muss Befehle von oben nach unten durchreichen: eindeutig, unverändert, mutig, verantwortungsvoll. Da liegt es nahe, sein Alltagsdenken als Soldat ins Spiel zu bringen: was ein Machtwort, ein Befehl, erreicht, steht für ihn außer Zweifel. Das Wort, das befiehlt, ist sein Metier. Während er auf Jesu *Machtwort* setzt, spricht er ihm seine eigene *Befehlsgewalt* zu. Damit rückt der Hauptmann die wahren Machtverhältnisse in dieser Welt zurecht: Bei dem kranken Diener stoßen seine Befehle ins Leere. Aus! Ende! Nur sein Glaube, sein mutiges, beispielloses Vertrauen in die helfende, heilende Kraft des Wortes Jesu führen zur Klärung der Situation, wer hier letztlich befiehlt und wer dann gehorcht.

Ein Glaubensgespräch? Angestoßen von einem heidnischen Hauptmann, vollendet in Wort und Tat von Jesus, dem Helfer und Heiler. *Dieser Glaube führt zur Einsicht in die wahren Befehls- und Machtverhältnisse dieser Welt!* Ohne Jesus hat der Adjutant keine Chance! Ohne Jesus hat der Hauptmann keine Hoffnung. Der rückhaltlose, vertrauende Glaube des Hauptmanns trägt nicht nur heilende Kräfte in sich, sondern zielt auch auf Annahme und Einladung der Fremden, sich auf Gott einzulassen, sich in ihm geborgen zu wissen. Nur einen Augenblick lang dominiert die Ratlosigkeit des Offiziers: Wer kann helfen in schwerer Krankheit? Dann jedoch spaltet ein Blitz die dunklen Wolken: Nur einer, so ist er überzeugt, kann meinen Adjutanten wieder auf die Füße stellen. Eine Sehnsucht gibt es, besonders an den Grenzen des Lebens, spätestens dort, wo wir mit extremen Einsatzbelastungen, Krankheit, Verwundung und Tod ringen: eine Sehnsucht nach Geborgenheit und Zuwendung, nach einem Glauben, der hilft, heilt und trägt im Leben.

Vor uns steht die Wirklichkeit des Glaubens jenseits der vermeintlich Erwählten: Viele werden kommen von Osten und Westen und mit den Erzvätern im Himmelreich zu Tisch sitzen. Jesus warnt alle, die sich ganz nahe wähnen: nahe am Glauben, nahe bei Gott zu sein. Aber es kommt anders als wir denken!

Da tut sich eine grenzenlose Zuwendung Gottes auf: Dir geschehe, wie du geglaubt hast. Ein vertrauender und hoffnungsstarker Glaube, der in Israel ohne Beispiel ist. Ein Glaube, der erkennt, wer befiehlt und wer gehorcht, wer unten ist und wer oben. Wir, die Gesunden, fragen nicht nach dem Ziel unserer Gesundheit. Wir sind fraglos und sinnlos gesund. Wehe, wenn Krankheit uns überfällt; dann sollte man langes Lamento unterlassen. Hoffnung gibt die heilende Kraft unseres Glaubens, der ein Mehr an Leben und Lebenssinn erschließt. Und dann geschehe dir so, wie du das rettende Wort Jesu Christi hörst, glaubst und lebst.

2.4. Trösten

Zu Luthers Schrift: Ob Kriegsleute auch in seligem Stande sein können. (1526)

Militärgeistliche sehen ihren pastoralen Auftrag darin, christlichen Glauben und den Auftrag des Soldaten zusammen zu denken. Konkret: Friedensethik und seesorgliche Begleitung der Soldatinnen und Soldaten mit dem Friedens-, Schutz- und Verteidigungsauftrag der deutschen Bundeswehr – so weit ethisch verantwortbar – in Übereinstimmung zu bringen. So werden sie es auch in Zukunft halten.

Worauf muss die evangelische Kirche hören, wenn sie über den Soldaten als Christen nachdenkt? Wenn sie über Krieg und Frieden diskutiert, über den Umgang mit primärer Gewalt? Neben kirchenoffiziellen Verlautbarungen der Gegenwart hat die evangelische Kirche (in diesem Falle vielleicht auch die katholische!) auf Martin Luther zu hören. Da liegt es nahe, die Fragen des Soldaten als Christen und umgekehrt zunächst an Martin Luther zu richten. Warum Luther? Weil ihn ein anthropologischer Realitätssinn auszeichnet, der im 16. Jahrhundert seinesgleichen sucht. Man mag es kaum aussprechen: Luther hat einen fast unbarmherzigen Sinn für die vitale menschliche Grundbefindlichkeit. Mit Kopf und Herz den Menschen erfassend, ist ihm dessen Ambivalenz, Fehlbarkeit und Konfliktvermögen je länger, je mehr vollkommen bewusst geworden.

Wittenberg – im Sommer 1525: Der kursächsische Oberst Assa v. Kram sucht das Gespräch mit Martin Luther. Schwer drückt den Kriegsmann das Gewissen. Er ist ratlos. Unter dem Eindruck des Blutbades von Frankenhausen am Ende des Bauernkrieges geht er den Reformator mit der Frage an, ob *Soldatenstand und Christenstand* überhaupt vereinbar seien – die alte und stets neue Frage der Kirche unter den Soldaten. Hinsichtlich seines Verhaltens als Kommandeur *seines Haufens* – wie man damals zu sagen pflegte – hat Assa erhebliche Zweifel an seinem Handeln als Soldat. Seine Gottesgewissheit scheint zu schwinden. Er zeigt Führungsschwäche. Manche seiner Untergebenen gehen so weit, Gott Gott sein zu lassen, Seele und Gewissen in den Wind zu schlagen. Sie meinen, *christlicher Glaube und Kriegshandwerk passten ohnehin nicht zusammen.*

Der Oberst sorgt sich um die Einsatzbereitschaft seiner Männer. Da scheint ihm die Autorität des berühmten Reformators gerade recht. Als Soldat und Christ erwartet er von ihm *Maßstäbe ethisch vertretbaren Handelns.* Zur Abwehr von Zügellosigkeit und der *zweifelnden Gewissen* bittet er um Unterweisung. Denn der Soldatenstand kennt kein ethisches Interim. Luther sagt dem gestrengen und ehrenfesten Oberst Hilfe zu. Wer mit wohl unterrichtetem Gewissen streite, der könne es guten Gewissens tun. Großer Mut und kühnes Herz würden folgen.

Die Schrecken und Gräuel des Bauernkrieges stetig vor Augen, mahnt der Reformator unablässig zum Frieden: Daher lautet sein wichtigster Satz: „Wer Krieg anfängt, der ist im Unrecht." Denn die Obrigkeit sei nicht von Gott eingesetzt, dass sie Frieden brechen und Krieg anfangen solle, sondern dazu, den Frieden zu halten und den Kriegern zu wehren. „Zum Teufel mit einem Krieg, der aus Lust und freiem Willen angezettelt wird!" – wettert der Wittenberger Reformator.

„Ob Kriegsleute auch in seligem Stande sein können" (1526)[3], so überschreibt Luther sein Antwort-Büchlein an Assa v. Kram. Ins Heute gesprochen meint das: In welchem Verhältnis stehen Kriegführen und Christusglaube zueinander? Oder direkt gefragt: Kann ein Soldat Christ sein beziehungsweise ein Christ Soldat? – unsere Frage ohne Verfallsdatum. Nebenbei bemerkt: Hier liegt auch die Ursache für Luthers krasse Ablehnung des Bauernkrieges. Drei Vorhaltungen macht er den Bauern:

---

3   WA 19, 623–662.

1. Sie sollten sich nicht „christliche Rotte oder Vereinigung" nennen mit dem Anspruch, Gottes Recht zu vertreten.
2. Es sei nicht statthaft, Richter in eigener Sache zu sein.
3. Allein, dass sie als erste zu den Waffen gegriffen hätten, setze ihre Sache von Beginn an ins Unrecht.[4]

Schlüsselgedanke ist die Pflicht des Staates zu Schutz, Beistand und Hilfe gegenüber seinen Bürgern. Die Obrigkeit sei es Gott schuldig, ihre Untertanen nicht jämmerlich verderben zu lassen. „Soll man denn das dulden", fragt der Reformator, „dass durch einen Kriegstreiber jedermanns Weib und Kind, Leib und Gut der Gefahr und der Schande preisgegeben werde?" Der Christ darf nicht zulassen, dass der Schwache unter die Räder des Starken gerät. „Daher soll Krieg nicht Krieg, sondern pflichtgemäßer Schutz und Notwehr heißen können." – nach fast fünfhundert Jahren ein friedenspolitischer Kerngedanke: Schützen und Wehren. In unserer heillosen Welt, in der das Gute nur *gepanzert* leben könne, hat ausschließlich der Verteidigungskrieg (der „Notkrieg" wie Luther sagt) seine Berechtigung.

Fraglos ist Krieg eine große Plage. Man dürfe aber das Kriegsamt nicht ansehen, „wie es tötet, brennt, schlägt und fängt; das tun nur die kurzsichtigen, einfältigen Kinderaugen, die dem Arzt nicht weiter zusehen, wenn er die Hand abhaut oder das Bein absägt. Sie merken aber gar nicht, dass es darum zu tun ist, *den ganzen Leib zu retten.* Es ist zu kurz gegriffen, allein den Jammer des Krieges zu betrachten, man muss im Auge behalten, wie viel größeren Jammer er verhindert" – meint der Reformator.

Wenn nun Soldaten den Kriegstreibern und Terroristen ihr entschiedenes Nein! entgegensetzen, dann tun sie es nicht als Christen, sondern als Glieder des Staates, dem sie verantwortlich dienen. Das Motiv des Soldaten zielt nicht auf Ehrgeiz und Ehre, sondern auf Pflicht und Gehorsam vor der „weltlichen Obrigkeit" und vor Gott. Das sei nun keine Lehre vom Krieg, schreibt Luther dem Oberst, sondern eine „Belehrung der schwachen, zweifelnden Gewissen."

Der Feststellung, dass wir in einer heillosen Welt leben, wird kaum jemand widersprechen. Luther rechnet mit einer tiefgründigen, bleibenden *Macht des Bösen* – Wie Recht er leider hat. Den Menschen malt er in dunklen Farben: „Denn die Bösen sind immer in der Überzahl gegenüber den Rechtschaffenen. Wollte man sich daher das Wagnis zutrauen, ein ganzes Land mit dem Evangelium zu regieren, so wäre das vergleichbar einem Hirten, der Wölfe, Löwen, Adler und Schafe in einem Stall zusammentäte und jedes Tier frei unter den anderen Tieren gehen ließe und sagen würde: Da weidet euch, seid rechtschaffen und friedlich untereinander; der Stall steht allen offen und Weide habt ihr genug [...]. Es würden wohl die Schafe Frieden halten und sich in dieser Weise führen lassen – aber sie würden nicht lange leben, und kein Tier würde vor dem anderen erhalten bleiben."

4   Vgl. WA 18, 291ff.

Obgleich wir nun wissen, dass der Mensch – widersprüchlich wie er denkt, lebt und handelt! – sich leicht dazu entschließt, dem anderen Böses anzutun; dass er aus Mangel an wirklichem Gehorsam gegenüber Gottes Gebot ein primärer Sünder ist, zwingt uns diese Erkenntnis nicht in die Resignation. Wir müssen in einer Welt der Wölfe und Schafe, der Kains und Abels, der Diktatoren und Despoten, stetig und konsequent Leben *bejahen – gestalten – schützen*. Denn negieren ist kein christliches Geschäft!

Hier nun tut sich eine Grundspannung unseres Glaubens auf: Es geht um das Verhältnis des Menschen zu Gott, das sein ganzes Leben umgreift, und um die Beziehungen der Menschen untereinander im Alltag gesellschaftlicher, politischer Wirklichkeit. Anders gewendet: Christen leben als Menschen zweier Welten zwischen Himmel und Erde, zwischen christlichem Glauben und politischem Handeln, zwischen der Zusage göttlicher Erlösung in einer noch nicht erlösten Welt. Tut sich hier eine „schizophrene Persönlichkeitsspaltung" auf? Mitnichten! wehrt Gerhard Ebeling das mögliche Missverständnis ab. Hier spiegelt sich Luthers Lehre von den Zwei Reichen sowie der Unterscheidung von Christperson und Weltperson. Diese wechselvolle, nicht aufzulösende, sondern auszuhaltende Spannung, gleichsam Bürger zweier Welten bis ans Ende der Welt zu sein – das ist entscheidendes Charakteristikum christlicher Glaubensexistenz.

Nun direkt gefragt: Was hat es auf sich mit dem indirekten Fragesatz: Ob Kriegsleute auch in seligem Stande sein können. Was heißt hier eigentlich *selig sein*? Wie übersetzen wir *Stand*? Sind diese Fragen, heute gestellt, verschroben, töricht, ohne Belang? Fühlen sich Soldaten der Bundeswehr, wie Assa v. Kram im Einsatzfall, gewissensbeschwert, hadern sie mit ihrem Beruf? Neigen sie zu Resignation, Ausstieg aus dem Dienst? Gibt der christliche Glaube noch ernstzunehmende Antworten auf die *Sinngebung soldatischer Existenz*? Mag sein, von Fall zu Fall – aber grundsätzlich gilt auch nach fast fünfhundert Jahren: Neben der soldatischen Disziplin in der Struktur von Befehl und Gehorsam ist immer auch eine *ethische Innensteuerung*, Luther folgend, eine „Unterrichtung der soldatischen Gewissen", notwendig. Denn einer Armee ohne moralische Verankerung droht alsbald die *geistige Verrohung*.

Waffenträger verantworten in besonderer Weise, was sie tun. Sie müssen wissen, was es bedeutet, gerade in Grenzsituationen ethisch vertretbar zu handeln. In Bruchteilen von Augenblicken haben sie im Einsatzfall zu entscheiden: Sich selbst zu behaupten oder sich selbst aufzugeben, das Leben des Nächsten zu retten oder ihn seinem Schicksal zu überlassen. Und weil christliches Ethos ihnen auf der *Grenze ihres Handelns Orientierung anbietet*, trägt der christliche Glaube eine Mitverantwortung für die ethische Grundlegung des Soldatenberufs.

Im Winter 1521/22 übersetzt Luther auf der Wartburg das griechische Neue Testament in die deutsche Sprache. Immer dort, wo das Griechische „sozein" steht, übersetzt Luther „selig machen", „selig werden" im Sinne von erretten beziehungsweise errettet werden. Darunter versteht der Reformator die göttliche Befreiung aus unerträglicher Knechtschaft, heute: Befreiung aus extremen Belastungen und Fehlern des Lebens als Soldat im Friedenseinsatz. Wie geht das? Soldaten als Christen sind zunächst Hörende, sodann Glaubende und lassen sich als solche auf Gottes Angebot der Vergebung ein. Konkret: Sie stehen mit ihrem Leben ein für:

– erfolgreiches Krisenmanagement,
– Akte der Deeskalation,
– Wege der Entfeindung,
– den Schutz und die Verteidigung des Lebens Unschuldiger.

Akte der Deeskalation, Wege der Entfeindung – mit diesen Tatsachen verbindet sich ein *neues soldatisches Ethos*: Der Auftrag des Soldaten zielt, bei aller Robustheit seines Handelns, auf humane Solidarität. Die wird er nur verwirklichen, wenn er entschieden für die Durchsetzung internationalen Rechts und des Friedens eintritt. Soldaten müssen bereit und fähig sein, das Risiko für den Kriegstreiber und Terroristen zu erhöhen, um die Risiken insgesamt zu verringern. Billiger sind Rechts- und Friedensbrecher nicht zu bezwingen.

Gott aber weiß, dass Soldat und Soldatin dabei scheitern und schuldig werden und dennoch vor ihrer Aufgabe bestehen können. Gott aber weiß, was im Anblick von Elend, Leid, Schmerz und Tod ihre Seele quält – Gott jedoch gibt nicht verloren, was er geschaffen hat. Nicht Kräfte, nicht Werke, die sie selbst leisten, sondern seine Treue und sein von Jesus Christus entfachter Glaube verbürgen, dass sie *getrösteten*, also *entlasteten Gewissens* seligen Standes sein können. Merke: Trost und Gnade kann niemand bewirken, sondern nur empfangen!

Seligen Standes sein? Stand versteht Luther im Allgemeinen als Standesordnung. Stand meint eine Gruppe von Menschen, die durch bestimmte Rechte, Pflichten und Privilegien in einem gesellschaftlichen Ordnungssystem miteinander verbunden sind. Stand ist hier jedoch anders definiert. Er bedeutet nicht Standort im gesellschaftlichen Beziehungsgeflecht. Assa v. Kram quälte die Frage, ob er nicht durch „Hauen, Stechen, Würgen", also durch das Kriegshandwerk, die *Zuwendung Gottes und seine Gnade verwirke*. Ob Gott sich mit seinem Vergebung schaffenden Wort von ihm abwende. Ob er das ewige Leben als Kriegsmann verlieren und vielleicht durch gute Taten wieder gewinnen könne. Die Antwort des Seelsorgers Luther hatte der Oberst mitsamt seinen Führungsproblemen wohl so nicht erwartet: „[…] dass namentlich kein gut Werk selig macht, auch nicht die gerechteste Verteidigung, für die der Kriegsmann in der Pflicht steht. Der Krieger als *Christ allein* müsse selig werden. Vor Gott stehend, weiß der Soldat als Christ um alles *Vorletzte* in der Welt, das sein Handeln bestimmt. Was ist das Vorletzte? Es ist der zeitliche, der relative Friede, „der das größte Gut auf Erden ist", folgert der Reformator. Das Letzte, Endgültige schafft Gott am Ende der Tage: seinen Frieden.

„Aber mein Lieber", fragt Luther schlicht und zupackend den Oberst, „wo sind sie, die so glauben und solches tun mögen? Christlicher Glaube ist kein gering Ding! Er bringt zwar etliche zu Gott. Die anderen, die diese heilsame Lehre zu ihrer Seligkeit verachten, haben ihren Richter, dem sie Rede und Antwort stehen müssen."

Der Stand des Soldaten, selig sein zu können, ist kein *Besitzstand*, sondern ein *Zustand*, den Gott ihm gnädig gewährt. „Darum lasst euch sagen", fasst Luther zusammen, „hütet euch vor dem Krieg – es sei denn, dass ihr *wehren* und *schützen* müsst." – Ein oft wiederkehrender Gedanke des Reformators: wehren und schützen, die zwei Seiten einer Münze. Notwehr gegenüber Kriegstreibern, Terroristen und Schwerstkriminellen, damit Rechtsbruch und Gewalt gestoppt werden – Nothilfe gegenüber den Schutzbedürftigen, den verfolgten, terrorisierten und vergewaltigten Mitmenschen. Wer sich nur der Gewaltopfer annimmt, bedenkt zwar die Wirkung, vernachlässigt aber die Ursache! Wehren und schützen. Was geschieht, wenn Christen sich allein den Gewaltopfern zuwenden? Dann verkehren sie Ursache und Wirkung. Denn Toleranz gegenüber der Intoleranz, also gegenüber Gewaltherrschern, Kriegstreibern, Terroristen führt gleichsam zur Komplizenschaft mit ihnen! Der Verzicht auf Gegenwehr würde auf der Grenze von *Selbstbehauptung und Selbstaufopferung* quasi der Bedürfnisbefriedigung des Aggressors entgegenkommen und so dem Rechtsbrecher alle Chancen des Rechtsbruchs und der Vernichtung eröffnen.

Zuletzt gefragt: Warum sollten Soldaten nicht in seligem Stande sein können, wenn sie willens sind:

– im Christusglauben zu leben,
– sich der Mitverantwortung für Gottes Welt zu stellen,
– der Macht des Bösen zu wehren,
– die Schwachen zu schützen sowie
– den Frieden zu wahren, zu fördern und zu erneuern?

Damit ist der Soldat damals wie heute auf seine Schutzpflicht zur Erhaltung und Erneuerung des Friedens ausdrücklich festgelegt.

Martin Luther – kein Pazifist, wie wir gesehen haben, sondern der Seelsorger und Lehrer, der *Nachdenker* und *Vordenker* für den Dienst der Kirche unter den Soldaten. Martin Luther, der Vordenker? Unsere Kirche hat seine Erkenntnisse aufgenommen, nachgedacht und weitergedacht. Ich greife beispielhaft auf den Kernsatz einer Bekenntnisschrift zurück, die in der Auseinandersetzung mit dem Totalitätsanspruch des Nationalsozialismus 1934 entstanden ist: die *Barmer Theologische Erklärung*. Bis in diesen Tag hinein trifft sie den friedensethischen Nerv der evangelischen Kirche entscheidend.

Im thematischen Zusammenhang von Krieg und Frieden hört unsere Kirche besonders auf den Schlüsselgedanken der fünften These: „Die Schrift sagt uns, dass der Staat nach göttlicher Anordnung die Aufgabe hat, unter Androhung und Ausübung von Gewalt für Recht und Frieden zu sorgen." Die göttliche Anordnung des Staates wird mit einer weltlichen Aufgabe verbunden: für Recht und Frieden zu sorgen. Werden Recht und Frieden gebrochen, wird zu prüfen sein, ob sich mittels gewaltfreier Maßnahmen oder durch mandatiertes militärisches Eingreifen gegen Rechts- und Friedensbrecher dem Friedensengagement des Staates neue Perspektiven eröffnen:

- Eine Kirche, die vom Staat erwartet, dass er im äußersten Fall unter Gewaltandrohung und Gewaltausübung für Recht und Frieden sorgt, kann in ihrer Lehre nicht ausschließlich pazifistisch sein.
- Eine Kirche, die das Recht einfordert, damit Frieden gewahrt, gefördert und erneuert werde, weiß um die Konfliktnatur des Menschen.
- Eine Kirche, die nicht blind ist gegenüber dem Bösen und die destruktiven Kräfte des Menschen als Gefahr für den Frieden nicht unterschätzt, fordert in der Konsequenz ihrer Lehre die *Wehrhaftigkeit* des Staates ein.

Schutz des Lebens der Staatsbürger, Schutz von Rechts- und Wertegemeinschaften – eine bislang auf Eindämmung und Abschreckung ausgerichtete Friedenssicherung beherrscht den internationalen Terrorismus nicht. Daher müssen wir fragen, ob die Androhung und Ausübung von Gewalt ein *antizipatorisches Element* politischen und militärischen Eingreifens enthält.

Ist an eine Fortschreibung der fünften Barmer These sowie deren Tragfähigkeit für vorbeugende Gefahrenabwehr zu denken? Zwingen uns asymmetrische Bedrohungen zu einem Paradigmenwechsel künftiger Friedenssicherung – wissend um die begrenzte Haltbarkeit friedensethischer Konzeptionen? Wir Christen müssen in unserer Kirche darüber nachdenken. Den Antworten darauf dürfen wir keineswegs ausweichen!

Literatur

ANNAN, K., Press Release of the Statement by UN Secretary Kofi Annan, 8. Oktober 2001, www.un.org./News/Press/docs/2001/sgsm7085.doc.htm.

ARNOLD, G., Die evangelische Kirche und der Kosovo-Krieg, in: Kirchliches Jahrbuch für die Evangelische Kirche in Deutschland, 126. Jg., 1999, Gütersloh 2001, 289–405.

ASSMANN, H., Kirche in alten, Bundeswehr in neuen Strukturen?, in: Zwischenbilanz. Zum Abschied von Militärbischof Dr. Hartmut Löwe aus der Evangelischen Militärseelsorge, Evangelisches Kirchenamt für die Bundeswehr (Hg.), Leipzig 2003, 101–110.

BAHR, H.-E., Ein ziviles Deutschland wäre gut für die Welt, in: Die Zeit Nr. 37, 4. September 1992, 40.

BARMER THEOLOGISCHE ERKLÄRUNG 1934–1984. Geschichte–Wirkung–Defizite, Unio und Confessio Bd 10. Eine Schriftenreihe der Evangelischen Kirche der Union, J.F.G. GOETERS u.a. (Hg.), Bielefeld 1984.

BARRE, K.M., Therapie von einsatzbedingten Posttraumatischen Belastungsstörungen: zwei Fallbeispiele, in: Psychologie für Einsatz und Notfall, Bonn 2001, 383–390.

BARTH, H., Der Barbarei nicht das Feld überlassen. Kann ich als Christ heute den Einsatz militärischer Gewalt verantworten? in: epd-Dokumentation Nr. 33, vom 26. Juli 1993, 45–49.

BARTH, H., Evangelische Friedensethik nach dem Irak-Krieg, in: Zwischenbilanz. Zum Abschied von Militärbischof Dr. Hartmut Löwe aus der Evangelischen Militärseelsorge, Evangelisches Kirchenamt für die Bundeswehr (Hg.), Leipzig 2003, 52–65.

BARTH, K., Texte zur Barmer Theologischen Erklärung. Mit einer Einleitung von E. JÜNGEL und einem Editionsbericht, ROHKRÄMER, M. (Hg.), Zürich ²2004.

BASTIAN, H.-D., Seelsorge in Extremsituationen, in: Kirche unter den Soldaten. Beiträge aus der Militärseelsorge I/95, Evangelisches Kirchenamt für die Bundeswehr (Hg.), Bonn 1995, 50–71.

BASTIAN, H.-D., Kameradschaft, in: De officio, neu bearbeitete Auflage, Leipzig 2000, 180–190.

BECK, U., Über den postnationalen Krieg, in: Blätter für deutsche und internationale Politik 8/1999, 984–990.

BEIER, P., Zuviel Halleluja, zu wenig Kreuz, Lutherische Monatshefte, 30, 1991, 24f.

BEIER, P., Bericht des Präses vor der Landessynode am 8. Januar 1993, Evangelische Kirche im Rheinland (Hg.), Düsseldorf 1993, 27ff.

BEKENNEN IN DER FRIEDENSFRAGE, Beschluss der Synode des Bundes der Evangelischen Kirchen der DDR, Görlitz, 22. September 1987, in: epd-Dokumentation Nr. 14 vom 18. März 1996; und Nr. 30 vom 10. Juli 2001; vgl. auch: epd-Dokumentation Nr. 44/1987 33–35.

BELLAH, R.N., Civil Religion in America, in: Beyond Belief, Essays on Religion, New York 1970.

BERGER, P.L., Sehnsucht nach Sinn. Glauben in einer Zeit der Leichtgläubigkeit, Gütersloh 1999.

BESCHLUSS ZUR SEELSORGE AN SOLDATEN (Oktober 1993), Synode der Evangelisch-Lutherischen Kirche in Thüringen, in: epd-Dokumentation Nr. 47, 1. November 1994, 8.

BESIER, G./RINGSHAUSEN, G. (Hg.), Bekenntnis, Widerstand, Martyrium. Von Barmen 1934 bis Plötzensee 1944, Göttingen 1986.

BETTELHEIM, B., Erziehung zum Überleben. Zur Psychologie der Extremsituation, Stuttgart 1980.

BINDER, H.-G., „Man sagt Militärseelsorge und meint das Militär – dem ungeheuren Meinungsdruck können selbst Kirchenleitungen nicht standhalten" (Interview, Oktober 1994), in: epd-Dokumentation 47/1994,1–4.

BOCK, M., Religion im Militär. Soldatenseelsorge im internationalen Vergleich, München 1994.

BONHOEFFER, D., Widerstand und Ergebung. Siebenstern-Taschenbuch 1, München 1951.

BONHOEFFER, D., Kirche und Völkerwelt (1934), in: Gesammelte Schriften, E. Bethge (Hg.), Bd. 1, München 1958.

BONHOEFFER, D., Ethik. E. Bethge (Hg.), München [12]1988.

BÖSINGER, R., Der kommende Mensch. Predigten, Lahr 1975.

BRAKELMANN, G., Anmerkungen zur Friedensdiskussion, in: ZEE 33, 1989, 249–262.

BRAKELMANN, G., Macht und friedenssichernder Auftrag. Die Aufgaben von Friedenspolitik, in: Der Freiheit verpflichtet, Arbeitskreis „Sicherung des Friedens" (Hg.), Bonn 1989, 15–24.

BRAKELMANN, G., Ökumene im politischen Abseits, in: Der konziliare Prozess. Anstöße und Illusionen, Arbeitskreis „Sicherung des Friedens" (Hg.), Bonn 1990.

BRAKELMANN. G., Für eine menschlichere Gesellschaft. Reden und Gegenreden, Bochum 1996.

BRODER, H.M., Nur nicht provozieren!, in: Der Spiegel 38/2001, 168–170.

BURGSMÜLLER, A./WETH, R. (Hg.), Die Barmer Theologische Erklärung. Einführung und Dokumentation, Neukirchen-Vluyn 1983.

BUSCH, E., Staatsverfassung und Wehrverfassung. Aktuelle historische Bemerkungen, in: De officio. Zu den ethischen Herausforderungen des Offizierberufs, Evangelisches Kirchenamt für die Bundeswehr (Hg.), Hannover 1985, 104–112.

BUSCH, E., Die Barmer Thesen, 1934–2004, Göttingen 2004.

CAMPENHAUSEN, A., von, Staat und Kirche unter dem Grundgesetz. Eine Orientierung, Hannover 1994.

CONFESSIO. Bekenntnis und Bekenntnisrezeption in der Neuzeit, Prof. Dr. HEINER FAULENBACH zum 65. Geburtstag, V. BÜLOW, V./MÜHLING, A. (Hg.), Zug (Schweiz) 2003.

DELBRÜCK, J., Schritte auf dem Weg zum Frieden. Anmerkungen aus völkerrechtlicher Sicht zu den jüngsten Verlautbarungen der EKD, in: ZEE 47, 2003, 167–180.

DE OFFICIO. Zu den ethischen Herausforderungen des Offizierberufs, Evangelisches Kirchenamt für die Bundeswehr (Hg.), Hannover 1985. Unter gleichem Titel und Herausgeber ist eine völlig neu bearbeitete 1. Auflage, Leipzig 2000 erschienen.

DER FRIEDENSDIENST DER CHRISTEN. Eine Thesenreihe zur christlichen Friedensethik in der gegenwärtigen Weltsituation, in: Die Denkschriften der Evangelischen Kirche in Deutschland, Bd. 1/2, Kirchenkanzlei der Evangelischen Kirche in Deutschland (Hg.), Gütersloh 1978, 35–60.

DIE AUGSBURGISCHE KONFESSION. Die Bekenntnisschriften der evangelisch-lutherischen Kirche, hrsg. im Gedenkjahr der Augsburgischen Konfession 1930, Göttingen [6]1967.

DOLLARD, J., u.a., Frustration und Aggression (New Haven/London 1939) Weinheim 1970.

DOKUMENTATION zur Katholischen und Evangelischen Militärseelsorge, Evangelisches Kirchenamt für die Bundeswehr/Katholisches Militärbischofsamt (Hg.), Bonn [7]2002.

EBELING, G., Art. Luther II, RGG IV, [3]1960, 495–520.

EBELING, G., Theologische Erwägungen über das Gewissen, in: Wort und Glaube I, Tübingen 1960, 429–446.

EBELING, G., Wort und Glaube III, Tübingen 1975, 593–610.

ENNUSCHAT, J., Militärseelsorge. Verfassungs- und beamtenrechtliche Fragen der Kooperation von Staat und Kirche, Berlin 1996.

ENZENSBERGER, H.M., Blinder Frieden, in: Frankfurter Allgemeine Zeitung vom 15. April 2003, 37.

EPPLER, E., Vom Gewaltmonopol zum Gewaltmarkt? Die Privatisierung und Kommerzialisierung der Gewalt, Frankfurt/Main 2002.

EUROPÄISCHE SICHERHEITSSTRATEGIE. Ein sicheres Europa in einer besseren Welt, 12. Dezember 2003, www.auswaertiges-amt.de/www/de/_infoservice/download/-pdf/friedenspolitik/-ess.pdf.

EVANGELISCHE KIRCHE UND FREIHEITLICHE DEMOKRATIE. Der Staat des Grundgesetzes als Angebot und Aufgabe. Eine Denkschrift der Evangelischen Kirche in Deutschland. Kirchenamt im Auftrage des Rates der Evangelischen Kirche in Deutschland (Hg.), Gütersloh 1985.

FREUD, S., Das Unbehagen in der Kultur, Ausgabe der Fischer-Bücherei, Frankfurt/Main 1953.

FREY, CHR., Die Ethik des Protestantismus von der Reformation bis zur Gegenwart, Gütersloh 1989.

FRIEDEN wahren, fördern und erneuern. Eine Denkschrift der Evangelischen Kirche in Deutschland, Kirchenkanzlei der Evangelischen Kirche in Deutschland (Hg.), Gütersloh ³1982.

FRIEDENSETHIK in der Bewährung. Eine Zwischenbilanz zu Schritte auf dem Weg des Friedens, Kirchenamt der Evangelischen Kirche in Deutschland (Hg.), Hannover 2001.

FRIEDENSTHESEN aus der Evangelischen Militärseelsorge, in: Streitkräfte im Wandel, a.a.O., 27–52.

FROMM, E., Anatomie der menschlichen Destruktivität, Hamburg 1977.

FROMM, E., Analytische Charaktertheorie, Bd.II, Stuttgart 1980.

GARSTECKI, J., Die Zivilisierung der Konflikte, in: Spurensuche Frieden, Bonn 1996, 59–62.

GERECHTER FRIEDE. Hirtenbrief der deutschen Bischöfe (27. September 2000), Sekretariat der Deutschen Bischofskonferenz (Hg.), Bonn 2000.

GEWALT und Gewaltanwendung in der Gesellschaft. Eine theologische Thesenreihe zu sozialen Konflikten. Kirchenkanzlei der Evangelischen Kirche in Deutschland (Hg.), Gütersloh, ² 1973.

GEWISSENSENTSCHEIDUNG und Rechtsordnung. Eine Thesenreihe der Kammer für Öffentliche Verantwortung der Evangelischen Kirche in Deutschland. (EKD-Texte 61), Kirchenamt der Evangelischen Kirche in Deutschland (Hg.), Hannover 1997.

GOERLACH, A., Die neue Weltunterordnung, in: Frankfurter Allgemeine Zeitung vom 15. Mai 2004, 45.

GOERLACH, A., Das Recht ersetzt den Herrn. Über Differenzen zwischen den monotheistischen Religionen, in: Frankfurter Allgemeine Zeitung, 4. Dezember 2004, 38.

GOERLACH, A., Nach altem Muster. Eine religiöse Deutung der Attentate vom 11. September, in: Frankfurter Allgemeine Zeitung vom 18. März 2005, 7.

GRAMM, R., Prozess Frieden, in: Streitkräfte im Wandel. Soldat – Schutzmann für den Frieden. Evangelisches Kirchenamt für die Bundeswehr (Hg.), Hannover 1990, 70–72.

GRÄSSER, E., Die Naherwartung Jesu. Stuttgarter Bibelstudien 61, Stuttgart 1973.

HACKER, F., Aggression. Die Brutalisierung der modernen Welt, Hamburg 1973.

HÄRLE, W., Wenn Gewalt geboten ist... Eine friedensethische Standortbestimmung aus evangelischer Sicht, in: zur Sache.bw. Evangelische Kommentare zu Fragen der Zeit, Heft 3, 2003, 8ff.

HÄRLE, W., Zum Beispiel Golfkrieg. Der Dienst der Kirche in Krisensituationen in unserer säkularen Gesellschaft. Vorlagen, NF14, H. HIRSCHLER u.a. (Hg.), Hannover 1991.

HASPEL, M., Friedensethik und humanitäre Intervention. Der Kosovo-Krieg als Herausforderung evangelischer Friedensethik, Neukirchen 2002.

HASPEL, M., Evangelische Friedensethik nach dem Irakkrieg. 10 Jahre Orientierungspunkte für Friedensethik und Friedenspolitik der EKD, in: ZEE 47, 2003, 264–279.

HASPEL, M., Das Werk der Gerechtigkeit. Friedensethik erfordert Klarheit: Thesen zu einer neuen evangelischen Friedensdenkschrift, in: zeitzeichen 6, 2005, 12–14.

HAUSMANN, F. R., Der Führer zahlt Kirchensteuer, in: F.A.Z. vom 12. Juli 2005, 42.

HEIDENREICH L./KOWALSKI, J.T./SCHUH, H./UHLMANN, L.W., Einsatzstress-Nachsorgeeinrichtung (ESNE) und Einsatzstress-Nachsorge (ESN) für deutsche Soldaten im KFOR-Einsatz, in: Psychologie für Einsatz und Notfall, K. PUZICHA u.a. (Hg.), Bonn 2001, 196–206.

HONDRICH, K.O., Auf dem Weg zu einer Weltgewaltordnung, in: Neue Zürcher Zeitung vom 22. März 2003, 17f.

HONDRICH, K.O., Weltmoral, Weltgewalt, in Frankfurter Allgemeine Zeitung vom 23. Juni 2003, 7.

HONECKER, M., Zur gegenwärtigen Bedeutung von Barmen V, in: ZEE 16 (1972), 207–218.

HONECKER, M., Das Recht des Menschen. Einführung in die Sozialethik, Gütersloh 1978.

HONECKER, M., Zur theologischen Bedeutung des Gewissens, in: Gewissen im Dialog, Evangelisches Kirchenamt für die Bundeswehr (Hg.), Gütersloh 1980, 64–88.

HONECKER, M., Evangelische Christenheit in Politik, Gesellschaft und Staat. Orientierungsversuche, Berlin 1998.

HONECKER, M., Art. Barmer Theologische Erklärung, in: Evangelisches Soziallexikon, (Neuausgabe), M. HONECKER u.a. (Hg.), Stuttgart/Berlin/Köln 2001, 151–154.

HONECKER, M., Wege evangelischer Ethik. Positionen und Kontexte, Freiburg, 2002.

HUBER, W., Barmer Thesen. Dokument evangelischer Freiheit, Interview, in: epd vom 3. Juni 2004, 4.

HUBER, W., Gewalt gegen Mensch und Natur – die Notwendigkeit eines planetarischen Ethos, in: Verantwortlich leben in der Weltgemeinschaft. Zur Auseinandersetzung um das „Projekt Weltethos", J. REHM (Hg.), Gütersloh 1994, 30–46.

HUBER, W., In Verantwortung vor Gott und den Menschen. Christlicher Glaube und politische Ethik, in: Zwischenbilanz. Zum Abschied von Militärbischof Dr. H. Löwe, a.a.O., 2003, 35–42.

HÜFFMEIER, W., (Hg), Für Recht und Frieden sorgen. Auftrag der Kirche und Auftrag des Staates nach Barmen V. Theologisches Votum der Evangelischen Kirche der Union, Gütersloh 1986.

HÜFFMEIER, W., (Hg.), Das eine Wort Gottes – Botschaft für alle, Votum des Theologischen Ausschusses der Evangelischen Kirche der Union zu Barmen I und VI, Bd 2, Gütersloh 1993.

HUNTINGTON, S., Kampf der Kulturen, München/Wien ³1997.

INTERIMSREGELUNG für die Militärseelsorge. Synode der Evangelisch-Lutherischen Kirche in Thüringen (März 1994), in: epd-Dokumentation Nr. 47, vom 1. November 1994, 9–11.

JÜNGEL, E., Mit Frieden Staat zu machen. Politische Existenz nach Barmen V, München 1984.

JÜNGEL, E., Jedermann sei Untertan der Obrigkeit. Eine Bibelarbeit über Römer 13, 1–7, E. JÜNGEL/R. HERZOG/H. SIMON (Hg.), Evangelische Christen in unserer Demokratie, Gütersloh 1986.

JÜNGEL, E., Beziehungsreich. Perspektiven des Glaubens, Stuttgart 2002.

JOEST, W., Der Friede Gottes und der Friede auf Erden. Zur theologischen Grundlegung der Friedensethik, Neukirchen 1990.

KAGAN, R., Macht und Ohnmacht. Amerika und Europa in der neuen Weltordnung, München 2003.

KAHL, M., Militärseelsorge im Ernstfall, in: Warten in Geduld. Momentaufnahmen, Evangelisches Kirchenamt für die Bundeswehr (Hg.), Hannover 1991, 210–221.

KANT, I., Kritik der reinen Vernunft (1781), Ingeborg Heidemann u.a. (Hg.), Stuttgart 1968.

KANT, I., Die Religion innerhalb der Grenzen der bloßen Vernunft, Bd 4, W. WEISCHEDEL (Hg.), Werke in sechs Bänden, Darmstadt ⁴1975.

Kirchliches Jahrbuch für die Evangelische Kirche in Deutschland, 92. Jg. (1965), Gütersloh 1967; 121. Jg. (1994), Gütersloh 1997; 122. Jg. (1995), Gütersloh 1999; 128. Jg. (2001), Gütersloh 2004, 133–182.

KOCH, T., Der Friede in der Politik, in: ZEE, 47, 2003, 181–192.

KÖRTNER, U.H.J, Religion und Gewalt. Zur Lebensdienlichkeit von Religion in ihrer Ambivalenz, in: KHOURY, A.,T. u.a. (Hg.), Krieg und Gewalt in den Weltreligionen. Fakten und Hintergründe, Freiburg i.B. 2003, 99–124.

KÖRTNER, U.H.J, Christliche Friedensethik in verantwortungsethischer Perspektive, Vortrag auf der 40. Bundestagung des Evangelischen Arbeitskreises der CDU/CSU am 13./14. Juni 2003 (Manuskript, 20 Seiten).

KRECK, W., Grundfragen christlicher Ethik, München 1975.

KRESS, H., Art. Gewissen, in: Evangelisches Soziallexikon, M. HONECKER u.a. (Hg.), Neuausgabe, Stuttgart/Berlin/Köln 2001, 617–622.

KRÖTKE, W., Bekennen – Verkündigen – Leben. Barmer Theologische Erklärung und Gemeindepraxis, Stuttgart 1986.

KÜNG, H., Projekt Weltethos, München, [9]2004.

LANGE, D., Ethik in evangelischer Perspektive. Grundlagen christlicher Lebenspraxis, Göttingen 1992.

LOEST, U., Von der Würde des Menschen. Texte und Kommentare zur Entwicklung der Menschenrechte, Bonn 1989.

LEHMING, S., Wer sich in Adam wieder findet, in: Gewissen im Dialog. Evangelisches Kirchenamt für die Bundeswehr (Hg.), Gütersloh 1980.

LOHFINK, G., Untersuchungen zur christlichen Eschatologie, Freiburg [4]1982.

LOHSE, E., Wieder Anschluss an Amerika. Die neue Sicherheitsstrategie der EU, in: Frankfurter Allgemeine Zeitung vom 21. Juni 2003, 6.

LÜBBE, H., Die Religion der Bürger. Ein Aspekt politischer Legitimität. in: Evangelische Kommentare 15,1982, 125–128.

LÖWE, H., Veränderungen in Kirche und Bundeswehr – der alte Auftrag der Militärseelsorge. Bericht des Bischofs bei der 47. Gesamtkonferenz der evangelischen Militärseelsorge in Lübeck, 14. März 2002, Manuskript, 12 Seiten.

LORENZ, K., Das sogenannte Böse. Zur Naturgeschichte der Aggression, Wien 1963.

LUFTSICHERHEITSGESETZ vom 11. Januar 2005, in: http://bundesrecht.juris.de/bundesrecht/luftsig/3.

LUHMANN, N., Funktion der Religion, Frankfurt/Main 1977.

LUTHER, M., Ob Kriegsleute auch in seligem Stande sein können (1526), in: WA 19,623–662.

LUTHER, M., Sermon vom dreierlei guten Leben, das Gewissen zu unterrichten (1521), in: WA 7,795ff.

LUTHER, M., Vom Kriege wider die Türken (1529), in: WA 30,107–148.

LUTHER, M., Von weltlicher Obrigkeit. Wie weit man ihr Gehorsam schuldig sei (1523), in: WA 11,246–280.

MEIER, M., Das andere Zeitalter Justinians. Kontingenzerfahrung und Kontingenzbewältigung im sechsten Jahrhundert, Göttingen 2003.

MICHAELIS, P., Die neue Herausforderung – Seelsorge im Auslandseinsatz, in: Zwischenbilanz. Zum Abschied von Militärbischof Dr. Hartmut Löwe, Evangelisches Kirchenamt für die Bundeswehr (Hg.), Leipzig 2003, 128–140.

MITSCHERLICH, A., Die Idee des Friedens und die menschliche Aggressivität, Frankfurt/Main 1969.

MOLTMANN, J., Theologie der Hoffnung, München [3]1965.

MOLTMANN, J., Politische Theologie – Politische Ethik, München/Mainz 1984.

MÜLLER, H., Amerika schlägt zurück. Die Weltordnung nach dem 11. September, Frankfurt/Main [2]2003.

MÜNKLER, H., Die neuen Kriege, Reinbek bei Hamburg, [2]2002.

MURSWIEK, D., Die amerikanische Präventionsstrategie und das Völkerrecht, in: Neue Juristische Wochenschrift 2003, Heft 14, 1014–1020.

NATIONALE SICHERHEITSSTRATEGIE der Vereinigten Staaten von Amerika, 2002 (The National Security Strategy of the United States of America, 2002, www.whitehouse.gov/nsc/nss.pfd.

NOACK, A., Das Friedenszeugnis der Kirchen und die Wirklichkeit der Welt, in: Warten in Geduld, Evangelisches Kirchenamt für die Bundeswehr (Hg.), Hannover 1991, 111–119

NOACK, A., Perspektiven zum Selbstverständnis und zur Form künftiger Militärseelsorge, in: epd-Dokumentation Nr. 4 vom 18. Januar 1993, 63–70.

NOACK, A., Die Wiedervereinigung der Evangelischen Kirche in Deutschland und die Auseinandersetzung um die Seelsorge an den Soldaten, in: EvTh 57, 1997, 145–161.

NOLL, P., Jesus und das Gesetz. Rechtliche Analyse und Normenkritik der Lehre Jesu, Tübingen 1968.

PANNENBERG, W., Civil Religion? Religionsfähigkeit und pluralistischer Staat: Das theologische Fundament der Gesellschaft, in: R. KOSLOWSKI (Hg.), Die religiöse Dimension der Gesellschaft, Tübingen 1985.

PANNENBERG, W., Schwerter zu Pflugscharen, in: Abschaffung des Krieges, G. BRAKELMANN/ E. MÜLLER (Hg.), Gütersloh 1983.

PAPIER, H.-J., Ein Wegschließen auf unbestimmte Zeit kommt nicht in Betracht, Interview, in: Frankfurter Allgemeine Zeitung vom 25. Oktober 2005, 4.

PERGANDE, F., Der gelbe Lada, immer wieder der gelbe Lada. Nachwirkungen von Auslandseinsätzen: Bundeswehrsoldaten mit posttraumatischen Störungen, in: Frankfurter Allgemeine Zeitung vom 31. Dezember 2005, 3.

PLACK, A., Die Gesellschaft und das Böse. Eine Kritik der herrschenden Moral, Frankfurt/ Main, [12]1991.

PLASGER, G.,/FREUDENBERG, M. (Hg.), Reformierte Bekenntnisschriften. Eine Auswahl von den Anfängen bis zur Gegenwart, Göttingen 2005.

PULTE, P. (Hg.), Menschenrechte. Texte internationaler Abkommen, Pakte und Konventionen, Leverkusen [2]1976.

RENDTORFF, T., Ethik, Bd. 2 (ThW 13 1+2), Stuttgart/Berlin/Köln 1980/81.

RENDTORFF, T., Müssen Christen Pazifisten sein? in: ZEE 27 (1983), 139.

RICH, A., Wirtschaftsethik. Grundlagen in theologischer Perspektive, Gütersloh, [3]1987.

RIECHMANN, F., Seelsorge an Soldaten. Vortrag anlässlich der Landessynode der Evangelischen Kirche in Berlin-Brandenburg am 26. April 2002, in: EKD-Dokumentation, Reaktionen der Gliedkirchen der EKD zur vorläufigen Gestaltung der Seelsorge in der Bundeswehr aus jüngster Zeit, Hannover 2002.

RIECHMANN, F., Soldaten sehen den Militärpfarrer heute anders, in: Zwischenbilanz 2003, a.a.O. 141–149.

ROUSSEAU, J.J., Schriften Bd. 1, H. Ritter (Hg.), Frankfurt/Main 1981.

RÜHL, L., Die Lücke zwischen Mittel und Zweck, in: Frankfurter Allgemeine Zeitung vom 1. Oktober, 2004, 5.

SARAMAGO, J., Im Namen Gottes ist das Schrecklichste erlaubt, in: Dienstag 11. September 2001, Hamburg 2001, 65–69.

SCHIEDER, R., Was ist Zivilreligion und wer braucht sie? in: Materialdienst EZW 67, Heft 5, 2004, 163–168.

SCHMID, C., Erinnerungen, Bern/München/Wien 1979.

SCHMIDT, K.-D., Grundriss der Kirchengeschichte, Göttingen, [4]1963.

SCHMIDT, H., Frieden, in: Themen der Theologie, H.-J. SCHULZ (Hg.), Bd. 3, Stuttgart 1969.

SCHMITHALS, W., Zum Friedensauftrag der Kirche und der Christen, in: E. WILKENS (Hg.), Christliche Ethik und Sicherheitspolitik. Beiträge zur Friedensdiskussion, Frankfurt/Main, 1982.

SCHMITHALS, W., Zum Konflikt zwischen dem Islam und dem ‚Westen', in: Evangelische Verantwortung 5/2002, 4–8.

SCHMUDE, J., Die Mühe um das Einvernehmen in der Militärseelsorge hat sich gelohnt, in: Zwischenbilanz, 2003, a.a.O., 68–74.

SCHNEIDER, H.-P., „Vom Rechte, das mit uns geboren ist…", in: Frankfurter Allgemeine Zeitung vom 19. Mai 2005, 10.

SCHRITTE auf dem Weg des Friedens. Orientierungspunkte für Friedensethik und Friedenspolitik. Ein Beitrag des Rates der EKD, Texte 48, Evangelische Kirche in Deutschland (Hg.), Hannover 1994.

SCHRÖDER, R., Der Himmel lässt sich nicht auf die Erde holen, in: Deutsches Allgemeines Sonntagsblatt vom 6. September 1991.

SCHWARZ, H., Im Fangnetz des Bösen. Sünde – Übel – Schuld, Göttingen 1993.

SCHWEIZER, E., Die Bergpredigt, Göttingen 1982.

SEITTER, W., Brauchen wir eine Zivilreligion? in: http://www.spinnst.at/seitter/nova/-zivilreligion.htm.

STEINEN, U. von den, Kirchliche Verantwortung in einer friedensgefährdeten Welt. 12 Thesen zur Ordnung der Seelsorge an Soldaten und zur Konfliktethik, in: epd-Dokumentation Nr. 22 vom 24. Mai 1993, 58–63.

STEINEN, U. von den, Christliche Verantwortung in friedensgefährdeter Welt. Ein konfliktethische Orientierung, Vorlagen, Neue Folge 23, Hannover 1994.

STEINEN, U. von den, Art. Militärseelsorge. Evangelisches Soziallexikon, Neuausgabe, M. HONECKER u.a. (Hg.), Stuttgart 2001, 1080–1083.

TACKE, H., Glaubenshilfe als Lebenshilfe. Probleme und Chancen heutiger Seelsorge, Neukirchen 1975.

TETZLAFF, R. (Hg.), Menschenrechte und Entwicklung. Deutsche und internationale Kommentare und Dokumente. Texte der Stiftung Entwicklung und Frieden, Bonn 1993.

THIELICKE, H., Theologische Ethik, Bd. II/1, Tübingen [4]1973.

THIELICKE, H., Theologische Ethik, Bd. II/2, Tübingen [3]1974.

THUKYDIDES, Der Peloponnesische Krieg (Melier-Dialog), in: Reclams universal Bibliothek Nr. 18330, Stuttgart 2005.

TRILLHAAS, W., Ethik, Berlin [3]1970.

UHLMANN, L.W., Stellenwert der Angst im Einsatz, in: Psychologie für Einsatz und Notfall. Internationale truppenpsychologische Erfahrungen mit Auslandseinsätzen, Unglücksfällen, Katastrophen, a.a.O., 207–214.

WEHRDIENST oder Kriegsdienstverweigerung? Kammer der EKD für öffentliche Verantwortung (Hg.), EKD-Texte 29, Hannover 1989.

WEINRICH, M., Gefahr für das Ganze, in: zeitzeichen. Evangelische Kommentare zu Religion und Gesellschaft, 5, 2004, 11.

WELKER, M., Schöpfung, Gottesbegriff und Menschenbild im Christentum, in: P. KOSLOWSKI (Hg.), Gottesbegriff, Weltursprung und Menschenbild in den Weltreligionen, München 2000, 95–108.

WIENER ERKLÄRUNG und Aktionsprogramm der Weltkonferenz über Menschenrechte vom 14.–25. Juni 1993, in: R. TETZLAFF (Hg.), a.a.O., 306–318.

WINKLER, K., Seelsorge, Berlin 1997.

WITTMANN, K., Wege aus der Weltunordnung. Friedensethische Postulate allein führen nicht weit genug, in: zur sache.bw. Evangelische Kommentare zu Fragen der Zeit, Nr. 4, 2003, 22–25.

WOLF, E., Barmen. Kirche zwischen Versuchung und Gnade, München 1957.

ZENTRALE DIENSTVORSCHRIFT der Bundeswehr (ZDv), in: Dokumentation zur Katholischen und Evangelischen Militärseelsorge, Evangelisches Kirchenamt für die Bundeswehr, Katholisches Militärbischofsamt (Hg.), Bonn 1994, 55–59.

ZUM FRIEDENSDIENST DER KIRCHE – Eine Handreichung für Seelsorge an Wehrpflichtigen (6. November 1965), in: Kirchliches Jahrbuch für die Evangelische Kirche in Deutschland, 93. Jg. (1966), Gütersloh 1968, 249-261).

ZWISCHENBILANZ. Zum Abschied von Militärbischof Dr. Hartmut Löwe aus der Evangelischen Militärseelsorge, Evangelisches Kirchenamt für die Bundeswehr (Hg.), Leipzig 2003.

Sachregister

Aggression(en) 9, 40ff, 43, 45ff, 62, 77, 115, 136, 145ff, 154f
Aggressionspotential 38, 117, 125f, 131
Aggressivität 39, 45
Aggressor(en) 26, 48, 77, 93, 98, 102f, 119, 123, 139, 153, 168
Allmachtfantasien 53, 100
Al-Qaida-Terroristen 158
Ambivalenz, des Menschen 37ff
Androhung von Gewalt, s. auch Gewaltandrohung 103, 148ff, 151, 160, 198
Angst 171f
Antagonismen 130f
Anthropologe(n) 123, 127
Anthropologie 38, 42, 47, 73, 96, 124, 146
Askese 65f
Attentäter 142
Augsburgische Konfession 27
Ausübung von Gewalt, s. auch Gewaltausübung 148ff, 151, 198

Barmen, Barmer Theologische Erklärung 9, 49, 53, 111, 141, 148–153, 161f
Beamtenstatus 17, 20f, 27f
Bedrohung(en) 141, 158, 162
Befriedungsinitiativen 167
Beistand 100, 123, 134, 168, 170, 177, 179, 186, 194
Bergpredigt 53–59, 73f, 104
Berufsethik, des Soldaten 31f, 166, 169
Berufsethos, des Soldaten 9, 171
Bewusstsein 110
Bewusstseinswandel 135
Böse(n), das, die 26, 41, 47ff, 55, 63, 71, 76f, 93, 99, 106, 142ff, 147, 150, 184f, 194f, 197
Botschaft, christliche 173, 179
Brudermord 93
Brutalität, des Faktischen 135
Bund der Evangelischen Kirchen in der DDR (BEK) 13, 19
Bundesministerium der Verteidigung 15
Bundesverfassungsgericht 112, 155
Bundeswehr 14f, 17, 21f, 24, 29, 31, 33, 65, 107

Bündnisgedanke 133f
Bündnisverpflichtungen 134
Bürgerfrieden 70, 82ff
Bürgergemeinde 149
Bürgerreligion, s. Zivilreligion 82ff

Caritas, christliche 183
Charta, Charta der Vereinten Nationen 50, 94–98, 124, 133, 139, 146, 154ff, 160, 162
Christengemeinde 149
Christperson 71f, 195
Christus (s. Jesus)

Deeskalation(en), s. Konfliktdeeskalation
Deeskalationsmaßnahmen 120, 167
Dekalog 95
Demokratie(n) 93f, 129, 143, 159
Demokratie-Denkschrift 150
Demokratieresistenz 129
Despot(en) 92, 100, 139, 147, 195
Dienst, Dienen 182–185, 195
Diktator(en) 92, 100, 136, 139f, 147, 195
Dilemma(ta), 102, 115, 145, 155, 161, 169f, 185
Dritte-Welt-Länder 94

Ehebruch 60
Eigennutz 42, 61
Einheitsstaat, christlicher 68
Einsatzland 168, 171
EKD-Synode(n) 16, 23
Empathie 147, 173, 177
Entfeindung 57ff, 120f, 196
Entfeindungsmaßnahmen 120
Entwicklungspolitik 94
Erbsünde 43
Ethik, s. auch Friedensethik 13, 38, 48, 55, 68ff, 101, 105, 126, 172
Ethik, des politischen Handelns 10, 70, 74
Ethnien 121, 129f
Ethos 110, 112, 125, 132, 172, 195f
Evangelische Kirche in Deutschland (EKD) 13–20, 28f, 143

Evangelisches Kirchenamt für die Bundeswehr 20
Evolutionsbiologie 38
Extremsituation(en) 115, 161, 165–170, 173, 179f

Feind(e) 46, 57, 69, 104f
Feindesliebe 57f, 104,
Feindschaft 45, 58
Freiheit 48f, 55, 69, 149f
Frieden 9f, 13f, 49f, 51f, 76, 128–135, 61ff, 66, 68, 73, 77, 82ff, 93f, 118–125, 144ff, 161, 185, 197
Friedensakteure 121, 124
Friedensaktivisten 24, 117f, 123
Friedensarbeit 120
Friedensbewegung 118
Friedensbrecher 151
Friedensdienst(e) 98, 117–124
Friedenseinsätze 195
Friedensengagement 13, 118
Friedensethik, s. auch Ethik 9, 13, 21, 26, 31, 99, 127, 135, 141ff, 147, 182
Friedensfachabeiter/Innen 121
Friedensforscher 117f
Friedensgruppen 118ff
Friedenshandeln 119–124
Friedensinitiative(en) 53, 119
Friedenskirche 18, 22
Friedenspolitik 21, 26, 135, 141, 147, 157
Friedenspotential 130
Friedensreich, Gottes 52
Friedenssicherung 95, 98, 133, 147, 162, 198
Friedensstifter 184
Friedensverantwortung 95, 98, 118ff, 125, 141, 147
Friedensverheißungen 50
Friedenswege 122
Friedenswille 77
Frustration(en) 34, 40, 43

Gefahrenabwehr 151, 198
Gegengewalt 118, 161
Gemeinnutz 42
Gerechtigkeit 51, 58, 63, 91, 94, 106, 110, 144, 185
Gesinnungsethtik 111
Gewalt 9, 26, 37, 45, 49, 77, 93, 98, 102f, 119, 122, 125, 128, 145, 158, 185
Gewalt, asymmetrische 143, 159
Gewaltandrohung 49, 151, 198
Gewaltanwendung 47, 49
Gewaltbereitschaft 39
Gewaltfreiheit 117, 123
Gewaltherrscher 146, 169
Gewaltmonopol 74, 152

Gewaltopfer 13, 115, 124
Gewaltpotential(e) 47, 93
Gewalttat(en) 45f, 63, 93
Gewalttäter 103, 123
Gewaltursache 139
Gewaltverbot 95, 155
Gewaltverzicht 104, 145, 161
Gewissen 76, 107–116, 193
Gewissenhaftigkeit 109
Gewissensbegriff 108
Gewissensentscheidung(en) 110, 112f
Gewissensfreiheit 107, 104
Gewissensgründe 97
Gewissensimpuls 103
Gewissensinstanz 113f
Gewissenskonflikt(e) 108, 111, 167, 173
Gewissensnot 112
Gewissensruf 113
Gewissensüberzeugung(en) 112ff
Gewissensverantwortung 107
Gewissheit 109
Glaubensgewissheit 180
Goldene Regel 45, 58f
Gottesformel 81
Gottesfriede 50, 53
Gottesnamen 87
Gottesreich 67
Gottesstaat 128
Grenze 33, 65, 99ff, 104, 155, 177, 184
Grenzerfahrungen 107
Grenzfall 99ff, 111, 137
Grenzsituation(en) 9, 30, 99ff, 161, 195
Grenzwertigkeit 65
Grundgesetz 107

Humanethologie 38, 41
Humanisierung 134
Humanität 137

Implementation Force (IFOR) 120
Imponderabilien 111
Integral, religiöses 83
Intentionale Textinterpretation 56ff, 113, 178
Intervention(en), humanitäre 24, 101, 119, 134, 154ff
Intoleranz 82, 115
Invasion(en) 101

Jesus (Christus) 50–59, 62ff, 95, 104, 129, 174f, 179f, 182f, 190ff

Kasuistik, spätjüdische 61
Kirchenaustritt 19
Kirchenbeamtenverhältnis 29
Kirchensteuer 19
Klugheit 70

Kollektiv 113f
Komparativ, des Bessermachens 55f, 135
Komparativ, des Übels 102
Komplizen, des Bösen 73
Kompromiss(e) 58f, 113, 122, 128
Konflikt(e) 37f, 44ff, 63, 93f, 98f, 107, 120, 125, 129, 142, 147, 154
Konfliktbearbeitung 120ff
Konfliktbereitschaft 130
Konfliktbewältigung 99f, 121, 167
Konfliktdeeskalation 120, 196
Konfliktethik, s. auch Ethik 99f, 105f
Konfliktfall 60, 100, 107, 115f, 139
Konfliktmanagement 122
Konfliktnatur, des Menschen 37, 39, 62, 126
Konfliktprävention 121
Königsherrschaft Christi 150
Königsweg 13, 99, 124
Königtum (Samuels) 186–190
Konsensfähigkeit 86
Kontingenz-(bewältigung) 86ff, 111
Koran 129
Kosovo-Konflikt 135–140
Krieg(e) 9, 13, 37, 45ff, 51, 63, 73, 93ff, 111, 125, 128ff, 135, 142, 147, 161
Kriegstreiber 26, 48, 93, 104, 169, 184, 194
Kriegsursachen 98
Kriegsvermeidung 154
Krisenbewältigung 160
Krisenprävention 167
Krisenreaktionskräfte 120
Kritik der reinen Vernunft 102

Lebenshilfe, aus Glauben 175f

Macht 73, 76, 78, 131, 94, 123, 184
Machtbalance 131
Machtmonopol 49, 112, 150
Massenvernichtungswaffen 157ff
Menschenbild 139, 143
Menschenrechte 50, 94–98, 107, 124f, 132, 143
Menschenrechtsbrüche 96, 134
Menschenrechtsorientierung 137
Menschenrechtsverletzungen 103, 122
Menschenwürde 78
Militärbischof 14, 28
Militärdekan(e) 14
Militärgeistliche(r) 9, 14–31, 165–181
Militärgeneraldekan 15
Militärseelsorge 14–31, 165f
Militärseelsorgevertrag (MSV) 14–20, 29, 166
Moralvorstellungen 88
Muslim(e) 129, 158f

Nächste(r) 104, 116, 195
Nächstenliebe 67, 116, 124

Nationalsozialismus 85
NATO-Einsätze 138f
Nichtregierungsorganisationen (NGOs) 122
North Atlantic Treaty Organization (NATO) 21, 122f, 136–140, 146
Nothilfe 26, 77, 103, 115, 123, 136f, 152, 154, 167, 185, 197
Notwehr 26, 77, 104, 115, 123, 152ff, 158, 167, 185, 197
Notwehrgewalt 102

Offenbarungsreligion 84
Orientierung, intentionale 113
Ost-West-Konflikt 92

Paradigma 132
Paradigmenwechsel 143, 147, 161, 198
Pazifismus 22, 117f, 146
Pazifismusproblematik 22
Pazifist(en) 117f
Peleponnesischer Krieg 131
Philosophie, des religiösen Bewusstseins 90
Posttraumatische Störungen 181
Potential, genetisches 42
Präemption 49, 153ff
Prävention 49, 153ff
Präventionsstrategie 158
Psychologen 181
Psychologie 38, 41
Psychotherapeuten 174, 181

Rahmenvereinbarung 27f
Ratschende(r) 174f, 178f
Recht(e) 9, 49, 51, 58, 63, 96f, 104f, 124, 131ff, 149f, 197
Rechtsautorität 124
Rechtsbefolgung 132
Rechtsbewusstsein 98
Rechtsbrecher 93, 98, 102ff, 105, 151, 184f, 197
Rechtsbruch 93, 97, 103, 133, 197
Rechtsentscheid, Gottes 51
Rechtsfigur 61
Rechtsfrieden 105
Rechtsmoral 97
Rechtsordnung 68, 97, 107
Rechtspflicht 112
Rechtsprinzip 132
Rechtsspruch, Gottes 51
Rechtsqualität 96
Rechtsstaat, s. Staat
Rechtstradition(en) 114
Rechtstreue 154
Reformation 70ff
Regimente, Zwei, s. auch Zwei-Reiche-Lehre 70f
Reich Gottes 71, 78
Reichskirche 70

Reintegration 180
Respektgebot 132
Rettungsschuss, finaler 154
Rivalenaggression 43, 93

Sanktionsmassnahmen 96
Schuld 91, 116, 167
Schuldverfallenheit 116
Schutz, des Lebens 100, 168, 194
Seelsorge 15, 20ff, 29–33, 65, 165f, 169, 172–181
Seelsorge, als Lebenshilfe 175f
Seelsorgegespräche 177, 180
Seelsorgepraxis 32
Seelsorger, s. Militärgeistliche(r)
Selbstaufgabe 65, 123, 169
Selbstaufopferung 101, 197
Selbstbehauptung 65, 197
Selbsterhaltung 101, 169
Selbsthilfe 177
Selbstverteidigung 154, 157, 159
Selbstverteidigungsrecht 155ff
Sicherheit 49, 63, 95, 105, 119, 134f, 143f, 149ff, 157
Sicherheitsdoktrin der Vereinigten Staaten 144, 153, 155
Sicherheitsdoktrin, europäische 159f
Sicherheitsrat der Vereinten Nationen 96, 137, 153, 160
Sicherheitsstrategie(n) 144, 159, 161
Sicherheitsvorsorge 159
Sinngebung 89
Sinnkonstruktionen 81
Sinnstiftung 81
Sinnungewissheit 89
Soldat(en) 9f, 25, 30ff, 65, 92, 99f, 119f, 124, 119ff, 142, 165–182, 184–198
Soldatenseelsorge 24, 28f, 180
Staat(en) 15, 40, 46, 65, 69, 75, 85, 148–159, 194, 198
Staatsbeamte, s. Beamtenstatus
Staatschristentum 68
Staatskirchenvertrag, s. Militärseelsorgevertrag
Staatsreligion 68
Stabilization Force (SFOR) 120
Strategiekultur 160
Sündenfall 44, 49
Sündhaftigkeit, des Menschen 146
Systemreligion 85

Taliban 158, 176
Tapferkeit 70
Terror 37, 93, 147, 159ff, 183
Terrorattacken, Anschläge 142f, 153, 156, 158, 168
Terrorbekämpfung 158

Terrorgefahr 146
Terrorismus 143f, 147, 154, 158ff
Terroristen 141f, 159f, 185, 194ff
Terrornetzwerk(e) 117, 142
Testament, Altes 50f, 108, 166, 175, 178
Testament, Neues 52, 59, 161, 166, 175, 178
Toleranz 63, 115, 122, 143
Tradition, biblische 173
Trojanisches Pferd 25
Trugbilder 128
Truppenpsychologe(n) 174f, 177, 180

Ultima ratio 137, 152f, 162
Unfrieden 63, 104
United Nations Protection Force (UNPROFOR) 120
UN-Mandat 103, 136
Unrecht 33, 37, 48, 98, 133, 138
Unrechthandelnder 33, 48, 184
Unrechtleidender 33, 48, 184
Unverfügbare, das 89f
Utopie, soziale 38

Verantwortung 20, 50, 65ff, 76, 87, 92, 100, 111f, 117, 119, 124f, 137, 149, 170, 174, 183f
Verantwortungsethik (s. auch Ethik) 111, 123
Verantwortungsgemeinschaft 10, 30, 69, 75f, 78
Verantwortungshandeln 111
Verantwortungswahrnehmung 115
Vereinte Nationen, s. auch Charta der Vereinten Nationen 95f, 124, 133, 143, 167
Vergebung 91, 196
Vergewaltigten 102
Verkündigung 14f, 23, 65, 166
Vernunft 59, 76, 102, 105, 134, 137
Vernunftreligion 84
Vernunftvölkerrecht 136f
Versöhnung 123, 128
Versöhnungsarbeit 120
Völkergemeinschaft 105, 154
Völkermord 103, 146
Völkerrecht 94 100, 160
Völkerrechtsbruch 153
Völkerrechtsverletzungen 104
Volkskirche 22, 30, 78

Warlords 93
Wehrdienst 17f, 112
Wehrdienstverweigerung 112
Wehrkraftzersetzung 23, 25
Weisheit 70
Welt, gefallene 100
Weltethos 124–135
Weltflucht 66
Weltkonferenz über Menschenrechte 97
Weltperson 71f, 195

Weltreich, römisches 68f
Weltverantwortung 68, 70
Wertekonflikt 108

Zapfenstreich, Großer 82
Zion 51
Zivilreligion 82–91
Zwei-Reiche-Lehre 72, 74, 195

„Staatsbürger in Uniform"

Angelika Dörfler-Dierken (Hg.)

Graf von Baudissin

Als Mensch hinter den Waffen

2006. Ca. 270 Seiten, gebunden
ISBN 3-525-57121-6

In der Planungsphase der Bundeswehr spielte der Militärtheoretiker und Friedensforscher Wolf Graf von Baudissin eine entscheidende Rolle. Mit dem Entwurf der Konzeption „Innere Führung" und des spezifisch deutschen Leitbildes des „Staatsbürgers in Uniform" warb er in der Öffentlichkeit für die Wiederbewaffnung, weil er davon überzeugt war, dass Freiheit verteidigungswert sei. Wer für die Freiheit eintrete, nötigenfalls auch bewaffnet, dürfe nicht selber unfrei sein. Wer Menschenwürde schützen soll, müsse nicht nur selbst in seiner Menschenwürde geachtet sein, sondern auch seine Mitmenschen achten.

Nur wenige Texte Baudissins sind in den letzten Jahrzehnten veröffentlicht worden. Dieser Band stellt Quellen (Vorträge, Interviews, Briefe, Stellungnahmen) aus den Planungsjahren vor und gewährt einen Einblick in die Diskussionen in Gesellschaft, Kirche und Politik vor Aufstellung der Bundeswehr. Sie lässt Motive und Ziele des Militärtheoretikers Baudissin erkennen und bietet für die zeitgeschichtliche Forschung bisher vernachlässigtes Material.

Angesichts der aktuellen Herausforderungen durch die instabile globale Sicherheitsfrage wird über die Erhaltung des Friedens und den Einsatz militärischer Mittel neu nachgedacht. Die Besinnung auf Baudissin kann Zivilisten wie Soldaten, Politikern und Kirchenvertretern helfen, Kategorien und Maßstäbe dafür zu entwickeln.

Vandenhoeck & Ruprecht